ELOGI

BOCA SANA, CUERPO SANO

«Cuando pensamos en la salud general, prácticamente nos olvidamos de la salud dental. Pero ¿y si el estado de las encías y los dientes pudiera avisarnos de problemas como la diabetes y el alzhéimer? El doctor Lin defiende no solo que prestemos más atención a la salud dental, sino que mantengamos la salud de la boca porque es beneficioso para nuestro bienestar general».

ROBB WOLF, autor *La solución paleolítica* y *Programados para comer*, libros superventas de las listas de *The New York Times* y *The Wall Street Journal*

«El futuro de la medicina está interconectado en todas las direcciones. El vínculo oral-sistémico es un ejemplo obvio de esta tendencia mucho mayor. Me emociona ver a dentistas como el doctor Steven Lin abrir camino y enseñarnos por qué debemos trabajar juntos para cambiar la trayectoria de la atención médica».

JAMES MASKELL, fundador de Evolution of Medicine y autor de *The Evolution of Medicine*

«*Boca sana, cuerpo sano* es un un recurso extraordinario basado en lo que sabemos en la actualidad sobre la inmensa importancia que tiene el microbioma de la boca en la salud general. El doctor Lin abre camino con un plan de alimentación único basado en la acción, un libro de lectura obligada para cualquiera que desee mejorar su salud bucodental y su bienestar».

DOCTOR MARK BURHENNE, médico especialista en Cirugía Dental, autor de *The 8-Hour Sleep Paradox*

«El doctor Lin es un soplo de aire fresco para la comunidad médica centrada en el estilo de vida. Puedo decir que he aprendido muchísimo de su trabajo y me emociona ver que ha escrito un libro en el que comparte su conocimiento con el público. La conexión entre la salud corporal y la dental es fascinante, y es la respuesta que muchas personas en el mundo estaban esperando. *Boca sana, cuerpo sano* es un libro que todo paciente y profesional de la medicina debería leer para entender mejor la salud general».

Doctor RUPY AUJLA, autor de *The Doctor's Kitchen*

«Como ortodoncista que intenta ayudar a que los niños crezcan con los dientes bien posicionados, sé que tenemos que regresar a lo básico: la respiración, la postura, el sueño y la nutrición. Desde el momento en que mamamos por primera vez, lo que comemos y cómo lo comemos es crítico para la cara, las vías respiratorias, las mandíbulas y los dientes. La recomendación del doctor Lin es justo lo que los médicos deberían estar aconsejando».

BARRY RAPHAEL, médico dentista, fundador
de The Raphael Center for Integrative Orthodontics

«Los dientes mal posicionados son un signo de que hay problemas de salud más profundos. El libro del doctor Lin ofrece una introducción muy necesaria al impacto profundo que la dieta tiene sobre la salud dental. No solo eso, sino que además proporciona a los padres una serie de estrategias fundamentales para que se aseguren de que sus hijos siguen una dieta con la que disfrutarán de una salud dental y corporal óptimas».

Doctor MICHAEL RUSCIO, investigador, entusiasta de la salud
y presentador de Doctor Ruscio Radio

«El revolucionario liderazgo del doctor Lin en la conexión entre nutrición y odontología ha conectado tantos puntos durante nuestra entrevista, que nos emociona que sus importantes recomendaciones para la salud estén ahora disponibles para el público a través de *Boca sana, cuerpo sano*».

ASHLEY KOFF, dietista certificada y Robyn O'Brien,
co-presentadoras de *Take Out with Ashley & Robyn*

«El oportuno trabajo del doctor Lin nos presenta un campo emergente en el que muy pocos se han aventurado hasta el momento. La epigenética nutricional hace suyo el viejo dicho de "somos lo que comemos" y sustenta esta idea con las últimas evidencias científicas. Recomiendo vivamente este libro a estudiantes, médicos, dentistas e investigadores en nutrición, dietética y obesidad, además de a otros profesionales de la salud».

Profesor DAVE SINGH, médico dentista, doctor
en Odontología, doctor en Filosofía, presidente of Vivos
BioTechnologies Incorporated

«Soy ortodoncista desde hace mucho y he podido comprobar que corregir los dientes para mejorar la sonrisa de un paciente es una estrategia limitada. Durante las últimas décadas, he sido testigo de un cambio de paradigma en el objetivo de la industria dental, tanto dando charlas en todo el mundo como formando a miles de dentistas en la importancia de una odontología orientada a las vías respiratorias. Creo que este es el próximo paso para que la profesión acabe de integrar una perspectiva preventiva, que el doctor Lin está liderando mediante su programa de nutrición para acabar con la epidemia de maloclusión».

Doctor DEREK MAHONY, especialista en Ortodoncia
en Full Face Orthodontics

BOCA SANA, CUERPO SANO

El sorprendente vínculo entre la dentadura,
la alimentación y la salud holística

DOCTOR STEVEN LIN

Descargo de responsabilidad

El contenido de este libro tiene una finalidad meramente divulgativa. La información aquí expuesta no debe sustituir en ningún caso al consejo médico profesional ni ser utilizada para diagnosticar, tratar o curar enfermedades, trastornos o dolencias. Por consiguiente, la editorial no se hace responsable de los daños o pérdidas causados, o supuestamente causados, de forma directa o indirecta por el uso, la aplicación o la interpretación de la información aquí contenida.

Título original: *The Dental Diet*

Traducción: Begoña Merino Gómez

Diseño de cubierta: equipo Alfaomega

© 2018, Steven Lin
Publicado por acuerdo con el autor a través de Waxman Literary Agency, 443 Park Ave South, #1004 Nueva York, NY 100016, Estados Unidos

De la presente edición en castellano:
© Gaia Ediciones, 2018
   Alquimia, 6 - 28933 Móstoles (Madrid) - España
   Tels.: 91 614 53 46 - 91 614 58 49
   www.alfaomega.es - E-mail: alfaomega@alfaomega.es

Primera edición: noviembre de 2019

Depósito legal: M. 24.108-2019
I.S.B.N.: 978-84-8445-800-5

Impreso en España por: Artes Gráficas COFÁS, S.A. - Móstoles (Madrid)

A mi familia, mis amigos y a tantas personas inspiradoras que me han ofrecido amor, apoyo y toda la ayuda necesaria durante el viaje que ha sido la escritura de este libro.

ÍNDICE

PARTE II
CÓMO LA ALIMENTACIÓN MODERNA
HA ACABADO CON NUESTRA SALUD

PARTE III
NUTRICIÓN DENTAL: CÓMO COMER PARA
DISFRUTAR DE UNA BOCA, UN CUERPO
Y UNA MENTE SALUDABLES

PRÓLOGO

D URANTE MI ACTIVIDAD PROFESIONAL como dentista he visto cómo mis pacientes afrontaban las consecuencias de enfermedades provocadas por ciertos estilos de vida. Para las familias, esto puede suponer una tragedia, porque si el trastorno ha avanzado lo suficiente, quizá sea demasiado tarde. Se estima que la epidemia de enfermedades crónicas que estamos viviendo matará a cuarenta millones de personas en el mundo. Solo el sistema de salud de Estados Unidos trata a millones de personas con enfermedades cardíacas y diabetes tipo 2.

Cuando nos fijamos en la boca, nos damos cuenta de que la mitad de la población tiene un problema de encías y que la caries sigue siendo la enfermedad crónica más frecuente en los niños. Hace mucho que los profesionales de la salud conocen la relación entre la enfermedad gingival o de las encías, las cardiopatías y la diabetes tipo 2. Asimismo, sabemos que las alteraciones que se originan en la boca tienen consecuencias para todo el cuerpo. Y, aun así, las profesiones relacionadas con la salud no han logrado usar esta valiosa pieza del rompecabezas que podría ayudarnos a conservar la salud general.

La caries dental puede ser un indicio del desarrollo de enfermedades crónicas al principio de la vida. Pero más que un indicador, la salud bucodental es un medio para prevenir las enfermedades antes de que se conviertan en crónicas.

Cuando trata dolencias crónicas, el modelo de la medicina convencional contempla la enfermedad bucodental y la sistémica por separado y fragmenta de forma ilógica la estrategia para lograr la sanación. En este momento, la medicina funcional procura ver al paciente como a un todo e intenta no limitarse a tratar las enfermedades de los distintos sistemas de órganos de forma compartimentada.

El programa del doctor Steven Lin es fundamental para cambiar nuestra perspectiva y ver la salud corporal de forma integral y llegar así a la causa que origina la enfermedad. Ya no volveremos a ver la salud bucodental como un simple sistema de aviso de problemas en otras partes del cuerpo. En cambio, reconoceremos que la salud bucal y dental participa de forma activa y esencial en nuestro bienestar físico general. *Boca sana, cuerpo sano* es la primera y la mejor guía para entender los mecanismos de los trastornos bucodentales como la caries, las enfermedades gingivales y los dientes torcidos o amontonados, y de cómo todos ellos afectan a la salud general.

Uno de los cambios más efectivos en la asistencia médica contemporánea ha sido reconocer el papel que los microbios intestinales o microbiota juegan en la enfermedad crónica. El viaje de los alimentos y la nutrición a través del cuerpo se inicia en la boca, y el doctor Lin nos muestra cómo afrontar la disfunción intestinal entendiendo el microbioma de la boca y la conexión fascinante que existe entre los microbios y los alimentos que tomamos.

La idea de que las enfermedades crónicas son, en gran medida, genéticas está refutándose rápidamente. *Boca sana, cuerpo sano* nos presenta el modelo epigenético de los dientes mal posicionados, que ilustra de qué manera al alimentar a nuestros hijos con los alimentos adecuados, su sistema esquelético se desarrolla como es de esperar.

En mi libro *Come grasa y adelgaza*, explico que una dieta baja en grasas es un verdadero error del pasado, y desmiento la creencia inmemorial de que tomar pocas grasas es sinónimo de salud cardiaca. Aun así, este mensaje todavía debe llegar a nuestro sistema de asistencia sanitaria convencional. Los profesionales de la salud deben ayudar a las personas a reintroducir las grasas dietéticas en sus vidas. Una estrategia fundamental de *Boca sana, cuerpo sano* es orientar sobre los beneficios de las grasas dietéticas y de las vitaminas solubles en grasas.

Un obstáculo fundamental para este avance es la idea profundamente arraigada de que la grasa es insalubre. *Boca sana, cuerpo sano* explica con sencillez el papel de las grasas y da un paso pionero en la prevención de la enfermedad crónica ayudándote a entender con precisión qué comidas debes llevarte a la boca.

Me emociona esta nueva frontera de la medicina funcional en la que los médicos, los dentistas y todos los profesionales de la salud trabajan colaborando mucho más estrechamente, en la que consideramos a la persona como un todo, utilizando los cambios nutricionales y del estilo de vida como los verdaderos catalizadores de la sanación.

DOCTOR MARK HYMAN, escritor de éxito cuyas obras figuran
entre los libros más vendidos según *The New York Times*

1

INTRODUCCIÓN

Ω

QUIERO CONTARTE CÓMO CONOCÍ a Norman. Un día vino a mi consulta de odontología en el sur de Sidney con su mujer, Mavery. Me bastó pasar unos minutos con él para darme cuenta de que era un hombre serio pero divertido. Todos sus comentarios iban seguidos de una broma directa o de una gran sonrisa, y era una sonrisa digna de ver. Solo le quedaban un par de piezas dentales, de modo que, al sonreír, mostraba unas encías atravesadas, casi en diagonal, por un solo diente. Le gustaba decir que el del fondo era el diente de comer y que el de delante era el que les enseñaba a las señoras.

Pero aquel día en la consulta se respiraba una pesadez que ni siquiera la personalidad desbordante de Norman era capaz de aligerar. Mavery no se reía con ninguna de las bromas de Norman y estaba sentada a su lado con un gesto evidente de preocupación. El cardiólogo de Norman le había remitido a mi consulta porque, antes de someterle a un *bypass* cuádruple, necesitaba un informe de la salud dental de su paciente.

Los pacientes vienen a pedirme un informe de su salud dental antes de una cirugía importante, sobre todo, por dos razones. La primera es que las infecciones bacterianas de la boca pueden extenderse por el resto del cuerpo. Por eso, los cirujanos necesitan asegurarse de que la persona a quien van a intervenir no es demasiado vulnerable a las complicaciones.

Pero hay otra razón, mucho más básica y muy reveladora. Los pacientes necesitan un informe de su salud dental antes de operarse porque si desarrollan una infección bucal grave durante su periodo de recuperación, el hospital lo tiene muy difícil para tratarlos. La mayoría de los hospitales no tratan la boca ni los dientes.

La boca es uno de los órganos más importantes del cuerpo y su salud es fundamental para el resto del organismo. Y a pesar de ello, muchas personas no se dan cuenta porque la medicina y la odontología se han mantenido en mundos aparte.

El historial médico de Norman era el habitual de alguien con su peso. Tenía diabetes tipo 2 y la presión arterial alta. Cuando le examiné, detecté una enfermedad gingival grave, lo que quería decir que tenía que quitarle su último diente antes de remitir su informe al cirujano. Era una situación bastante urgente, así que tuvimos que hacer la extracción aquella misma semana. Le haríamos una dentadura postiza mientras le operaban y se la probaríamos cuando le dieran el alta en el hospital.

No cabía duda de que la enfermedad dental de Norman era grave. Sin embargo, no era un caso tan insólito como uno puede pensar. Cuando le conocí, yo solo llevaba tres años trabajando como dentista, tiempo suficiente para acostumbrarme a ver a pacientes con bocas peores de lo que uno podría esperar de la sociedad «avanzada» de un país del primer mundo.

◆ ◆ ◆

Los dientes siempre me han fascinado. No estoy seguro de qué fue lo que me atrajo de ellos, pero desde muy joven me obsesioné con mantener los míos resplandecientes. Yo era un chico un poco obsesivo que se cepillaba los dientes siguiendo una programación casi militar. Cualquiera que no compartiera mi entusiasmo me molestaba. Ese alguien solía ser mi hermana pequeña, Rachel, que estaba más ocupada en soñar despierta que en cepillarse los dientes.

Por las noches, entrábamos en el baño para lavarnos los dientes y yo analizaba sus movimientos. Ella se sentaba y hacía poco más que chupar el cepillo. Yo le decía: «No lo haces bien». Aún tenía cinco años y mi madre me seguía vistiendo por las mañanas, pero yo me sentía como el sargento del cepillado dental.

Cuando el dentista nos revisó por primera vez, mis dientes merecieron la nota máxima. Me levanté del sillón de la consulta muy orgulloso. No obstante, cuando le llegó el turno a mi hermana, se acomodó en el sillón avergonzada. Por supuesto, yo me quedé a observar.

Cuando abrió la boca, vi un gran punto marrón en uno de sus dientes, tan grande que pensé que era un trozo de chocolate. Pero resultó ser un gran agujero.

De vuelta a casa la estuve sermoneando. Ella se lo tomó mucho más en serio después de esa experiencia y, por lo que sé, no ha vuelto a tener una caries desde entonces. Pero como la mayoría de los pacientes a los que he visto en consulta, ella necesitaba un aviso. A medida que crecía, mi interés por la salud iba en aumento, en especial, la manera en la que la nutrición afecta al cuerpo y a su rendimiento. De forma instintiva, me decanté por una carrera que me permitiera convertirme en un profesional de la atención sanitaria y, dada mi antigua obsesión con los dientes, la odontología acabó convirtiéndose en mi territorio natural. Fue la forma perfecta de unir mi amor por la salud y por la nutrición. Me convertí en un experto en salud para cuidar de la boca de la gente y así mejorar su vida. Al menos, así es como yo lo veo.

En la facultad de Odontología de la Universidad de Sidney, aprendí todo lo necesario para reconstruir bocas y dientes. Yo daba por sentado que esos procedimientos mejorarían no solo las bocas, sino también la vida de la gente. Después comencé a ejercer como dentista, una experiencia de lo más emocionante.

Todos los días se me ofrecían oportunidades nuevas e interesantes de aplicar mi profesión: coronas, puentes, fundas, reconstrucciones dentales, dentaduras postizas, implantes, endodoncias y cirugías orales, entre ellas, la extracción de las muelas del juicio. Cada procedimiento era una nueva satisfacción.

Lo que más me gustaba era ayudar a las personas a recuperar su sonrisa, pues al sonreírnos los unos a los otros, el cuerpo segrega endorfinas que nos provocan felicidad y calidez. Ese pequeño acto es fundamental para poder comunicarnos y convivir. Cuando una persona tiene los dientes mal y no quiere sonreír, se ve privada no solo de las sustancias químicas que el cerebro necesita para sentirse bien, sino también de la interacción con otras personas. Así que, desde mi punto de vista, ayudar a alguien a que vuelva a sonreír es como conectar las luces de un árbol de Navidad. Ante mis ojos se opera la transformación: puedo ver cómo un paciente recupera su confianza. Es un momento muy intenso.

Así es como pasas tus primeros años como dentista, aprendiendo a dominar esta clase de habilidades. Después, cuando ya has aprendido a completar un procedimiento en una hora, empiezas a practicar para reducir más ese tiempo y poder ver a un número mayor de pacientes en sesenta minutos.

Al final, cuando ya has acabado dominando esos procedimientos, empiezas a alcanzar lo que llamamos el «máximo clínico», es decir, el momento en el que has llevado tu eficiencia a su máxima expresión con cada paciente y has alcanzado el número máximo de pacientes que puedes ver en un día. Tus manos no dan más de sí. Has alcanzado tu capacidad límite.

Tras dedicar unos años a trabajar como odontólogo general para pulir mis habilidades, me di cuenta de que había llegado a mi límite clínico. Cada día, diagnosticaba a varios pacientes, les ofrecía algunas opciones de tratamiento y les aplicaba el que escogían. Mi vida laboral comenzó a parecerme repetitiva. Y, como hacía mi trabajo de forma casi automática, mi mente empezó a divagar, volviendo siempre al mismo tema.

Mientras perfeccionaba mis habilidades quirúrgicas, había estado refinando el que tal vez sea el talento más importante que un dentista puede poseer: saber tranquilizar a la gente. Los pacientes ansiosos, asustados y enfadados no solo complican nuestro trabajo, sino que también es menos probable que se cuiden los dientes. Como dentista, quieres aliviar su nerviosismo y estimular su confianza en que pueden cuidarse, y para eso es fundamental que los conozcas y te relaciones con ellos.

Sin embargo, cuanto más me relacionaba con mis pacientes, más me daba cuenta de que muy pocos de ellos entendían la enfermedad dental y el impacto que esta ejerce en sus vidas. Traté a muchas personas con estudios y carreras profesionales importantes, pero cuyas bocas parecían zonas catastróficas. Con frecuencia, tenían dientes rotos, ausentes o torcidos, encías inflamadas y muelas del juicio infectadas.

Eso me afligía. Nunca esperé que a todos los pacientes les encantara ir al dentista, pero me sorprendió cuántos de ellos dejaban de cuidarse la boca o, sencillamente, no tenían interés en hacerlo. Muchos adultos eran tan indecisos sobre su salud bucodental como mi hermana a los cuatro años.

Se me ocurrió que, de alguna forma, en realidad no había nada que los motivara. Ahora más que nunca, la gente suele saber cómo cuidar su corazón, cómo preservar la salud de su piel y su cabello. Asimismo, tiene información sobre qué hacer para proteger la mayoría de sus órganos, empero, desconoce cómo cuidar del órgano con el que come y habla y que está situado en mitad de su cara.

Sí, todo el mundo sabe que hay que cepillarse los dientes, usar hilo dental y evitar los alimentos con azúcar y las bebidas ácidas que erosionan los dientes. También que lo inteligente es ir al dentista al menos dos veces al año para una revisión y una limpieza. Incluso muchos saben cómo proteger sus dientes de los daños que vienen del exterior, pero ignoran cómo hacer que sus dientes sean más sanos desde dentro.

Muy pocos conocen cómo crece el hueso de sus mandíbulas o por qué sus dientes se forman como lo hacen. No entienden que, igual que algunos alimentos hacen que el corazón esté más sano o el pelo crezca mejor, otros ayudan a que las encías y los dientes tengan mejor salud. Y no se dan cuenta de que hay muchas cosas que pueden hacer para que las bocas de sus hijos se desarrollen sanas. Casi todos los niños a los que vi en consulta tenían problemas de maloclusión dentaria y a cerca de la mitad les descubrí alguna caries. Prácticamente, ningún adolescente contaba con espacio suficiente en sus arcadas dentarias para que les crecieran las muelas del juicio.

Y yo no tenía la sensación de formar parte de la solución a ninguno de estos problemas.

Mientras me ocupaba de corregir estos trastornos, nunca me ocupaba del *porqué*. Diagnosticaba maloclusiones (una alineación deficiente de los dientes y las arcadas dentarias), trabajaba con un ortodoncista para corregir su posición y, luego, los pacientes recibían una factura, pero yo no era capaz decirles por qué sus dientes habían crecido torcidos. Nunca pude explicarles de dónde procedían la mayoría de sus problemas bucodentales. No lo sabía. En la facultad de Odontología, había aprendido a tratarlos, no a prevenirlos.

Además, hay que tener unos ingresos medios o altos para acceder a unos cuidados odontológicos que merezcan ese nombre. Muchos de mis pacientes necesitan tratamientos que cuestan entre 10 000 y 20 000 dólares, y que alguien necesite un procedimiento de 60 000 dólares no es tan infrecuente como podría parecer.

Una boca enferma puede ser el resultado de las malas expectativas que algunas personas con pocos ingresos tienen sobre la salud de su boca, y que las acaba llevando a un círculo vicioso. Efectivamente, la enfermedad acaba apareciendo, pero no como resultado de ese destino predeterminado que ellos creyeron predecir, sino de su propio comportamiento (es lo que llamamos profecía autocumplida). Van a una entrevista de trabajo y todo lo que los demás ven en ellas es que sus dientes están muy deteriorados. Su dentadura les impide conseguir un trabajo con un buen salario, que es, precisamente, lo que necesitan para arreglar su dentadura. He aquí el círculo vicioso. Como no tienen forma defenderse de la aparición inicial de una enfermedad dental, nunca se les da una oportunidad.

Otra pregunta surgía en mi mente con una frecuencia cada vez mayor: ¿voy a hacer esto el resto de mi vida? Sospechaba que, si tenía que hacer endodoncias un día detrás de otro durante los siguientes treinta o cuarenta años, me volvería loco.

Uno de los dentistas de la consulta era conocido por lanzar los instrumentos por el aire cuando la enfermera le entregaba uno equivocado. Una tarde me dijo: «Steven, ¿cuándo vas a comprar mi parte del negocio para que pueda retirarme?». Comparado con él, yo me sentía relativamente feliz en mi trabajo, pero sus palabras me hicieron cuestionarme la naturaleza de mi profesión. ¿Cuántas extracciones podría hacer durante mi vida profesional? ¿Cuántas caries repararía? Y lo más importante: ¿qué importaba eso, de todas formas? ¿En qué estaría beneficiando yo a los demás, realmente?

Durante las últimas décadas, la tecnología nos ha permitido realizar avances extraordinarios en los tratamientos dentales. Hasta mitad del siglo XIX aún era frecuente que una novia recibiera, como regalo de bodas, una importante cantidad de dinero para someterse a la extracción de todos sus dientes, que serían sustituidos por una dentadura postiza. Así se evitaría toda una vida de carísimas reparaciones dentales.

Hoy somos capaces de reconstruir un diente completo con implantes fabricados con el mismo titanio que se usa para construir naves espaciales. Empleamos láseres y escáneres tridimensionales para crear un esmalte tan perfecto que resulta imposible diferenciarlo del natural a simple vista. Pronto veremos avances que hoy no podemos siquiera imaginar.

No obstante, todavía no estamos cerca de descubrir por qué la enfermedad dental es tan frecuente. Y eso es preocupante. Yo pasaba los días corriendo detrás del problema en lugar de ponerme delante de él y detener su avance.

◆ ◆ ◆

Unos meses después de conocer a Norman, Mavery entró en mi consulta con malas noticias. Durante la operación, habían surgido complicaciones y su marido había fallecido.

La enfermedad bucodental es tanto un aviso como la causa de enfermedades crónicas que perjudican a todo el organismo. Me entristece pensar que, cuando conocí a Norman, sus encías y dientes podridos le habían llevado a una vida de enfermedad que acabó dejando viuda a su esposa. Su experiencia fue un doloroso testamento, la constancia de que nuestro sistema sanitario y su actitud hacia la salud bucodental han fallado a muchísimas personas.

La muerte de Norman fue un aviso. Me hizo darme cuenta de que, como dentista, necesitaba ampliar mi perspectiva de la boca. ¿Cómo habíamos llegado a ese punto? ¿Cuándo se torció todo tanto? Mientras rellenábamos los agujeros de las caries y hacíamos endodoncias, ¿se nos había pasado por alto, a mí y a mis colegas, algún signo que hubiera podido evitar la enfermedad de Norman?

Estaba decidido a encontrar las respuestas a esas preguntas.

PARTE I

LA VERDAD
EN TUS DIENTES

CAPÍTULO 1

POR QUÉ TU BOCA ES IMPORTANTE

L A BOCA ES LA PUERTA de entrada a tu cuerpo. La salud dental es importante y, sin duda, una buena dentadura nos resulta atractiva. Sin embargo, en los debates actuales sobre la salud y el bienestar no parece que se dé mucha importancia a nuestras bocas. Cuando te fijas en cómo tratamos a nuestros dientes, puede dar la impresión de que no nos importa la salud bucodental. Las ortodoncias y los blanqueamientos dentales a duras penas consiguen ocultar esta realidad.

La caries dental afecta a entre el 60 y el 90 % de los niños en edad escolar de los países industrializados[1]. Es la enfermedad crónica más prevalente en Estados Unidos, donde el 42 % de los niños tienen cavidades en los dientes de leche[2]. Entre 2013 y 2014, en Reino Unido, 26 000 niños de entre cinco y nueve años necesitaron un tratamiento dental que requirió anestesia general[3].

Nuestros hijos tienen los dientes torcidos o, como decimos los dentistas, maloclusión. Unos cuatro millones de niños estadounidenses llevan una ortodoncia para corregir la posición de los dientes[4]. Entre 1982 y 2008, se ha duplicado el número de personas con ortodoncia y el de adultos ha aumentado un 24 %[5]. Y si tienes la suerte de llegar a la adolescencia con los dientes en buen estado, ten por seguro que en el futuro las muelas del juicio te van a provocar dolor. En Estados Unidos se extraen cada año diez millones de muelas del juicio[6], mientras el negocio de la odontología gana 129 000 millones de dólares cada año[7].

Las cifras de la enfermedad bucodental son pasmosas y evidencian que, en la sociedad actual, hay una epidemia moderna que empieza en la infancia y dura toda la vida adulta. La frecuencia de la enfermedad dental nos puede hacer creer que la ortodoncia, la caries o la extracción de las muelas del juicio son experiencias inevitables que no tendremos más remedio que afrontar durante nuestra vida.

En los últimos años, me di cuenta de que mi actividad profesional como dentista se centraba en el objetivo equivocado. La formación universitaria que recibí me enseñó a revertir la enfermedad, no a evitar que apareciera. A mi consulta llegaban adultos y niños con bocas enfermas, un día detrás de otro, con las mismas dolencias. Tenía la sensación de que mi actividad profesional no estaba contribuyendo a ningún cambio importante. La enfermedad dental seguiría existiendo, sin importar las caries que yo reparara, ni cuántas muelas del juicio extrajera.

Los tratamientos, incluso los nuevos, no hacen más que ocultar el problema. Lo que necesitamos es una solución. La incómoda verdad es que todas esas enfermedades aparecen por culpa de una dieta inadecuada. *Boca sana, cuerpo sano* visibiliza este nuevo paradigma y es el primer libro de esta clase que enseña a personas de todos los orígenes a prevenir la enfermedad dental sencillamente cambiando su forma de alimentarse.

Siguiendo las recomendaciones dietéticas que he desarrollado después de estudiar la nutrición humana, la epigenética y la medicina bucodental no solo vas a librarte de pagar facturas al dentista durante toda tu vida. Además, vas a dar los mejores pasos que puedes dar para que tu salud general sea óptima y para reducir el riesgo de sufrir enfermedades como la diabetes, las cardiopatías o el síndrome del colon irritable.

Nos hemos centrado demasiado en los tratamientos dentales y eso nos ha impedido comprender bien la conexión existente entre la enfermedad bucodental, el resto del organismo y la salud y el bienestar. En realidad, lo que es bueno para la boca es bueno para todo el cuerpo. El plan de alimentación que encontrarás en *Boca sana, cuerpo sano* te servirá para prevenir las enfermedades no solo de la boca, sino también de los huesos, las encías, los intestinos, el sistema inmunitario y hasta del cerebro. Si sigues las recomendaciones que encontrarás en estas páginas, estarás más cerca de disfrutar de una buena salud durante toda tu vida.

Cómo influye la comida en nuestra cara

Para tener una idea clara de lo que está ocurriendo con enfermedades como la caries dental y los dientes mal posicionados, basta echar un vistazo al registro fósil humano. Los antropólogos utilizan las mandíbulas y los dientes para «viajar en el tiempo» y poder estudiar la historia humana remota. La mandíbula inferior y los dientes son las partes más duras del cuerpo humano, las que tienen más probabilidades de sobrevivir intactas en el registro fósil. Por eso, casi todo lo que sabemos sobre nuestros ancestros se lo debemos a una especie de revisiones dentales póstumas, ya que, al estudiar estas bocas antiguas, los científicos pueden recrear complejos detalles de la vida de nuestros parientes lejanos, incluso su dieta.

El registro fósil revela que la enfermedad dental era infrecuente y que solo algunos antiguos egipcios la sufrían; casi todos tenían unos dientes perfectamente colocados[8]. Los cazadores-recolectores del Mesolítico apenas padecían caries o enfermedades de las encías[9]. Más recientemente, los antropólogos descubrieron que los aborígenes australianos vivían de forma similar a los cazadores-recolectores y que no tenían enfermedades dentales[10]. El estudio de sociedades de todo el planeta, como las de los nativos de Estados Unidos, los indios de Sudamérica y los tribus nómadas africanas, muestra resultados similares[11].

Los antropólogos han observado que la mandíbula humana es una estructura plástica que cambia en función de las necesidades de nuestra alimentación. Aun así, es alarmante ver con qué rapidez se ha deteriorado y cómo se ha extendido este daño a toda la especie humana.

La enfermedad dental, tal y como hoy se manifiesta, apareció después de la Revolución Industrial, cuando los alimentos procesados industrialmente comenzaron a predominar en la sociedad moderna. Nuestras bocas han estado sanas durante miles y miles de años, pero esta situación cambió de forma llamativa desde que se estableció el sistema de alimentos industrializados.

En la naturaleza, las alteraciones dentales son bastante infrecuentes. Los problemas actuales con los dientes cariados y la maloclusión son un indicio de la degeneración rápida y forzada que está sufriendo la especie humana, que se ha iniciado en un abrir y cerrar de ojos. Solo ha hecho falta una generación después de introducirse la dieta moderna para que comenzaran a aparecer las caries y los dientes mal posicionados. Nuestras bocas empezaron a cambiar en cuanto introdujimos modificaciones en nuestra alimentación.

Qué están intentando decirnos nuestros dientes

Un viejo dicho reza que alguien «con la cabeza en su sitio» es una persona inteligente, lógica y con los pies en la tierra. El origen de esta idea parece la simple observación de que para ser juicioso hace falta una cabeza bien puesta.

Los dientes son un excelente indicador de salud: nos revelan el estado de las estructuras del cráneo, del cerebro y de las vías respiratorias, lo que explica por qué a los humanos nos atraen los dientes bonitos. Una sonrisa llamativa suele enmarcarse en un rostro cuadrado clásico, con unos pómulos prominentes y huesos mandibulares con espacio para que los dientes crezcan rectos, un cráneo alto, unas buenas vías respiratorias y un esqueleto que se mantiene erguido[12]. Estas son las características que tanto nos atraen de los actores famosos.

A pesar de que estamos obsesionados con las buenas dentaduras, muchas bocas son un verdadero desastre, y cuando los dientes tienen una forma extraña, también el rostro tiene una forma chocante. Los dientes mal posicionados indican el desarrollo deficiente de los huesos de la mandíbula inferior y superior. Estos no solo alojan a los dientes, sino que, además, contienen otras estructuras cruciales como las vías respiratorias, los vasos sanguíneos y la base esquelética del cerebro. Si nos detenemos a observar a los niños, probablemente, notaremos dos cosas: sus rostros son delgados y alargados y su postura, encorvada. Los dientes apiñados en la mandíbula superior indican que el paladar es estrecho y que invade las vías respiratorias. Esto puede causar una postura desgarbada y hacer que acaben respirando por la boca en lugar de por la nariz.

La función de la boca es actuar como puerta de acceso al cuerpo, un portal a través del cual la nutrición configura nuestra salud. Hasta hace muy poco, la conexión entre el organismo y la boca parecía vaga y, en el mejor de los casos, fragmentada. Pero nuevas investigaciones de gran interés han revelado que, entre boca y cuerpo, existe una relación íntima. Durante la última década, la tecnología de secuenciación genética de las bacterias nos ha permitido descubrir que los desequilibrios bacterianos que se inician en la boca durante el proceso de la caries dental tienen efectos en todo el sistema digestivo y en el resto del cuerpo.

Una vez creímos que el ADN tenía la última palabra sobre nuestra vida y nuestra salud. No obstante, ha resultado que el ADN es extraordinariamente sensible al entorno en que vivimos. La epigenética es un campo emergente que demuestra que la influencia del entorno puede alterar las moléculas de ADN sin que su código llegue a cambiar. Y de todos los factores que le influyen, el mayor es la comida que tomamos. Esa mezcla de complejidad genética,

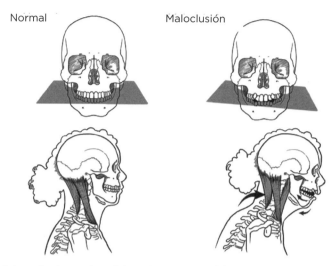

Normal   Maloclusión

Fig. 1. Los dientes mal posicionados como problema postural y esquelético.

resultado de la interacción entre los mensajes epigenéticos de los alimentos, los genes de la población microbiana y nuestro propio código genético es lo que determina la salud y la longevidad de la que disfrutaremos.

La enfermedad dental comunica claramente que algo está funcionando muy mal en el conjunto del cuerpo. La boca es la base de la salud y la forma en que la tratamos determina con exactitud cuál será la respuesta del cuerpo.

Sin embargo, saltarnos las revisiones dentales y prestar demasiada atención al tratamiento descuidando la prevención nos ha impedido darnos cuenta de que la enfermedad dental es un aviso inminente de que estamos ante otros problemas de salud.

La sociedad ha aprendido a percibir la boca como una parte alejada de la salud que no influye en el bienestar. En consecuencia, las profesiones médica y odontológica funcionan como entidades distintas y separadas; nuestro sistema de salud funciona por compartimentos. Los dentistas tratan la boca; los gastroenterólogos, el estómago; los neurólogos, el cerebro y así sucesivamente. Como sociedad, tratamos al cuerpo de la misma forma.

Solucionamos los problemas crónicos cada vez más frecuentes que se asocian con el estilo de vida, como la diabetes tipo 2, la obesidad y las enfermedades cardíacas, con ciclos de medicación y cirugía que se autoperpetúan. A los médicos de atención primaria se les ha enseñado a recetar una píldora para la diabetes tipo 2, y así es fácil perder de vista el hecho de que, como la enfermedad dental, se trata de una dolencia causada por la dieta moderna. Casi el 10 % de los estadounidenses, o lo que es lo mismo, cerca de veintinueve millones de personas son diabéticas [13]. Pero mientras los médicos y la industria farmacéutica luchan para descubrir nuevos tratamientos, la industria de los alimentos procesados, que entró en la cadena de suministro alimentario a gran escala en 1959, produce ahora el 70 % de los 600 000 ingredientes utilizados en Estados Unidos [14].

Lo más preocupante es que estas enfermedades crónicas están extendiéndose a grupos de edad cada vez más jóvenes. Estamos descubriendo la enorme influencia que tiene la dieta en la aparición de trastornos digestivos frecuentes, como la enfermedad de Crohn y el síndrome del intestino irritable [15], de alteraciones autoinmunitarias, como la enfermedad celíaca, la esclerosis múltiple y la artritis reumatoide [16], o de otros problemas que afectan al sistema nervioso central, como el autismo, el trastorno por déficit de atención con hiperactividad y la demencia [17]. La estrategia de la medicina moderna para tratar cada una de esas dolencias es diagnosticarlas y remitir al paciente a los respectivos especialistas que, en la mayoría de los casos, recetarán una medicación que se centrará en los síntomas y que no puede tratar la causa subyacente.

En *Boca sana, cuerpo sano*, aprenderás a aprovechar las poderosas propiedades sanadoras propias de los alimentos naturales. En lugar de entrar en el ciclo de enfermedad y tratamiento de los síntomas, descubrirás métodos sencillos para crear una dieta sabrosa y rica en nutrientes, y asegurarte así de que nunca volverás a necesitar un empaste o una pastilla para tratar la hipertensión arterial.

CAPÍTULO 2

LAS PIEZAS QUE FALTAN EN LA DIETA MODERNA

EL CHARLES DARWIN DE LA NUTRICIÓN

Llevaba ya unos años ejerciendo como dentista, y había pulido mis habilidades y alcanzado mi máximo clínico, pero estaba desanimado. Me parecía que lo que hacíamos en mi consulta era tratar la enfermedad en lugar de prevenirla. ¿Cómo iba a ayudar a los pacientes a tener dentaduras y bocas sanas y fuertes si solo ponía parches cuando algo funcionaba mal?

Seguí buscando respuestas en mis manuales, en las revistas científicas médicas y odontológicas y en todos los sitios donde pudieran estar, pero no existían. No imaginaba cómo cambiar la situación y no veía salida. Me sentía impotente.

Mi trabajo diario me desconcertaba tanto que acabé tomándome un descanso de la profesión y me fui de viaje por Europa para pensar en mi futuro. ¿Qué mejor forma de rejuvenecerse que rodearme de la belleza y la energía de un verano en Europa? Después de pasar un tiempo caminando por el este del continente, seguí mi viaje hasta el promontorio de Sarayburnu y las bulliciosas calles de Estambul. El antiguo puerto turco es un crisol de religión, tradición e influencia occidental moderna.

Una tarde calurosa, después de pasar el día inmerso en la rica cultura de la vieja ciudad de Sultanahmet, volví a mi hostal buscando algo de sombra y un libro para leer. Llegué a la salita común y allí había una estantería donde los viajeros dejaban los libros que habían leído y de donde tomaban uno nuevo que seguirían leyendo durante la siguiente etapa de su viaje. Mientras curioseaba entre los lomos de la estantería, las iniciales DDS (doctor en Odontología) me llamaron la atención. En el lomo, se leía Weston A. Price, DDS. No es muy habitual encontrar un libro de Odontología en la estantería de un lugar de vacaciones (no tengo las cifras exactas, pero dudo que haya mucha gente que meta libros de Odontología en la maleta cuando se va de vacaciones, ni siquiera los dentistas).

Aunque estaba en Turquía precisamente para huir de esta disciplina, no pude resistir la tentación de sacar el libro del estante. Se titulaba *Nutrition and Physical Degeneration: A Comparison of Primitive and Modern Diets and Their Effects* (Nutrición y deterioro físico: Comparación de las dietas primitivas y actuales y sus efectos)[1]. Era la reimpresión de un título que se había publicado por primera vez en 1939. Nunca había oído hablar del autor, un profesor de Odontología y escritor que pasaba consulta en Cleveland.

Al principio, Price hablaba de sus experiencias como dentista en las décadas de 1920 y 1930. Explicaba cómo se había dado cuenta de que, con los años, cada vez tenía más pacientes con enfermedades crónicas que también padecían enfermedades bucodentales. Sospechaba que había alguna relación entre los dos hechos.

Durante un período de diez a quince años aumentó cada vez más el número de niños con los arcos dentales deformados y con caries. Y, además, pacedían un número alarmante de enfermedades crónicas, como tuberculosis.

Price tenía la sensación de que el mayor número de pacientes con tuberculosis tenía alguna relación con el aumento de la enfermedad bucodental. Sospechaba que existía un vínculo directo entre el mal estado de los dientes de los niños y su deficiente salud general.

El libro de Price me impresionó desde las primeras líneas. Sus palabras sonaban con una claridad rotunda y reflejaban mis propias experiencias con los pacientes. El autor justificaba la existencia de la enfermedad dental de una forma que, aunque no me resultaba ilógica, era distinta de lo que me habían enseñado. Más de 70 años antes, él ya pensaba, como yo, que el conocimiento convencional de la medicina y la odontología estaba pasando algo por alto: el tratamiento reactivo solo es parte del rompecabezas. Hay muchas otras preguntas que responder. Una de sus afirmaciones rezaba: «Hablo muy en serio cuando digo que una ciencia médica que trabaje desde la morgue hacia atrás en lugar de trabajar desde la cuna hacia adelante es una ciencia miope» [2].

Price tenía una extraordinaria habilidad para evaluar la salud general de una persona simplemente observando su cara y su mandíbula. Cuando miraba una boca, veía algo más que dientes. Era capaz de visualizar las estructuras que forman el rostro humano, además de las vías respiratorias y el sistema digestivo.

Su intuición le decía que los dientes proporcionaban signos de avisos anticipados de problemas mucho mayores. Mediante sus estudios, descubrió que la estructura de la boca es fundamental para la estructura del cuerpo humano como un todo y que la salud bucodental está muy vinculada al bienestar general.

Ya entonces, Price tenía una teoría sobre lo que estaba causando el deterioro de la salud general que estaba presenciando. Durante su vida había sido testigo de cómo los avances tecnológicos habían transformado nuestra forma de comer, un fenómeno que aparentemente coincidía con el aumento de las enfermedades. La industrialización en Estados Unidos, Europa y Australia conllevó el procesamiento industrial de los alimentos, que se extendió a principios de la década de 1900. En apariencia, esto era una bendición para millones de personas, que, de este modo, tenían un acceso más fácil a productos que podían preparar con mayor facilidad, pero Price sospechaba que estábamos pagando un precio muy alto por esa comodidad.

Durante los años que dedicó a tratar las enfermedades dentales en su clínica, Price también investigó en su laboratorio para identificar qué compuestos químicos contenían los diferentes alimentos. Su hipótesis era que los alimentos procesados industrialmente y producidos en masa carecían de nutrientes fundamentales para la salud de la boca.

> La industria actual ha eliminado intencionadamente algunos de los elementos que forman parte de los alimentos naturales, manteniendo los factores energéticos que satisfacen el apetito. Un ejemplo es la harina blanca refinada. Durante su proceso de producción, se eliminan unas cuatro quintas partes de su contenido en fósforo y calcio, además de las vitaminas y los minerales proporcionados en el germen o embrión[3].

Price había oído que las culturas tradicionales de todo el mundo se distinguían por vivir en un estado de buena salud relativa, con menos enfermedades degenerativas que las de los habitantes de Cleveland. La intuición le dijo que aquellas personas disfrutaban de dentaduras y de bocas sanas, a pesar de no tener acceso a los cuidados dentales modernos porque sus dietas les aportaban nutrientes importantes de los que carecían las dietas occidentales.

Intuyó, asimismo, que nuestros ancestros probablemente tenían bocas bien desarrolladas y sospechaba que, si investigaba las bocas y las mandíbulas de las personas del siglo xx encontraría la relación entre las malformaciones de la boca, sus enfermedades y los cambios en la dieta humana.

Con esas teorías como punto de partida, Price decidió investigar la conexión entre boca y cuerpo en las sociedades tradicionales y en el registro fósil de nuestros antecesores. Se propuso demostrar que la enfermedad bucodental, en gran medida, está determinada por los alimentos que tomamos y que el estado del cuerpo está directamente vinculado con la salud de la boca.

LAS CARAS DE LA TIERRA

En su intento de poner a prueba teorías que contradecían el pensamiento médico y odontológico convencional no solo de su época, sino incluso de hoy, Price concibió un proyecto de investigación humana de proporciones mundiales. En compañía de su esposa, que investigaba con él, Price navegó desde África hasta el Ártico para averiguar si las sociedades tradicionales estaban realmente más sanas que las modernas, y si era así, por qué razón.

El investigador viajó durante gran parte de la década de 1930, antes de la Segunda Guerra Mundial. Eso le permitió ser testigo del que quizás sería el último periodo de la historia en el que las personas seguían viviendo en sociedades tradicionales por todo el planeta. Su expedición le llevó a las cimas de los Alpes Suizos y a las apartadas islas de Escocia. Viajó por África y navegó hasta Australia, Nueva Zelanda y las islas Polinesias. Subió a los Andes en el Perú y caminó por Estados Unidos, Canadá e, incluso, por el Círculo Ártico.

Fue testigo de grandes variaciones en los antecedentes raciales, culturales e históricos de las personas que conoció. No obstante, un hecho se mantenía invariable: la enfermedad dental era virtualmente inexistente. Los arcos dentarios de aquellas personas estaban espectacularmente bien formados y sus dientes eran más o menos normales. Según los cálculos de Price, menos del 1 % de las personas de aquellas comunidades sufrían caries dental, y los dientes mal posicionados eran igualmente infrecuentes.

Lo más sorprendente era que ninguna de aquellas personas tenía acceso, o había oído hablar jamás, de un cepillo de dientes.

LA SABIDURÍA DE LAS DIETAS NATIVAS

A principios de la década de 1930, Price y su mujer aterrizaron en el remoto valle de Loetschental, en los Alpes Suizos. Los habitantes de aquella zona habían permanecido aislados de la civilización moderna hasta hacía muy poco tiempo y sus formas de vida estaban muy arraigadas al pasado. Las dietas que seguían se basaban en los productos lácteos que obtenían de los animales del valle. Y, aunque no había médicos ni dentistas en su zona, en gran medida estaban sanos y fuertes. Casi ninguno mostraba indicios de enfermedad dental y en los registros de cráneos del valle tampoco se apreciaban signos de enfermedad. Price tenía la sensación de que los lácteos que tomaba aquella gente encerraban secretos olvidados por la nutrición moderna.

En cada una de las paradas de su viaje, el científico recogió muestras para medir el contenido de nutrientes de los alimentos de la zona. Cuando volvió a su laboratorio, descubrió que la mantequilla y el queso del valle de Loetschental, elaborados con leche de vacas alimentadas con los ricos pastos de los Alpes Suizos, contenían cantidades importantes de vitaminas A y D, solubles en grasas. También mostraban una tercera vitamina que no se lograría identificar hasta décadas más tarde. Price intuía que esas eran las pistas clave que había estado buscando.

Convencido de que debía encontrar nuevas evidencias, Price visitó una sociedad que había vivido aislada desde la Edad de Piedra: los inuit del Ártico. Le maravilló el estado y la salud de estas poblaciones, que contrastaban con los de los pacientes que había tratado en su consulta. Los inuit prácticamente carecían de problemas dentales, aparte de unos dientes desgastados por sus duras dietas. Sus mandíbulas tenían una estructura fornida característica. Vivían, sobre todo, de los animales marinos que capturaban, y sus mandíbulas eran tan extraordinarias que muchos de ellos podían cargar enormes bolsas de pescado agarradas a un solo diente.

El papel del aceite de foca parecía ser especialmente importante. A los inuit les gustaba usarlo para aliñar el pescado. En su laboratorio, el científico se dio cuenta de que era tan rico en vitamina A como otros alimentos que había estudiado.

Entonces, empezó a identificar un patrón. Tanto la dieta tradicional inuit como la suiza se basaban en los alimentos que estas comunidades obtenían y elaboraban. A Price le pareció una prueba de que los alimentos modernos procesados industrialmente carecían de los nutrientes esenciales y de que estaban provocando enfermedades graves a las personas.

La siguiente investigación le llevó a África. A pesar de la reputación del continente, donde proliferaban las enfermedades mortales, los miembros de las más de treinta tribus que el científico visitó tenían cuerpos resistentes, eran capaces de recuperarse y estaban hechos para sobrevivir, y sus dientes y arcadas dentarias eran impecables. A Price le interesaron, en especial, los masai, una tribu de pastores con la que entró en contacto en el valle del Nilo. Como muchas de las culturas tradicionales que había visitado en los Alpes y el Ártico, los masai casi no mostraban indicios de caries y sus arcos dentarios eran sanos y estaban bien desarrollados. Tampoco mostraban signos de enfermedades cardíacas, a pesar de que la sociedad occidental consideraría que la dieta masai tenía un alto contenido en grasas saturadas.

Price se convenció de que esta tribu debía su buena salud al consumo de tres vitaminas solubles en grasas que tomaban con la leche, la carne y la sangre que obtenían de las vacas que pastoreaban. Este patrón le sugirió que dichas vitaminas no solo eran fundamentales para la salud dental, sino que tenían un efecto mariposa* en el resto del cuerpo humano.

El científico vio confirmadas en la naturaleza sus sospechas sobre las vitaminas solubles en grasas. Dejó escrito cómo, en épocas de abundancia, los leones africanos cazaban a las cebras solo para comerse su hígado, que, al parecer, es el órgano con mayor cantidad de vitaminas solubles en grasas del cuerpo.

---

* El efecto mariposa es el fenómeno que provoca que un pequeño cambio en un punto de un sistema complejo tenga efectos importantes en todas sus partes. *(N. de la T.)*.

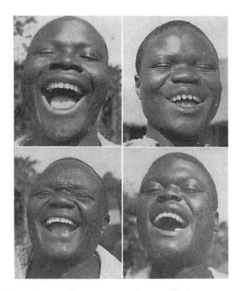

Fig. 2. Arcos dentarios perfectamente desarrollados y características faciales de varones africanos[4].

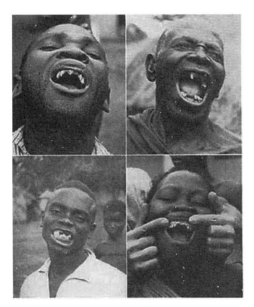

Fig. 3. Enfermedad dental en varones africanos con acceso a alimentos occidentales modernos[5].

Imágenes superiores: © Price-Pottenger Nutrition Foundation, Inc. Todos los derechos reservados

Las diferentes pistas que Price fue obteniendo durante su viaje por todo el planeta parecieron cobrar sentido cuando llegó a Australia, donde estudió a los indígenas. Este grupo es la estirpe humana viva más antigua del mundo, que se remonta, al menos, a cincuenta mil años, según se confirmó en un estudio genético realizado en 2011[6]. En las poblaciones indígenas que visitó, vio unos arcos dentarios impresionantes y dientes sin caries. Los antiguos registros de sus ancestros mostraban patrones muy similares.

Sin embargo, cuando llegó a las colonias que dirigían los europeos se evidenció un pasmoso aumento en la caries y la malposición dental. Y los indígenas que habían dejado su dieta tradicional y adoptado la moderna desarrollaron rápidamente las enfermedades modernas.

En el curso de su viaje por el mundo, Price conoció a indígenas de las islas de Polinesia, de Nueva Zelanda, América del Sur y del Norte y de las remotas islas escocesas. En todos esos lugares, se repetía la misma observación: personas que disfrutaban de una salud extraordinaria, aunque carecían de los lujos de la civilización occidental.

Después de pasar cinco años viajando por todo el globo, Price regresó a Cleveland cargado con miles de fotografías, muestras de alimentos y registros para reunir las piezas que le permitirían relatar su investigación al mundo.

Las piezas desaparecidas: las vitaminas solubles en grasas

Lo que Price se encontró una y otra vez en sus viajes fue que las saludables culturas tradicionales que había conocido parecían seguir dietas ricas en vitaminas solubles en grasas. Estaba seguro de que esos compuestos eran el ingrediente esencial que le daba a aquella gente sus extraordinarias dentaduras, sus mandíbulas y su buena salud general. Todas las sociedades que visitó habían incorporado hábitos de alimentación para recibir dosis suficientes de esos nutrientes. Su teoría era que las vitaminas solubles en grasas servían como «activadores» que permitían al cuerpo utilizar innumerables minerales y nutrientes.

En cada una de las paradas de su viaje, Price recogió muestras de alimentos y las conservó para poder estudiarlas más tarde. Los análisis nutricionales que realizó de aquellos ingredientes revelaron una cantidad de vitaminas solubles en grasas diez veces superior a las de los alimentos de las dietas occidentales, y un contenido en calcio, al menos, cuatro veces más elevado, además de otros importantes minerales.

El científico pudo identificar algunas de esas vitaminas en los alimentos, pero, al parecer, había otra sustancia responsable de la extraordinaria estructura ósea de las personas que había conocido en sus viajes. Price bautizó a esa vitamina misteriosa con el nombre de «activador X». Esta sustancia seguiría siendo un misterio durante 60 años, hasta que se descubrió que era la vitamina soluble en grasa K_2 (hablaremos de ella con más detalle en el capítulo 4).

La vitamina soluble en grasa llamada K_2 trabaja en conjunción con las vitaminas D y A ayudando al cuerpo a que los huesos y los dientes absorban los minerales. Es una vitamina fundamental para el proceso de desarrollo de la mandíbula y necesaria para mantener el equilibrio de minerales en los distintos órganos.

Tras la muerte de Price en 1948, la edición de *Nutrition and Physical Degeneration* se agotó y cayó en el olvido durante casi cincuenta años. El libro se había adelantado a su tiempo, pero su reputación se vio afectada porque la comunidad científica no fue capaz de reconocer la validez de sus afirmaciones.

No hay duda de que los métodos de Price eran poco ortodoxos y estaban lejos de ser perfectos. Se le pueden hacer muchas objeciones, entre ellas, que realizó gran parte de sus investigaciones durante su viaje a través del mundo, y eso le obligaba a enviar las muestras y los registros a miles de kilómetros de distancia. Pero, aun así, el científico había empezado a desvelar un hecho muy importante: la clara relación entre la comida que tomamos y sus efectos sobre la boca y el resto del cuerpo.

Mientras hojeaba las páginas del libro de Price aquel día caluroso en Turquía, empecé a rememorar mi carrera de odontólogo y vinieron a mi mente sonrisas torcidas y dientes con caries. Y si bien tardaría muchos años en conectar los puntos, empecé a hacer un seguimiento de lo que comían mis pacientes y me di cuenta de que la mayoría de esas arcadas dentarias que no se habían desarrollado adecuadamente también derivaban de unas dietas deficientes.

Todo cristalizó en mi mente. Durante mucho tiempo, había diagnosticado y clasificado la enfermedad dental, pero, en aquel momento, sentía que había llegado a la raíz del asunto. Había estado delante de mis narices todo aquel tiempo: la dieta era el principal problema.

EL NACIMIENTO DE LA DIETA PARA LA SALUD DE LA BOCA Y EL CUERPO

Igual que cuando salí de viaje para Europa, vi a montones de niños con bocas llenas de caries. Tuve que enviar a muchos al hospital para que les quitaran las muelas del juicio porque estaban podridas.

Durante mi formación como dentista, me habían enseñado que problemas como el de aquellos niños se debían a que tomaban demasiados azúcares refinados y bebidas azucaradas. Sin embargo, en aquel momento no me parecía que reducir el consumo de azúcar bastara para resolver los problemas de sus dentaduras. Price había lanzado la teoría de que la dieta moderna carecía de los nutrientes fundamentales para la salud bucodental. Yo sospechaba que, además de eliminar el azúcar, aquellos niños debían añadir algo más a sus dietas.

Mientras, yo mismo estaba empezando a tener problemas en la boca. Cada vez más a menudo sufría episodios de sensibilidad dental de origen desconocido. Me dolía tanto que casi no podía tomar bebidas frías o helados.

Tal como solemos hacer los típicos médicos hipocondriacos, molesté a mis colegas para que me examinaran. Todos acabaron diciéndome que estaba bien. Yo también examiné las radiografías que me habían hecho y las analicé con atención. Busqué el mínimo signo de enfermedad o de alguna dolencia, pero tampoco pude encontrar nada.

Aun así, en mi cuerpo, seguían sonando las alarmas. Yo siempre fui atlético y seguía haciendo ejercicio regularmente, pero mi peso comenzó a oscilar y las articulaciones me dolían más de lo habitual. Me ponía enfermo con demasiada frecuencia y parecía que a mi piel le costaba curarse. Atribuí todos estos síntomas a la edad, pero alguna parte de mí me decía que era demasiado pronto para todo aquello. Hasta después de un tiempo, no me di cuenta de que mi cuerpo había entrado en un estado de inflamación.

A pesar de aquellos molestos achaques, en general, me encontraba bastante sano e, incluso, con algunas fluctuaciones, mi peso se mantenía dentro de lo normal. Evité tomar azúcar durante el día y, por la noche, antes de irme a dormir, me gustaba comer un poco de chocolate negro y un yogur desnatado con miel, una combinación que siempre me había parecido bastante natural. Yo creía que mi dieta era saludable, pero cuando analicé con cuidado lo que estaba comiendo, me di cuenta de que me pasaba lo mismo que a muchas personas: tomaba alimentos con muchos más azúcares añadidos de lo que creía.

Estaba acostumbrado a despertarme en mitad de la noche con el antojo de comer algo dulce. Era evidente que estaba sufriendo una adicción al azúcar, porque muchos de los alimentos «saludables» que tomaba estaban cargados de ese ingrediente.

Había llegado la hora de hacer un buen cambio en mi dieta. El primer paso fue identificar cuáles de los alimentos que tomaba eran perjudiciales y eliminarlos.

Leía las etiquetas de todo lo que comía. Hice una auditoría completa de alimentos dulces, contando cada gramo añadido. También dejé de tomar pan y aceites vegetales, y me mantuve alejado de los alimentos procesados industrialmente. En otras palabras: empecé a sentar las bases de lo que sería mi dieta para una boca y un cuerpo sanos.

Hice esto durante unos tres meses. Durante las dos primeras semanas, sentí cómo mi cuerpo se iba desintoxicando. Lo peor fueron los días del cuarto al séptimo. Tuve fuertes deseos de comer, dolores de cabeza y una sensación de impotencia. Pero fuese como fuese, tenía que pasarlo. Durante años había recomendado a aquellos pacientes que consumían mucho azúcar que «lo dejaran», sin saber cómo lo conseguirían ni cómo se sentirían a continuación. Ahora me llegaba la hora de recibir mi merecido.

El siguiente paso fue incorporar a mi dieta alimentos que le aportaran a mi boca y a mi cuerpo los nutrientes que necesitaban para rendir al máximo.

Empecé investigando las dietas tradicionales y, cuanto más las conocía, más reconocía la sabiduría que había en ellas. Durante siglos, si no durante milenios, las culturas tradicionales han basado sus dietas en los mismos alimentos que contenían los nutrientes que yo buscaba. Y eso me recordó mi propia niñez.

Mi abuela china se había ganado la vida en Australia con uno de los primeros restaurantes chinos de comida para llevar que se abrieron en nuestra ciudad. Muchos de mis primeros recuerdos se sitúan en ese restaurante, con mi padre ayudando a mi abuela a cocinar en la parte trasera del local. Me encantaba hablar con los obreros de la fundición cercana que venían a comer o a cenar. Muchos días me sentaba allí, delante de un bol de sopa caliente y aromática que se había cocinado siguiendo la receta china, respetada durante tanto tiempo. Las sopas orientales suelen hacerse con carne de la que no se retira el hueso, y las verduras y los despojos se cocinan con grasas animales como las de pato y cerdo.

Mi abuela tenía tres empleos para mantener a la familia, pero siempre estaba, y sigue estando, fuerte como un toro. Nunca en su vida la vi tocar un dulce. Prefería tomarse un té caliente, que era lo que le sentaba bien. A mi abuelo, que era diez años más joven que ella, le encantaba la comida basura. Le gustaban tanto la comida rápida y las bebidas azucaradas que hasta se las llevaba a su cuarto.

Mi abuela decía que esa dieta le mataría y, por desgracia, tuvo razón. El abuelo pasó por un largo periodo de enfermedad crónica, con diabetes tipo 2 y fallo renal. Acabó necesitando diálisis y ya no pudo volver a andar. Y lo que es peor, los dientes se le pudrieron y, al final, casi no le quedó ninguno. Mientras, mi abuela conservaba todos sus dientes. «Claro que sí», decía orgullosa mientras se daba golpecitos en ellos.

Pensando en mis abuelos, reconocí lo valioso que era usar grasas animales para cocinar o añadir un huevo a casi todas las comidas y empecé a valorar el arte de cocinar un guiso condimentado, poco a poco.

Mi nueva dieta

COMIDA	ANTES	DESPUÉS (DIETA PARA LA SALUD DE LA BOCA Y EL CUERPO)
Desayuno	• Granola baja en grasas • Leche descremada • Plátano y fruta deshidratada • Un vaso de zumo de naranja	• 2 huevos condimentados con cúrcuma, preparados en mantequilla con tomates picados, cebollas rojas y albahaca • Un vaso de kéfir
Comida	• Bocadillo de ensalada de atún	• Paté de hígado de pato • Quesos curados • Ensalada de aguacate y espinacas aliñada con aceite de oliva
Tentempié	• Zumo de frutas • Frutas deshidratadas • Barrita de muesli	• Café con nata • Una pieza de fruta con frutos secos

Cena	• Pechuga de pollo • Verduras al vapor • Yogur descremado con chocolate y miel	• Filete de vacuno cocinado con el hueso y el tuétano, ajo, zanahoria, apio, hojas de laurel y cilantro • Kombucha • Frutos secos y canela con aceite de coco
Tentempié nocturno	• Alimentos envasados (p. ej., patatas fritas, chocolate, mermeladas y zumos)	• Nada

Antes de que me diera cuenta, mis problemas de salud empezaron a desaparecer. Notaba los dientes más fuertes y menos sensibles. La calidad de mi sueño mejoró, al igual que mis niveles de energía. Dejé de resfriarme y noté que mis lesiones deportivas se curaban enseguida. Los «monos» de azúcar fueron remitiendo y cada vez se hicieron menos frecuentes; ya no me despertaba en mitad de la noche. De hecho, casi siempre me sentía satisfecho y apenas tenía ataques de hambre.

Mis papilas gustativas también cambiaron. Ya no ansiaba comer dulces y volví a disfrutar con los sabores de las hierbas, las especias y las grasas de mis comidas. Noté que, en la consulta, la coordinación entre mi ojo y mi mano mejoró. Incluso mi cerebro parecía estar más vivo: mis pensamientos eran más claros y me movía con más rapidez.

Mi formación como dentista me llevó a dudar de que la dieta pudiera afectar de una forma tan profunda a mi cuerpo y a mi mente, pero era evidente que estaba equivocado. Comía mejor y eso estaba teniendo efectos importantes en mí. Yo era un profesional de la odontología que había descubierto esta realidad de forma casi accidental.

◆ ◆ ◆

Puede que estés pensado que voy a recomendarte que, para evitar la caries dental, tomes grasa de ballena o que te alimentes a base de queso y de mantequilla. No te preocupes, no tienes que hacer nada de eso. No obstante, es importante que entiendas por qué las personas que se han alimentado tradicionalmente con esa clase de alimentos gozan de una buena salud.

La conclusión es que la gente tomaba una dieta basada en los alimentos que ofrecían a sus bocas y sus cuerpos los nutrientes necesarios para mantener un estado de salud excelente. Sin embargo, la dieta actual se basa en la comodidad más que en las necesidades alimentarias humanas, de modo que nos estamos privando de esos nutrientes cruciales. Para recuperar la salud debemos modificar nuestras dietas y volver a aprender qué hace que un alimento sea sano o no.

CAPÍTULO 3

LA SABIDURÍA TRADICIONAL EN NUESTROS DIENTES

MAGÍNATE QUE VAS A LA CONSULTA de tu médico a hacerte una revisión y que acaba diciéndote que estás bien, pero que te tienen que extirpar los dedos pequeños de los pies. «No es grave, pero tus pies no han crecido lo suficiente como para incorporar a los meñiques, que no te caben. Como eso puede acabar creándote problemas en el futuro, es mejor que te quitemos esos deditos y así estaremos seguros de que tus pies siguen sanos».

O digamos que, en lugar de los dedos de los pies, te recomienda extirparte los lóbulos de las orejas. O el ombligo. O la punta de la nariz.

¿No parece completamente absurdo? Es como una historia de ciencia ficción sobre el principio de una epidemia horrible o del mismo apocalipsis. Y, aun así, en esencia, eso es lo que ocurre con tus muelas del juicio.

Durante el siglo xx, la extracción de las muelas del juicio se convirtió en uno de los procedimientos quirúrgicos más frecuentes en el mundo occidental[1]. Actualmente, a diez millones de estadounidenses les quitan cada año una o más muelas del juicio que no logran aparecer a través de la encía o, como las llamamos los dentistas, muelas impactadas[2]. Y, aunque hay un cierto grado de controversia sobre si estas extracciones son de verdad necesarias, lo que está claro es que nuestras muelas del juicio no están creciendo como la naturaleza quería que lo hicieran. Y aun así, eso no nos preocupa.

Esto es lo que dice el doctor Louis K. Rafetto, que dirigió un grupo especial de trabajo sobre las muelas del juicio organizado por la Asociación de Cirujanos Bucales y Maxilofaciales de Estados Unidos: «Probablemente del 75 al 80 % de las personas no cumplen los criterios para mantener sus muelas del juicio»[3]. Otros expertos han hecho estimaciones más bajas, pero, en los años que llevo ejerciendo, puedo contar con los dedos de una mano a los niños en los que han aparecido unas muelas del juicio completamente funcionales.

En consecuencia, nos parece que ver muelas del juicio impactadas y extraerlas es un fenómeno que forma parte de hacerse mayor. Pero cuando te paras a pensarlo, la verdad es que resulta bastante extraño. No hay otra parte de nuestros cuerpos que eliminemos de forma tan habitual.

Imagínate que cada año tuviéramos que amputar los lóbulos o los meñiques a diez millones de estadounidenses. En algún punto, nos pararíamos a preguntarnos si podemos hacer algo para evitar que esas amputaciones sean la principal opción para resolver el problema, pero, en el caso de las muelas del juicio, nunca nos hemos detenido a pensarlo.

Extraer una muela del juicio no es un procedimiento sencillo. A menudo, el cirujano tiene que perforar la mandíbula para acceder al diente oculto y ver la mitad de la pieza antes de extraerla de su catacumba de hueso, y cuando acaba esa parte del procedimiento, el paciente sufre una notable hinchazón en la boca y las mandíbulas. A veces, le aparece una alveolitis seca*, que es terriblemente dolorosa. Si has pasado por este procedimiento, seguramente estés asintiendo y si no, casi todo el mundo tiene un familiar o un amigo que ha pasado por esa experiencia.

---

* La alveolitis seca es una enfermedad dental dolorosa que puede sobrevenir después de la extracción definitiva de una pieza dental. El coágulo de sangre que aparece en el lugar donde se ha extraído la pieza no se desarrolla, se mueve o se disuelve antes de que la herida haya cicatrizado *(N. de la T.)*.

Tal vez pienses que las dificultades de esa intervención y sus efectos secundarios nos han hecho cuestionarnos más profundamente qué les pasa a nuestras muelas del juicio. Pero no es así. Hemos pasado muy poco tiempo investigando por qué las muelas del juicio de una persona acaban enterradas en su mandíbula.

Y sí, es cierto que podemos vivir vidas saludables sin las muelas del juicio, pero estos molares del fondo de la boca son una señal que nos avisa de que algo funciona muy mal en nuestra cara y nuestro cuerpo.

LA CAUSA ES EL OXÍGENO, EL NUTRIENTE MÁS IMPORTANTE DE TODOS

La epidemia de dientes mal posicionados y de muelas del juicio impactadas nos está avisando de que lo que comemos hace que las mandíbulas no se desarrollen como deberían. Y, al mismo tiempo, eso nos indica que otras partes del cráneo, entre las que se encuentran las vías respiratorias, no se han desarrollado correctamente, y eso afecta a nuestra capacidad de procesar el oxígeno.

El cuerpo necesita oxígeno más que cualquier otro nutriente. Para comprobarlo, prueba a contener la respiración durante más de 30 segundos. Las células y el cuerpo necesitan oxígeno para producir energía y cumplir todas sus funciones. Cuando no obtenemos suficiente, aparecen toda clase de problemas, como ronquidos, trastorno por déficit de atención con hiperactividad e incluso problemas cardíacos. Lo bueno es que basta con cambiar la dieta y practicar formas de respirar más beneficiosas para fortalecer las mandíbulas y las vías respiratorias. Podemos hacer llegar más oxígeno a los pulmones y al resto del cuerpo y recuperar nuestro potencial físico.

Pero antes, veamos cómo se desarrollan el cráneo, las mandíbulas y los dientes.

CÓMO LA COMIDA HIZO CRECER NUESTROS CEREBROS Y REDUJO NUESTRAS MANDÍBULAS

Hace dos o tres millones de años, al cerebro de nuestros ancestros primates empezó a pasarle algo. Estos antecesores son próximos a nosotros, pero nos quedan muy alejados en el tiempo. Lo que ocurrió fue que aquellos cerebros empezaron a crecer y a adquirir mayor complejidad.

Chimpancé

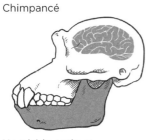

Homínido antiguo
(*Paranthropus boisei*)

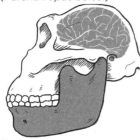

Sapiens

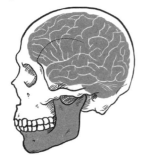

Fig. 4. El cambio de tamaños entre primates y humanos.

Esos homínidos parecidos a los humanos acabaron separándose de la rama de nuestros ancestros más parecidos a los simios y acabaron evolucionando hasta convertirse en la especie humana actual. No sabemos bien cómo ocurrió porque no hemos descubierto al eslabón perdido o, si somos más rigurosos, a los eslabones perdidos. Pero sí sabemos que, al hacerse «humanos», aquellos cerebros crecieron rápidamente y acabaron teniendo un tamaño tres veces mayor que el de los chimpancés y el resto de los simios. Aquel encéfalo pasó de tener un volumen de unos 400 centímetros cúbicos a 1350[4]. Gracias a esos cerebros más grandes, nuestros ancestros empezaron a disfrutar de mejores habilidades motoras, lo que les permitió crear y utilizar herramientas, emplear un lenguaje más complejo que les ayudó a comunicarse y a cooperar mejor y contar con una capacidad cognitiva y de memoria con la que pudieron aprender de la experiencia y modificar su conducta. Todo lo anterior implica que pasaron de sobrevivir a prosperar. Así llegaron a convertirse en nosotros, con el tiempo.

Pero tener cerebros de mayor tamaño significaba pagar un precio. Los simios tienen mandíbulas fuertes y grandes, pero, a medida que los cráneos de nuestros ancestros se fueron ampliando para dar cabida a sus nuevos cerebros, sus mandíbulas y sus dientes se hicieron más pequeños. Hasta hoy, los científicos desconocen la razón de estos cambios. Tampoco saben qué vino primero, si las mandíbulas más pequeñas o los cerebros más grandes. Puede que evolucionaran a la vez. O quizás sea una pregunta sin respuesta, como el enigma del huevo y la gallina.

Lo que sí sabemos con seguridad es que la comida desempeña un papel fundamental en esa transformación, porque un cerebro más grande necesita más nutrientes para funcionar. Así que, de una forma u otra, a medida que el tamaño de los cerebros y las mandíbulas cambiaba, los hábitos de alimentación tuvieron que modificarse de forma igualmente significativa.

¿Somos humanos gracias a la cocina?

En su libro *Catching Fire: How Cooking Made Us Human* (Prender el fuego: Cómo la cocina nos convirtió en humanos), el primatólogo Richard Wrangham nos propone una de las teorías más convincentes para explicar cómo evolucionaron nuestros cerebros, dientes y mandíbulas: mediante el descubrimiento de la cocina. Tuve el placer de hablar con el profesor Wrangham sobre el momento de su descubrimiento. «Casualmente, estaba sentado delante de un fuego y empecé a pensar en cómo uno de nuestros ancestros debió ser el primero en tener esa experiencia de sentarse delante de un fuego».

Wrangham empezó a elaborar la teoría de que, para convertirnos en humanos, antes tuvimos que ser cocineros.

«Somos el único animal adaptado a tomar alimentos cocinados. No estamos tan bien preparados para comer alimentos crudos de la naturaleza», me explicó. «Tenemos unos dientes pequeños en relación con el tamaño del cuerpo, comparados con otros animales. Y lo mismo pasa con los intestinos».

En su artículo científico *The Expensive Tissue Hypothesis* (La hipótesis del tejido costoso), los antropólogos Leslie C. Aiello y Peter Wheeler afirman que unos intestinos de menor tamaño fueron fundamentales para la evolución humana porque permitieron que el cuerpo gastara menos energía en procesar los alimentos y, en cambio, la utilizara para alimentar al cerebro. Creen que hasta un 25 % de la energía que consumimos está destinada a nuestro enorme cerebro[5]. «Tiene que salir de alguna parte», cree Wrangham.

En gran medida, ese lugar son los intestinos. Según la teoría de Wrangham, cuando descubrimos que podíamos cocinar los alimentos fue como si encontráramos una dentadura y unos intestinos sustitutos. Cocinar se ocupa de las tareas que realizan los dientes y los intestinos más grandes. Es más fácil partir los alimentos cocinados, digerirlos y obtener nutrientes de ellos. Un ejemplo son los huevos. Cuando los hemos cocido, podemos asimilar hasta el 90 %, mientras que crudos solo son digeribles en un 50 a un 60 %. Como resultado, las mandíbulas, los dientes y los intestinos se redujeron, dejando libres más recursos para un cerebro ávido de nutrientes.

«La diferencia entre un chimpancé y un humano es que nuestros intestinos son pequeños y nuestros cerebros, grandes», me contó Wrangham. «Los primates con intestinos más pequeños suelen tener cerebros mayores. La pregunta es durante cuánto tiempo han sido los intestinos pequeños».

A partir de los fósiles de costillas y pelvis sabemos que los intestinos humanos tienen un tamaño similar al de *Homo erectus*, que evolucionó a partir de *Homo habilis* hace unos 1,8 millones de años. *Homo erectus* fue el primer homínido con un aspecto más humano que simiesco y con dientes pequeños, como nosotros. «Así que parece obvio que hemos debido cocinar todo ese tiempo», afirma Wrangham.

Masticamos los alimentos con las mandíbulas y los dientes para cambiar su forma y digerirlos con más facilidad. Según la teoría de Wrangham, la comida fue la que cambió la forma de las mandíbulas y los dientes.

Su hipótesis coincide con dos cambios fundamentales de la historia fisiológica humana. El primero comenzó cuando dejamos una dieta eminentemente vegetariana y empezamos a comer carne. El segundo ocurrió cuando, gracias a que empezamos a cocinar, contamos con recursos extra para alimentar a nuestros cerebros hambrientos.

Cocinar es como tener una especie de sistema digestivo sustituto porque descomponemos la estructura química de los alimentos de forma que ayudamos al organismo a absorber los nutrientes. El nuevo sistema digestivo de nuestros ancestros, que requería menos energía y unas mandíbulas más pequeñas, permitió que sus cuerpos dedicaran más recursos al cerebro, que se hizo más grande.

Al mismo tiempo, los dientes y las mandíbulas debían realizar menos trabajo físico, ya que los simios pasan hasta diecisiete horas diarias masticando ramas, hojas y brotes crudos con sus enormes mandíbulas. Una vez nuestros ancestros empezaron a alimentarse con carnes cocinadas y a utilizar herramientas para ablandar y cortar los alimentos, ya no fue necesario triturar las plantas para obtener los nutrientes que contienen. Por tanto, dejaron de necesitar unas mandíbulas grandes y la dentadura que las acompaña. Y, una vez comenzaron a cocinar sus alimentos, su sistema digestivo dejó de necesitar tanta energía para digerir los alimentos.

Tal vez nunca lleguemos a saber con seguridad qué pasó. Es irónico que, de todas las partes del cuerpo, sea la boca la que mantiene un secreto. Lo que está claro es que la dieta tuvo un papel importante en el proceso que nos llevó a convertirnos en humanos.

Por desgracia, también ha tenido un papel protagonista en nuestros dientes mal posicionados...

Cuando todo se torció: los dientes mal colocados son un problema exclusivamente moderno

Se han sugerido varias ideas para explicar la impactación de las muelas del juicio, la cual podría ser un efecto secundario resultante de que las mandíbulas se empequeñecieran para dejar espacio a unos cerebros de mayor tamaño. O podría ser que las muelas del juicio no existieran en las mandíbulas de nuestros ancestros o que sigan desapareciendo de las nuestras para dejar espacio a un mayor número de neuronas. En otras palabras, que la impactación es un daño resultante de la propia evolución.

No obstante, el registro fósil no apoya estas ideas.

Los registros arqueológicos de cráneos apuntan a tres momentos de la historia humana en los que podemos observar cambios en las mandíbulas y los dientes:

1. Hace unos dos millones de años, cuando nos separamos del grupo de los primates, las mandíbulas se redujeron al tamaño humano actual.
2. Hace aproximadamente de diez mil a catorce mil años, durante la revolución agrícola, empezamos a sufrir caries dentales.
3. Hace doscientos o trescientos años, durante la Revolución Industrial, empezamos a sufrir maloclusiones e impactación de las muelas del juicio.

Weston Price puso un ejemplo gráfico de la rapidez con que sucedieron esos cambios. «Es preocupante», escribió. «Si extendiéramos una cinta métrica durante una milla y cada década equivaliera a una pulgada, veríamos más degeneración en las últimas pulgadas que en toda la milla anterior»[6].

Nuestros grandes cerebros nuevos estaban ahí mucho antes de que tuviéramos problemas con las muelas del juicio. Por tanto, no parece que las mandíbulas hayan tenido que reducirse para obtener alguna ventaja evolutiva. Las muelas del juicio dejaron de caber en la mandíbula durante la Revolución Industrial, después de que empezáramos a alimentarnos a base de ingredientes procesados producidos industrialmente. Desde entonces, hemos rallado, refinado, blanqueado y envasado lo que comemos hasta el punto de que si uno de nuestros parientes cazadores-recolectores viera nuestra comida no la reconocería. Los problemas que tenemos con las muelas del juicio no han dejado de empeorar desde entonces.

El antropólogo Robert Coruccini ha analizado miles de mandíbulas y dientes antiguos y actuales. También ha estudiado a poblaciones urbanas y rurales en Kentucky y ha descubierto que el apiñamiento dental está asociado a adoptar una dieta moderna y a dejar las tradicionales[7]. Coruccini atribuye directamente la maloclusión al consumo de alimentos blandos procesados industrialmente, que abundan mucho más en las dietas modernas, a las que considera «el problema de la civilización»[8].

Si la dieta actual es la responsable de las muelas del juicio impactadas y de la maloclusión dental, tenemos un problema. Pero no solo eso. Además, altera la postura corporal, la respiración, la capacidad para metabolizar el oxígeno e incluso la forma de las caras.

LA ARQUITECTURA ÓSEA DE LA EXPRESIÓN

Sin que importe cómo había evolucionado, la arquitectura interna de la cara sigue una fórmula muy estricta y concreta, incluso aunque el cuerpo tenga un número virtualmente ilimitado de formas y tamaños. El cráneo está diseñado de una forma muy concreta que nos aporta la estabilidad que necesitamos para respirar, masticar, tragar, hablar, sonreír y hacer todo lo que hacemos con la cara y la cabeza.

El cráneo humano consiste en un revestimiento cerebral y una serie de huesos faciales que suman un total de veintidós[9]. Podemos considerar que dos de esos huesos son más importantes que el resto, puesto que tienen una mayor responsabilidad en la forma del rostro, la capacidad de masticar y la estructura de las vías respiratorias. Son los huesos maxilares, específicamente, el maxilar superior y la mandíbula o maxilar inferior.

Muchas personas ven la mandíbula como un simple dispositivo mecánico que nos permite triturar y masticar la comida, pero la verdad es que hace mucho más que eso. De una forma o de otra, la mandíbula tiene un efecto muy importante sobre el resto de los órganos del cuerpo.

El maxilar superior

El maxilar o mandíbula superior forma la parte media de la cara. Su superficie exterior da forma a las mejillas, y la cavidad interna aloja los senos maxilares, mientras que su superficie superior forma las paredes y el suelo de la cavidad nasal y el fondo de la cavidad del ojo. Su borde inferior aloja los dientes superiores y también forma el paladar. Como la parte central de la cara, los maxilares son fundamentales para comer y respirar.

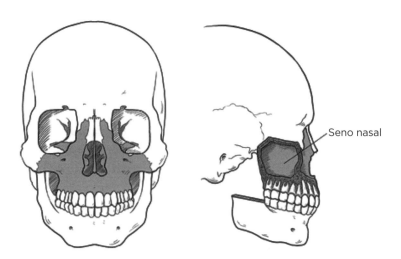

Seno nasal

Fig. 5. Hueso maxilar (mandíbula superior).

Cuando el hueso maxilar no se desarrolla como debe

Si el maxilar no se ensancha adecuadamente en una de las tres dimensiones de crecimiento (altura, anchura y profundidad) pueden aparecer problemas. Algunos de ellos son la obstrucción de las vías respiratorias o las anomalías de malposición en los arcos dentarios. Y, como seguramente hayas supuesto ya, otra consecuencia es la impactación de las muelas del juicio.

Hacia los doce años, las muelas del juicio se desarrollan en la parte superior trasera del maxilar. Como parte de este proceso, el seno maxilar se remodela convirtiendo parte de su borde hueco en el hueso donde crecerá la muela del juicio superior. Cuando esa remodelación no ocurre como debe, no queda espacio para que la muela del juicio salga. Por eso, tantos pacientes acaban necesitando una extracción quirúrgica de las muelas del juicio, como expliqué antes. En el caso de algunas personas, la muela del juicio nunca llega a formarse.

A menudo, hay que extraer estas muelas porque su impactación es una causa potencial de problemas graves. Por ejemplo, la muela puede ejercer presión sobre los dientes adyacentes desde un ángulo extraño, provocando caries en ese diente y llevando a la pérdida de las dos piezas. Otra posibilidad es que la muela del juicio siga desarrollándose mientras está retenida en el hueso, creciendo junto con el nervio que discurre por el hueso mandibular, el nervio alveolar inferior. Esto es una pesadilla para los cirujanos, que tienen que intentar extraer la muela sin dañar el nervio, lo que causaría insensibilidad permanente de la lengua o el labio.

Un desarrollo inadecuado del maxilar y la mandíbula también provoca maloclusión dentaria. Simplificando, los huesos maxilares son como plataformas sobre las que crecen los dientes. Cuando estas no tienen el tamaño correcto o están deformadas, los dientes no pueden crecer rectos. Es como si la mandíbula y el maxilar fueran los escalones de hormigón sobre los que se montan los asientos de un estadio. Si el cemento está deformado o torcido o los escalones son demasiado pequeños, no hay forma instalar hileras alineadas de asientos porque acabarán amontonados o sobresaldrán formando ángulos extraños.

Puesto que los huesos del cráneo están tan conectados entre ellos, un maxilar deforme podría provocar problemas en otras zonas de la cara y el cráneo, como las cuencas de los ojos y los senos nasales. Si el maxilar es irregular, el fondo de la cuenca del ojo puede quedar subdesarrollado, distorsionando los globos oculares y causando problemas de visión como astigmatismo o miopía.

Cómo un maxilar deforme puede ponerte a dieta de oxígeno accidentalmente

Uno de los principios más importantes de *Boca sana, cuerpo sano* es que el oxígeno es el nutriente más importante. Los humanos estamos diseñados para obtenerlo, sobre todo, respirando por la nariz. Un conducto nasal normal ralentiza el flujo de aire en los senos, permitiendo que el aire se caliente, se humidifique y se mezcle con óxido nítrico (NO), un gas que aumenta la absorción de oxígeno en los pulmones [10]. Cuando respiramos por la boca, el aire que llega a los pulmones es seco, no está filtrado y carece de NO. Es decir, el cuerpo se ve privado de oxígeno permanentemente. Esto puede dañar los músculos cardíacos y el tejido cerebral y llegar a afectar a cada una de las células del cuerpo.

Un maxilar deforme también puede ser la causa de un tabique nasal más estrecho y desviado. Esto obstruye los conductos nasales, una parte de las vías respiratorias esencial para la respiración. Cuando las personas tienen un paladar alto con los dientes superiores mal posicionados, pueden tener menos capacidad para respirar a través de la nariz.

Cuando hablamos de dieta y de nutrición, nos referimos a la comida. Pero no hay duda de que el oxígeno es el nutriente más importante de todos. El cuerpo lo necesita literalmente cada segundo del día durante toda la vida.

Asegurándonos de que la boca, la lengua y las vías respiratorias están fortalecidas y reforzadas, es más fácil obtener la cantidad necesaria de oxígeno. Para ello hemos de ejercitar adecuadamente la boca, la lengua y las mandíbulas, entre otras cosas. Más adelante propongo algunos ejercicios para facilitar la respiración nasal. Uno de los más sencillos es comer fibras integrales e incluso alimentos duros.

LA MANDÍBULA

La mandíbula es el hueso más grande y más fuerte de la cara. Aloja los dientes inferiores y se conecta con la base del cráneo, formando unas bisagras deslizantes a las que se conoce como articulaciones temporomandibulares (ATM), que abren y cierran la boca. La mandíbula también proporciona el soporte a los músculos que se apoyan en ella y que controlan la lengua y la garganta, y al mismo tiempo, la respiración y la deglución.

Como en el caso del maxilar, la mandíbula pasa por un complejo proceso de remodelación a medida que aumentan su anchura, su altura y su profundidad. Durante la adolescencia, la mandíbula necesitará un espacio de al menos 35 milímetros de hueso tras el segundo molar para las muelas del juicio inferiores[11]. Si ese espacio no está disponible, las muelas del juicio no saldrán.

La relación de la mandíbula con la apnea del sueño y otros problemas respiratorios

Igual que ocurre con el maxilar, la mandíbula no solo influye en los dientes. Mientras que el maxilar forma los conductos nasales, la mandíbula forma las vías respiratorias inferiores, entre ellos, el paladar blando o la parte trasera de la garganta. Y lo que

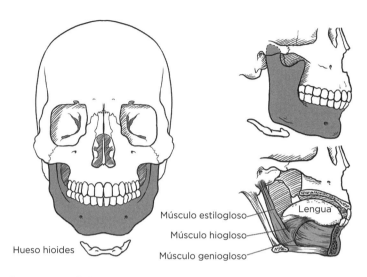

Músculo estilogloso
Músculo hiogloso
Hueso hioides
Músculo geniogloso
Lengua

Fig. 6. Hueso de la mandíbula (maxilar inferior).

probablemente sea más importante, la lengua descansa en su interior como en una hamaca.

La lengua está formada por un grupo complejo de músculos conectados con la mandíbula, el paladar blando y el hioides, un hueso en forma de herradura situado en la parte delantera del cuello. Estos músculos sirven de estructura de soporte a las vías respiratorias. Cuando está en estado de reposo, la lengua debe descansar sobre el techo de la boca, de modo que las vías respiratorias queden tensas y reforzadas, manteniéndose abiertas. Pero cuando el paladar es estrecho y la lengua descansa en la base de la boca, los músculos no son capaces de mantener las vías respiratorias tan abiertas como deberían.

Cuando en la mandíbula no hay espacio para alojar las muelas del juicio, también queda menos espacio para la lengua. Esto favorece que su posición sea peor, cayendo hacia la garganta en lugar de mantenerse en el techo de la cavidad bucal, lo que puede reducir el tono muscular. Una lengua sin suficiente tono muscular bloquea las vías respiratorias y obstruye la respiración, privando a los pulmones de oxígeno, que, como ya he dicho, es el nutriente más importante [12]. Esta alteración puede empeorar mientras duermes y llevar a problemas como la apnea del sueño (pausas en la respiración durante el sueño) [13].

LA BIOLOGÍA Y LAS MATEMÁTICAS DEL ROSTRO HUMANO

Al principio de *El código Da Vinci*, la novela de Dan Brown, un joven criptólogo descubre que su abuelo garabateó una serie de números en el suelo antes de morir apuñalado (1, 1, 2, 3, 5, 8, 13, 21). Esa serie resultó ser la secuencia de Fibonacci, una sucesión de números en la que la relación entre dos de estos es la misma que la relación de su suma con las dos cantidades mayores. Cuando divides la relación de cualquier numero por encima de dos de la secuencia por la suma de las dos cantidades el resultado es 1,62, cuyo símbolo por la letra griega *phi* (π), que representa la proporción aúrea, que regula el desarrollo biológico de los organismos en la naturaleza.

Los pétalos, las ramas y las raíces de muchas plantas crecen siguiendo un patrón matemático basado en la proporción aúrea, que optimiza el acceso a la luz del sol y la exposición a la energía, y que es otro posible ejemplo de por qué asociamos la belleza a la salud con tanta frecuencia. Dicen que este patrón se aplica a maravillas de la arquitectura como el Partenón de Atenas y la catedral de Notre Dame en París. Incluso la *Quinta Sinfonía* de Beethoven sigue los principios de la proporción aúrea.

Y, según un médico, la forma del rostro también se basa en la proporción aúrea. El doctor Stephen Marquardt, antiguo director de imagen facial en la Universidad de California en Los Ángeles, ha calculado una matriz que sirve como guía de lo que son unas «proporciones saludables» en un rostro humano. Aunque aplicar esa fórmula a la belleza humana es polémico, los principios del desarrollo facial parecen seguir estas leyes de la naturaleza. Algunos estudios han demostrado que los humanos mostramos una afinidad innata por algunas caras. Por ejemplo, los bebés miran durante periodos más prolongados los rostros más atractivos en comparación con otros, y pueden reconocerlos con mayor rapidez[14].

La ciencia y las matemáticas de la belleza facial siguen siendo un misterio. Sin embargo, está claro que la forma de las mandíbulas dicta las proporciones de la cara y es señal de unas vías respiratorias bien desarrolladas y de un suministro suficiente de oxígeno al cerebro. Tal vez estemos programados para que los rostros atractivos y bien proporcionados nos atraigan o para verlos instintivamente como más saludables y aptos para la reproducción.

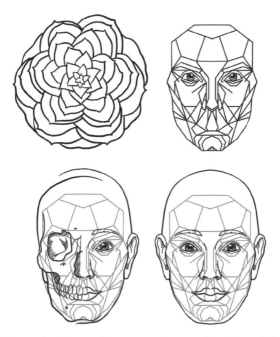

Fig. 7. Máscara de Marquardt y proporciones matemáticas de la belleza facial.

CÓMO LA DIETA PUEDE PERJUDICAR A LA MANDÍBULA Y AL DESARROLLO FACIAL

La dieta moderna no solo provoca maloclusión. También afecta a los músculos faciales y mandibulares y, al mismo tiempo, a la respiración.

Quienes se entrenan levantando pesas van al gimnasio porque saben que es la forma de fortalecer sus articulaciones y sus músculos. Los de la mandíbula no son una excepción. Como cualquier otra articulación del cuerpo, para desarrollarse adecuadamente necesitan recibir estímulos.

Gran parte del desarrollo craneofacial tiene lugar hacia los doce años, pero la mandíbula continúa creciendo y desarrollándose de forma considerable hasta los dieciocho años. Y durante toda la vida puede seguir fortaleciéndose y cambiando a menor escala.

Uno de los aspectos del desarrollo del hueso se llama crecimiento por aposición, que es cuando el grosor del hueso aumenta. Hay algo que he observado repetidamente durante mis años como dentista. La gente que creció en granjas o siguiendo una dieta tradicional suele tener mandíbulas más gruesas y robustas.

El mejor ejemplo es el de un bebé que ha sido amamantado en lugar de criado con biberones. El niño que mama del pecho de su madre estimula de forma natural los músculos de la lengua al succionar el pezón contra el techo de la boca. El paladar es blando como la cera y esta acción lo aplana y lo ensancha, de modo que quedará espacio para los dientes superiores. Los niños que se crían con biberón tienen dos veces más probabilidades de tener un paladar alto y dientes mal posicionados [15].

Los estudios sugieren que, cuando seguimos una dieta a base de alimentos refinados y procesados industrialmente, el paladar no se desarrolla tan bien como el de nuestros ancestros cazadores-recolectores, que tomaban dietas naturales en las que abundaba la fibra [16].

La salud de la mandíbula, de la estructura facial y de las vías respiratorias comienza por lo que comemos.

QUÉ RELACIÓN EXISTE ENTRE LOS DIENTES
Y LA RESPIRACIÓN

La única finalidad de la ortodoncia del siglo xx era conseguir que los niños tuvieran sonrisas ordenadas mediante la alineación de los dientes anteriores, los seis dientes frontales de la mandíbula superior e inferior. La práctica habitual era esperar hasta los doce o trece años, cuando la mandíbula hubiera acabado de crecer, extraer los premolares y colocar unos aparatos dentales en unas arcadas sin espacio. Aún hoy esta práctica es bastante frecuente.

Sin embargo, en los últimos años, hemos descubierto que el crecimiento de la mandíbula no es algo aleatorio. La forma de la cara está estrechamente conectada con el desarrollo de los músculos que nos permiten respirar, masticar y tragar. Esperar hasta que la mandíbula esté completamente desarrollada para enderezar las piezas dentales con aparatos es desperdiciar un tiempo muy valioso, que hubiera podido emplearse en ayudar a que la mandíbula se desarrollara bien empleando remedios más naturales.

Para que eso ocurra, la lengua del niño debe descansar en la parte superior de la boca, sobre el paladar, lo que permite que este crezca y se ensanche [17]. Además, debe respirar por la nariz. El flujo de aire a través del conducto nasal estimula el crecimiento continuo del maxilar hacia afuera y ayuda a bajar y ensanchar el paladar [18].

Los estudios que revelan estas relaciones se remontan a la década de 1970 [19], pero la idea de que la respiración tiene un papel vital en los dientes mal posicionados, en general, no se ha aplicado a la práctica de la ortodoncia. De hecho, existe una nueva escuela de pensamiento que defiende que la ortodoncia puede agravar estos problemas aún más y afectar a la respiración. Si a un paciente se le extraen los dientes para corregir la forma del arco dentario, un maxilar contraído puede provocar problemas en la articulación mandibular, entre otros, todo en nombre de una sonrisa o una oclusión perfecta.

Fuerza expansiva sobre la mandíbula superior

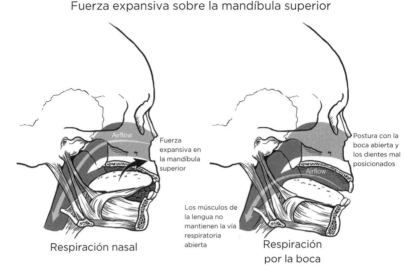

Fuerza expansiva en la mandíbula superior

Postura con la boca abierta y los dientes mal posicionados

Los músculos de la lengua no mantienen la vía respiratoria abierta

Respiración nasal

Respiración por la boca

Fig. 8. La respiración nasal y la lengua ensanchan los huesos maxilares.

CÓMO MANTENER TU CARA Y TU MANDÍBULA SANAS

Se estima que cada día respiramos más de veinte mil veces. Es un número enorme. Además de eso, cada día masticamos docenas de veces, sino cientos. Es evidente que respirar y masticar influyen muchísimo en el desarrollo de la mandíbula y los dientes, que participan en una especie de partido de fútbol constante en el que soportan las fuerzas de la respiración, la postura de la lengua y los músculos de la boca.

Para ayudar a que la mandíbula y los dientes se desarrollen adecuadamente hay que tener en cuenta esas fuerzas. Veamos algunos ejercicios sencillos de respiración y de masticación que te ayudarán a lograrlo.

Respira por la nariz, no por la boca

Antes de empezar a pensar en las vitaminas y los minerales, debemos recordar que el oxígeno es el nutriente más importante para nuestro organismo. Somos humanos con grandes cerebros ávidos de oxígeno y estamos diseñados para respirar por la nariz. Quizás los niños pueden ofrecernos el mejor ejemplo de ello. Al mamar, se condiciona a los bebés para que respiren por la nariz. El flujo de aire pasa de la boca a los senos nasales y ayuda a que su mandíbula superior y su paladar se ensanchen lo suficiente para dar cabida a los dientes superiores. Cuando se les enseña a los niños a respirar por la nariz, la mandíbula se desarrolla como debe y, como resultado, sus dientes crecen correctamente.

Habla, mastica y traga correctamente

Las rutinas respiratorias y los ejercicios con la boca y la lengua te ayudarán a cambiar los hábitos de los músculos de la cara y las articulaciones mandibulares. Cuando estos músculos funcionen bien, respirarás y tragarás correctamente de forma instintiva. Además, respirarás correctamente mientras duermes y, al mismo tiempo, liberarás de presión a la columna vertebral y al cuello, tu postura mejorará y prevendrás los problemas crónicos de espalda y cuello.

Mantén las articulaciones temporomandibulares sanas tomando alimentos crudos y duros

Una vez empieces a respirar y a tragar correctamente es hora de empezar a ejercitar la mandíbula para desarrollar los músculos de la masticación que forman la arquitectura de las vías respiratorias y hacer tu mandíbula más fuerte. Como no puedes ejercitar la mandíbula en el gimnasio, la mejor forma de hacerlo es comiendo alimentos duros y crudos, como la zanahoria y el apio con todas las comidas. Así mantendrás las mandíbulas fuertes y sanas.

UNA ESTRATEGIA FUNCIONAL PARA LA SALUD
DE LOS DIENTES Y LAS VÍAS RESPIRATORIAS

Tenemos la suerte de que la odontología actual pueda intervenir en nuestro desarrollo esquelético para limitar el número de extracciones dentarias. La ortodoncia expansiva centrada en las vías respiratorias puede ayudar a que la mandíbula crezca adecuadamente para que la cara y las vías respiratorias se desarrollen. Es un tipo de ortodoncia que se preocupa por algo más que unos dientes bien colocados y que también nos ayuda a respirar correctamente.

Los expertos en lactancia, los terapeutas miofuncionales, los ortodoncistas de las vías respiratorias, los médicos del sueño y los otorrinolaringólogos forman parte de esta estrategia multidisciplinaria para abordar el desarrollo facial. Esto permite moldear el desarrollo dental y facial de los niños desde una edad más temprana e intervenir de forma más efectiva cuando se atrofia el desarrollo del cráneo.

El doctor Derek Mahon es un amigo y colega mío que ejerce como ortodoncista en la ciudad de Sidney y que recuerda cómo se convenció de que no hacía falta extraer los dientes torcidos antes de colocar un aparato dental. Después de formarse como dentista en la Universidad de Sidney, el doctor Mahoney se mudó a Londres y trabajó en el Sistema Nacional de Salud del país (National Health Service, NHS). Allí coincidió con un dentista que realizaba intervenciones ortodóncicas precoces en el hospital Dental Eastman, pero su formación estaba completamente basada en una ortondocia que realizaba extracciones, que eliminaba dientes para crear la oclusión perfectamente alineada.

Cuando regresó a Sidney, el doctor Mahony descubrió el trabajo de pioneros de la ortodoncia facial como los doctores John Mew y Skip Truitt, que le enseñaron la práctica de la ortodoncia desde una perspectiva del crecimiento craneofacial. Esta estrategia trata de ensanchar los huesos faciales con el objetivo de que los dientes crezcan con todo el complejo facial. Esta estrategia es completamente opuesta a la de la ortodoncia reaccionaria, que, en casos extremos, extrae hasta cuatro premolares, desplaza la mandíbula hacia atrás y contrae su tamaño, lo que tiene un efecto negativo sobre las vías respiratorias.

Para confirmar esta relación entre los trastornos respiratorios y las extracciones ortodónticas son necesarios nuevos estudios [20]. Investigaciones realizadas en gemelos a quienes se les han practicado extracciones y ortodoncia craneofacial, respectivamente, muestran que aquellos a los que se les aplicó el método craneofacial tenían estructuras faciales mejor desarrolladas que sus gemelos tratados con el método convencional [21].

El doctor Mahony acumula veinticinco años de ejercicio profesional formando a dentistas y dando clases a la comunidad de odontólogos de todo el mundo. Su trabajo está contribuyendo a una nueva era de tratamientos dentales que se centran en la idea de que, una vez se corrige la respiración, la postura de la lengua y los hábitos de los músculos faciales, la cara y los dientes se desarrollan como es debido.

Cuando tratamos un diente mal posicionado o dientes que no tienen espacio para crecer desde una perspectiva puramente estética, se nos escapan posibles problemas de salud mucho más graves. Soy testigo de las consecuencias de este hecho a diario en mi consulta, no solo en personas de mayor edad como Norman, sino también en pacientes más jóvenes con problemas respiratorios y otras alteraciones de su salud que, tristemente, solo acaban de empezar.

LA EPIDEMIA RESPIRATORIA

El sueño es el sistema del cuerpo para reiniciar los distintos procesos que han funcionado a su máxima potencia durante el día, y así descansa y se recarga. Lo más importante de todo es que la noche es el periodo en el que tu cerebro rejuvenece. Durante el sueño, el cerebro realiza una autolimpieza, eliminando los metabolitos y las toxinas celulares que ha ido acumulando durante el día.

El organismo protege a las células cerebrales de las amenazas externas blindándolas con la barrera hematoencefálica, un sistema que separa la sangre que circula por tu cuerpo de los fluidos de tu cerebro y del tejido de tu columna vertebral. Es el filtro que el cerebro utiliza para defenderse de las sustancias perjudiciales. Asimismo, las investigaciones han identificado otra barrera en el interior de las células cerebrales. Normalmente, el líquido cerebroespinal no puede atravesar esta segunda barrera, pero, durante el sueño, las células neuronales se relajan y permiten que el líquido cerebroespinal fluya a través de las células del cerebro para ayudar a reponerlas [22].

Mientras ocurre esto, la principal ocupación de tu cuerpo es asegurarse de que tu cerebro recibe suficiente oxígeno. Si el suministro de oxígeno se altera o se interrumpe pueden aparecer problemas de salud importantes.

Según los Institutos Nacionales de Salud de Estados Unidos, más de setenta millones de estadounidenses sufren problemas crónicos del sueño [23]. La mayoría de las personas no creen estar en riesgo, pero no se dan cuenta de que cualquiera con un desarrollo dental, mandibular o facial deficiente está expuesto a un riesgo.

Probablemente conozcas a alguien que ronca. O puede que tú también ronques. Más que nada, nos parece que es una peculiaridad molesta o, si los ronquidos no nos despiertan en mitad de la noche, una peculiaridad graciosa. No obstante, lo cierto es que roncar se asocia a enfermedades muy graves, entre ellas, a algunas cardiopatías y deterioro mental.

¿QUÉ CAUSA LOS RONQUIDOS?

Roncamos cuando las vías respiratorias son demasiado estrechas o están obstruidas. Los ronquidos son el sonido que hacen los tejidos de esas vías respiratorias cuando vibran. Si la mandíbula está poco desarrollada (lo que, como dije, suele provocar dientes torcidos o muelas del juicio impactadas) en la boca queda menos espacio, también para la lengua. Como resultado, cuando te tumbas, esta puede caer hacia atrás dentro de la boca, bloqueando las vías respiratorias, interrumpiendo la respiración y haciendo que ronques.

Si roncas...

En el programa que planteo en *Boca sana, cuerpo sano* incluyo ejercicios para ayudarte a mejorar la forma en que respiras, pues reeducar la respiración diurna es útil para mejorar la nocturna. Tal vez necesites algo de tiempo, pero acostumbrarte a respirar por la nariz también es útil. Si consigues volver a respirar por la nariz de noche, roncarás menos y aportarás más oxígeno a tu cuerpo durante el proceso.

Los médicos llaman a los ronquidos apnea del sueño. Técnicamente, la apnea es una detención temporal de la respiración que suele ocurrir durante el sueño. La apnea aparece cuando las vías respiratorias superiores están obstruidas o cuando el cerebro no recibe las señales adecuadas de los músculos que controlan la respiración[24].

En el caso de la apnea grave, la interrupción constante de la respiración puede afectar al flujo de oxígeno al cerebro y lesionar las partes que regulan la presión cerebral y la frecuencia cardíaca. A veces esto causa problemas graves como la demencia y las cardiopatías[25]. Aunque roncar es, en apariencia, inofensivo, es importante reconocer que tiene consecuencias potencialmente graves a largo plazo.

Se estima que veinticinco millones de estadounidenses sufren apnea obstructiva del sueño (AOS)[26]. Los principales factores de riesgo incluyen la edad, el peso corporal y la anatomía craneofacial (la forma del cráneo y de la cara)[27]. Y aquí es donde hace su aparición la mandíbula.

QUÉ PUEDE HACERLE LA APNEA DEL SUEÑO A TU CEREBRO

Las pruebas de imágenes cerebrales de personas con apnea del sueño revelan que, cuando no dormimos por la noche, algunas partes importantes del cerebro resultan dañadas[28, 29]. Esto incluye las regiones que ayudan a regular el sistema nervioso autónomo, que controla los procesos inconscientes del cuerpo. Concretamente, se ha demostrado que la apnea del sueño afecta a zonas cerebrales que influyen en la respiración, la presión arterial y la coordinación motora, así como a los recuerdos, entre ellos, los de los olores.

El hipocampo es la parte que controla la memoria a largo y a corto plazo, además de la memoria espacial. Es el primer lugar que queda afectado en la enfermedad de Alzheimer y puede encontrarse dañada en la AOS. El ejercicio físico es útil para ayudar al hipocampo a regenerar las neuronas. Por eso se considera que es una parte importante del tratamiento de cualquier enfermedad con efectos sobre la respiración.

Bruxismo

Durante mucho tiempo, reparé en que gran parte de mis pacientes de la consulta, por lo general, mujeres jóvenes en la veintena, sufrían problemas digestivos como estreñimiento, hinchazón y síndrome del intestino irritable, así como manos y pies fríos, ansiedad o depresión. A menudo, sus dientes estaban desgastados, como aplanados, lo que indicaba que tenían bruxismo nocturno. Todas ellas tenían en común mandíbulas pequeñas que afectaban a sus vías respiratorias.

Durante muchos años, los dentistas prescribieron una férula de descarga para evitar que los dientes resultaran dañados por el bruxismo, pero nadie se dio cuenta de que esas mujeres tenían problemas

peores que los dientes gastados. Estaban mostrando signos de problemas respiratorios durante el sueño.

Antes creíamos que la apnea del sueño se limitaba a personas
con sobrepeso y a las mujeres ancianas. Sin embargo, ahora sabemos
que la apnea tiene una hermana pequeña que se llama síndrome de
aumento de resistencia de las vías respiratorias superiores, que
afecta a un grupo de personas mucho mayor. Es una clasificación
de los trastornos respiratorios relativamente nueva, que no se descubrió hasta 1993, cuando lo identificó un grupo de investigación
de la Universidad de Stanford[30].

Las vías respiratorias de las personas con este trastorno se co-
lapsan más fácilmente por culpa de sus mandíbulas y sus bocas
más pequeñas. Como resultado, están en un estado de sueño interrumpido constante durante el que su cerebro recibe la señal de
que tienen que abrir la boca (algo muy parecido a una respuesta al
ahogamiento) y esto activa el sistema nervioso simpático, el sistema de supervivencia del cuerpo, que libera adrenalina y mantiene
al organismo en un estado de estrés permanente. La consecuencia
de esto es que la mandíbula se impulsa hacia adelante y los dientes
se acaban rechinando.

El sistema nervioso simpático también desconecta al sistema
digestivo y envía sangre al resto del cuerpo. Eso explica los problemas digestivos de quienes sufren este problema, los mismos síntomas que experimentaban las mujeres a las que visitaba en mi
consulta.

El doctor Steven Y. Park, un cirujano otorrinolaringológico de
Nueva York y autor de *Sleep Interrupted* (Sueño interrumpido)
hace una descripción muy atinada de estas personas:

> Todos los pacientes que padecen el síndrome de aumento
> de resistencia de las vías respiratorias superiores tienen alguna
> forma de fatiga. Casi todos afirman que su sueño es ligero y, a
> menudo, les molesta dormir boca arriba. Hay casos en los que
> simplemente no pueden hacerlo. Algunos creen que su sueño

de mala calidad es culpa del insomnio, el estrés o al exceso de trabajo. Debido a los despertares nocturnos frecuentes, sobre todo, durante las fases más profundas del sueño, no obtienen el descanso profundo y restaurador que necesitamos para sentirnos frescos por la mañana. En la mayoría de los casos, la razón anatómica de este colapso es la lengua. Hay muchas razones por las que la lengua provoca una obstrucción, incluidos su tamaño o el sobrepeso, pero una vez aparece la obstrucción, lo único que puedes hacer es despertarte [31].

Durante mucho tiempo estuve visitando a pacientes con los síntomas típicos de síndrome de aumento de resistencia de las vías respiratorias superiores. Al final, me di cuenta de que todos ellos bocas y mandíbulas pequeñas, con o sin ortodoncia previa.

Los síntomas del síndrome de aumento de resistencia de las vías respiratorias superiores incluyen:

- Problemas digestivos como el síndrome del intestino irritable, enfermedad de Crohn, diarrea crónica, estreñimiento, indigestión, reflujo gastroesofágico o hinchazón [32].
- Pies y manos fríos. Algunos de esos pacientes sufren el fenómeno de Raynaud, una alteración en la que los vasos sanguíneos de los dedos de manos y pies se contraen y ralentizan la circulación de la sangre. Muchas de estas personas tienen que llevar guantes durante todo el año.
- Presión arterial baja, mareos y vértigos tipo intolerancia ortostática (el 23 % de estos pacientes tienen la presión arterial baja) [33].
- Nariz moqueante o tapada crónicamente.
- Dolor sinusal o de cabeza de origen sinusal, migrañas o cefaleas tensionales.
- Estrés, bruxismo, depresión, ansiedad (o TDAH en los niños) [34].
- Bruxismo [35].

Estos síntomas son bastante negativos por sí solos, pero el mayor problema es que una persona en la veintena con síndrome de aumento de resistencia de las vías respiratorias superiores puede convertirse en una persona que ronque en la cuarentena. Además, tendrá un riesgo mayor de apnea del sueño, así como de cardiopatías y problemas cerebrales.

Estamos empezando a enseñar a las personas con trastornos respiratorios a respirar de nuevo. Al final de este capítulo, encontrarás algunos ejercicios, pero en todo el libro hay ejercicios que te permitirán modificar la forma en que respiras y obtener más oxígeno.

El vínculo entre respirar por la boca, los trastornos de la conducta en la infancia, los trastornos del sueño y el TDAH

Los dientes mal posicionados son una epidemia infantil y un signo de que la mandíbula de una persona no se ha desarrollado bien y de que sus vías respiratorias, probablemente, son estrechas y pequeñas. Por tanto, no debería sorprendernos que casi un tercio de los niños sufran trastornos del sueño, que suelen iniciarse como trastornos respiratorios. La tasa de trastornos del sueño es incluso mayor en algunos grupos de población, que incluyen a los niños con necesidades especiales y a los que sufren alteraciones médicas o psiquiátricas[36].

Los síntomas más frecuentes que veo en los niños con dientes mal posicionados que vienen a mi consulta son: acumulación de sangre en el lecho venoso debajo de los ojos, labios secos y agrietados, mala postura de la cabeza, mojar la cama, mal rendimiento escolar, cansancio constante y boca abierta en reposo.

También les cuesta mucho levantarse por las mañanas, incluso cuando han dormido muchas horas. Roncan, rechinan los dientes, tienen dolores de cabeza, les cuesta concentrarse y suelen ser proclives a la agresión o se enfadan fácilmente.

Signos de un desarrollo facial normal y uno pobre

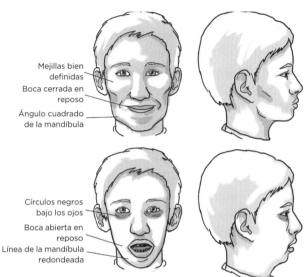

Mejillas bien definidas
Boca cerrada en reposo
Ángulo cuadrado de la mandíbula

Círculos negros bajo los ojos
Boca abierta en reposo
Línea de la mandíbula redondeada

Fig. 9. Desarrollo facial y respiración por la boca en los niños.

Debemos entender que todas estas alteraciones respiratorias (entre ellas, la apnea del sueño y el síndrome de aumento de resistencia de las vías respiratorias superiores) son problemas del desarrollo craneofacial. Cuando la mandíbula, los dientes y la cara no se desarrollan como deberían durante la infancia, las vías respiratorias no funcionan como deben durante el resto de la vida. Esto puede llevar a apnea del sueño, que, si no se trata, provocará la aparición de cardiopatías y deteriorará la función cerebral en épocas más avanzadas de la vida.

¿PROVOCA LA APNEA TRASTORNO POR DÉFICIT DE ATENCIÓN CON HIPERACTIVIDAD?

Aproximadamente el 25 % de los niños sufren algún problema de sueño, y cerca del 12 % tienen apnea del sueño o roncan[37]. En cambio, en los niños con trastorno por déficit de atención con hiperactividad (TDAH) se registra hasta un 55 % de casos [38]. Cuando se evalúe un posible caso de TDAH, también hay que buscar posibles trastornos del sueño.

La falta de sueño puede dañar a las neuronas cerebrales, en particular, las que hay en la región de la corteza prefrontal. Las posibles razones son la reducción de las concentraciones de oxígeno y el aumento de las de dióxido de carbono, la alteración de los procesos restauradores del sueño y del equilibrio de los sistemas químicos y celulares. Algunas consecuencias son: la falta de atención, la hiperactividad y la impulsividad, características distintivas del TDAH.

No diagnosticar bien el TDAH puede ser un problema. Piensa que los fármacos, para tratar este trastorno, como Ritalin, son estimulantes y uno de sus efectos secundarios es el insomnio. En algunos países, no está permitido prescribir medicación para el TDAH a los niños hasta que se haya valorado su respiración nocturna. Aunque hay que decir que roncar no es perjudicial para los niños.

TRATAMIENTOS FUNCIONALES PARA LA APNEA DEL SUEÑO

Los trastornos anteriores son problemas de salud graves, pero es posible adoptar medidas eficaces para fortalecer las vías respiratorias con el fin de prevenir y combatir estos trastornos. Es cuestión de corregir los hábitos respiratorios, unos de los más arraigados.

Sabemos que el ejercicio físico es beneficioso para el cerebelo, una de las zonas cerebrales que más se daña durante la apnea del sueño [39]. Son interesantes los estudios que demuestran que tocar el *didgeridoo*, el instrumento tradicional australiano, también puede ayudar a combatir la apnea del sueño [40]. Se sabe que, al hacer sonar este instrumento, se ejercitan y fortalecen las vías respiratorias.

Otra alternativa es asistir a clases de canto lírico. Cantar ópera ensancha los músculos de las vías respiratorias y reeduca al cerebro para usarlos de otra forma. Los ejercicios respiratorios con la voz y la lengua son algunas de las medidas que hay que tomar para mantener a las mandíbulas y los dientes funcionando correctamente. Aun así, otro factor importante es tomar alimentos no procesados industrialmente, pero sí los que contienen colágeno y fibras, que obligan a las mandíbulas a masticar. El truco es usar los músculos de la mandíbula, no los faciales.

EJERCICIOS PARA CORREGIR LA RESPIRACIÓN

Lo primero de todo es que tienes que reprogramarte para respirar por la nariz y no por la boca, si es que no lo haces ya. Te sorprenderán los beneficios de asegurarte de forma consciente de que respiras por la nariz durante el día y la noche. Las personas con problemas de desarrollo tal vez necesiten visitar a un otorrinolaringólogo para que revise si tienen alguna limitación que les impida respirar por la nariz.

Optimizar la respiración mejorando los hábitos funcionales de la boca y la mandíbula es posible. Los siguientes ejercicios pueden ayudarte a conseguirlo.

Ejercicios de respiración diafragmática (3 minutos al día)

La respiración más lenta y profunda permite que el cuerpo obtenga más energía del aire. También activa el sistema nervioso parasimpático, que favorece el rendimiento óptimo del sistema digestivo. Este ejercicio está diseñado para favorecer el uso de los músculos diafragmáticos al respirar. El estómago deberá ensancharse en lugar del pecho. Cuando respiras con la barriga y contrayendo el diafragma, maximizas el espacio para que los pulmones se expandan y se llenen de aire).

1. Siéntate con la espalda recta y con la boca cerrada. Pon una mano sobre la barriga y relaja los hombros, la mandíbula y el cuello.
2. Respira durante 3 segundos permitiendo que la barriga se expanda. Cuando inhales, deberías sentir que la barriga empuja la mano a medida que se expande.
3. Libera el aire por la nariz poco a poco, durante 4 segundos. Imagínate que sueltas el aire suave y lentamente a través de una pajita fina.
4. Tu mano debería moverse de vuelta hacia ti a medida que la barriga se acerca a la columna vertebral. Una vez la mano se quede quieta, detente durante 1 o 2 segundos y luego vuelve a inhalar.
5. Repite este ciclo veinte veces (3 segundos al inspirar, 4 al espirar).

Si tienes problemas para seguir estas pautas, sigue practicando. Hace falta algún tiempo para aprender a usar este grupo muscular tal como se indica en el ejercicio.

Ejercicio con la lengua
(3 minutos dos veces al día)

Este ejercicio ayuda a mantener la lengua en la parte superior de la boca y a que los músculos estén activos también por la noche.

Coloca la lengua en la parte trasera de los dientes, justo detrás de las dos grietas del paladar. Presiona hacia arriba, también con los lados y la parte trasera de la lengua, en dirección al techo de la boca, y mantenla así durante 3 minutos. Repítelo dos veces al día.

Ejercicio con la voz

Ejercita la voz y los músculos de la garganta canturreando (piensa en el «om» del yoga).

1. Cierra los ojos y toma una inspiración profunda con el diafragma durante 3 segundos. Luego libera un om tranquilo. Debe ser profundo, pero, en cada persona, es distinto. Imagínate que el «om» comienza en el estómago y se mueve como el arco de un violín por tus cuerdas vocales. Haz esto durante 2 minutos.
2. Luego apunta al paladar con la lengua. Debes notar el «om» volviéndose más alto y la mandíbula superior tiene que vibrar. Haz sonar el «om» en la mandíbula superior así durante 2 minutos.

CAPÍTULO 4

EL MISTERIO DE LA VITAMINA DESAPARECIDA

LA PARADOJA DEL CUIDADO DENTAL

Lo veo a todas horas en mi consulta: dos niños que son hermanos vienen para que les haga una revisión; a pesar de que los dos tienen los mismos hábitos de cepillado, a uno le detecto muchas caries y el otro tiene la boca limpia y sana. Y no solo les pasa a los niños. También lo veo con los adultos, aunque no suelan venir juntos.

Puede que hayas tenido una experiencia similar, si no con un familiar, con un amigo. Te dejas la piel para cuidarte los dientes, te los cepillas siempre y te pasas el hilo dental, mientras que tu amigo lo hace cuando se acuerda y, en el mejor de los casos, sin muchas ganas. Pero, cada vez que vas al dentista, tu boca necesita un montón de tratamientos, mientras que tu amigo sale de la consulta sin muchas molestias. O, tal vez, los cuidados de tu amigo y los tuyos sean muy parecidos, pero tú sigas recibiendo diagnósticos diferentes de tu dentista.

No tiene vuelta de hoja. Algunas personas parecen inmunes a la caries dental, mientras que otras parecen proclives a sufrirlas, sin importar lo que hagan para evitarlo. Aguantan las dolorosas visitas al dentista, un año tras otro, y se resignan a la idea de que su «esmalte es débil» o que «tienen los dientes débiles».

En realidad, tienen razón, pero aciertan por las razones equivocadas. Obviamente, cuando el estado de salud bucodental de dos personas difiere, y esa diferencia no se explica por sus hábitos de higiene, en sus dientes, hay alguna diferencia. Sin embargo, no es genética, o al menos, no tanto como se puede creer.

En cambio, hay muchas probabilidades de que los dientes de una persona sean más fuertes gracias a su dieta. En otras palabras, tu amigo probablemente coma más alimentos con los nutrientes que sus dientes necesitan para combatir la enfermedad y la caries.

Mucha gente cree que, en esencia, sus dientes son objetos inanimados que tienen que cuidar por fuera, como vasijas de cerámica que hay que limpiar y pulir, pero que no pueden mantenerse por sí mismos. Y nada está más lejos de la realidad. Nuestros dientes están mucho más vivos por dentro y necesitan un aporte equilibrado y muy concreto de minerales, vitaminas y proteínas para mantenerse fuertes y sanos.

De hecho, igual que los huesos (que tienen tuétano) y que otras células que construyen y mantienen al sistema esquelético, dentro

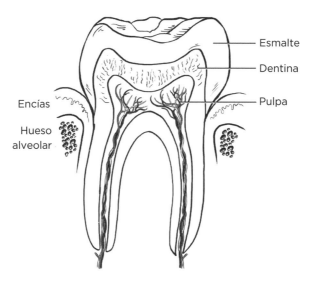

Fig. 10. Aspecto del interior de un diente.

de los dientes hay un centro que los convierte en órganos que se mantienen a sí mismos. Si quieres tener una boca sana, debes tratarlos correctamente. Y resulta que, además, eso mantendrá sano al resto de tu cuerpo.

Como se aprecia en el esquema, cada uno de los dientes tiene una espesa lámina de esmalte en el exterior: la parte que vemos y que es, a todos los efectos, inanimada. Una vez que el esmalte se ha formado por completo es la sustancia más dura del cuerpo. En su composición, incluye un porcentaje de minerales más elevado que cualquier otra sustancia que producimos, pero el esmalte no está hecho de células vivas, así que, si se agrieta o se deteriora, el cuerpo no puede repararlo.

El esmalte tampoco tiene un sistema inmunitario propio. Está a merced de los elementos, de la saliva, los minerales y los alimentos, además de las bacterias, la placa que desarrollan, los ácidos y otras sustancias que pasan por la boca todos los días. El esmalte dental tiene que resistir esa mezcla cambiante y hostil de sustancias, junto con la increíble presión y fricción que soporta a raíz de masticar la comida. Y la verdad es que nuestra principal preocupación no es que el esmalte dure, sino que se vea blanco y brillante como marfil pulido.

Parece que tenemos un esmalte bien duro, ¿verdad? Por suerte, también cuenta con un par de aliados que le ayudan a protegerse de la caries, las dos capas internas del diente: la dentina y la pulpa.

La dentina es la capa de tejido que sirve como una especie de aislamiento entre el esmalte y la pulpa; es el centro del diente. La pulpa es el sistema que alimenta la vida en el interior de la pieza dental. Está conectada al sistema nervioso, que monitoriza cómo está cada pieza y el suministro de sangre, que les da a los dientes los recursos que necesitan para desarrollarse y mantenerse.

La dentina es el campo de batalla del diente. Su trabajo es asegurarse de que el caos que hay dentro de la boca no llegue hasta la preciosa pulpa. Por eso, cuenta con un equipo de células, una especie de equipo especial equipado con tácticas y armas especiales para detectar y eliminar los microbios perjudiciales que atraviesan el esmalte[1].

¿De dónde proceden esas células? Bueno, son las mismas que desarrollaron los dientes y se parecen a las que forman los huesos.

El tuétano de los huesos produce células madre, que acaban madurando para convertirse en distintos tipos de células, que cumplirán diversas funciones en el organismo. Esas reciben señales de hormonas enviadas por el sistema endocrino que les dicen si deben convertirse en células óseas, dentales, inmunitarias o en glóbulos rojos o plaquetas[2]. Todas son parte del sistema osteoinmunitario, donde los sistemas óseo e inmunitario y los minerales que necesitan para funcionar se mantienen en un delicado equilibrio[3]. Y no hay mejor ejemplo de ello que el interior de cada uno de los dientes de la boca.

Mientras que el tuétano de los huesos produce osteoblastos y osteoclastos (las células obreras que hacen crecer y mantienen el hueso), los dientes cuentan con células que hacen crecer y mantienen la dentina, los llamados odontoblastos. Y son algo más que constructoras; también son guardianas de la dentina y de la pulpa. Liberan células inmunitarias que combaten las bacterias infecciosas que atraviesan el laberinto óseo de esmalte. Y si la dentina sufre algún daño, los odontoblastos trabajan para repararlo con el fin de evitar que los microbios invasores lleguen hasta la pulpa[4].

La prueba de que los dientes crecen, se protegen y se reparan desde dentro puede encontrarse en el hecho de que los dientes que pierden el suministro nervioso y sanguíneo desarrollan caries mucho más rápido que los dientes vivos[5]. Estos «dientes muertos» son los que necesitan que tratemos el canal de la raíz.

No puedes cuidar tus dientes solo desde fuera, también tienes que proteger lo que hay dentro. Los dientes están muy lejos de ser objetos inanimados. Están constantemente creciendo, manteniéndose y protegiéndose del mundo exterior.

LA VITAMINA D DIRIGE TUS HUESOS, TUS DIENTES Y TUS CÉLULAS INMUNITARIAS

Pensarás que los odontoblastos tienen una gran responsabilidad, y tienes razón. No obstante, si se quiere hacer un buen trabajo, como pasa en la vida real, se necesitan las herramientas adecuadas, y los odontoblastos no son una excepción.

Para hacer su trabajo correctamente, estas células deben disponer de una vitamina que tu cuerpo debería recibir todos los días: la vitamina D [6]. Probablemente, ya sepas que el organismo la necesita para mantener los huesos fuertes y sanos. Los odontoblastos también tienen que mantener los dientes sanos. La vitamina D es uno de los principales factores que determina si las células madre del tuétano de los huesos crecen y maduran hasta convertirse en el tipo de células que forman los huesos, la sangre o el sistema inmunitario. Además, regula cómo funcionan todas ellas. Por ejemplo, la vitamina D estimula la producción de células inmunitarias que fabrican determinados anticuerpos (linfocitos B) [7], pero también es capaz de ralentizar su liberación porque si se producen demasiadas, pueden causar inflamación [8].

En estudios realizados en animales, se ha observado que la falta de vitamina D altera la formación de la dentina [9]. Así que si quieres que los especialistas en inmunidad de tus dientes sigan vigilándolos constantemente, debes darles suficiente vitamina D. Un aporte insuficiente se ha asociado a caries dental en niños [10] y a enfermedad gingival en adultos [11].

Asimismo la vitamina D hace mucho más que ser responsable del sistema inmunitario del interior del diente. También ayuda a suministrar a los huesos, los dientes y los músculos la materia prima, el «cemento» que más necesitan para crecer, o sea, el calcio. Dicha vitamina ayuda a que los intestinos absorban el calcio de los alimentos que tomamos y, como un camión de reparto, colabora para llevarlo a través de la corriente sanguínea al resto del cuerpo. De hecho, si tomas alimentos ricos en calcio, pero tu cuerpo no obtiene suficiente vitamina D, solo absorberá del 10 al 15 % del calcio total que tomes[12].

El calcio se utiliza en muchísimos procesos celulares del organismo, incluida la contracción de los músculos. Por tanto, cuando tu cuerpo no cuenta con suficiente vitamina D y, en consecuencia, carece de suficiente calcio, segrega hormona paratiroidea, que fuerza a los dientes y los huesos a liberar calcio para utilizarlo en funciones tan imprescindibles como contraer los músculos. Este mineral es un precioso suministro para tu cuerpo y para que pueda utilizarse con eficacia es necesaria dicha vitamina.

Pero esta hace algo más que regular a las células madre y ayudar al organismo a emplear el calcio. De hecho, si el oxígeno es el nutriente más importante para el cuerpo, esta vitamina lo sigue muy de cerca. Entre dos mil y tres mil genes del cuerpo cuentan con receptores para ella[14] y tiene un papel fundamental en numerosos procesos fisiológicos:

- Controla las hormonas y el crecimiento celular.
- Regula la digestión y los microbios del intestino.
- Ayuda al equilibrio.
- Influye en el metabolismo.
- Fortalece la resistencia del organismo a las infecciones respiratorias, al cáncer, a las enfermedades cardíacas, a la diabetes y a otros trastornos.
- Contribuye a una función neurológica correcta[15].

También existen evidencias de que ayuda a prevenir el cáncer de ovarios, de próstata, de mama y de colon[16], la enfermedad de Alzheimer[17] y la esclerosis múltiple[18], además, ralentiza el envejecimiento[19]. Los valores bajos de esta vitamina se han asociado a obesidad[20] y a distintos trastornos digestivos, como el síndrome del colon irritable[21], la enfermedad celíaca[22], la colitis ulcerativa[23] y la enfermedad de Crohn[24].

La piel sintetiza la vitamina D en gran medida a partir de los rayos ultravioleta del sol, pero la mayoría de nosotros no lo toma suficiente. Por eso, siempre recomiendo a mis pacientes que lo hagan, pero si por cualquier razón no puedes, debes tomar vitamina D con tu dieta, algo un poco difícil, porque se encuentra solo en algunos alimentos.

Incluso así, la vitamina D sola no basta para mantener los dientes, los huesos y el cuerpo completamente sanos. Esta vitamina tiene su propio equipo de apoyo para que el organismo funcione como un engranaje perfecto.

La paradoja del calcio

Los dentistas vemos placa calcificada constantemente porque pasamos una buena cantidad de tiempo desprendiéndola de los dientes de nuestros pacientes. Para prevenir los problemas con la placa, el principal consejo que les damos es cepillarse los dientes y usar hilo dental regularmente. Sin embargo, me he dado cuenta de que muchas personas con buena salud bucodental siguen teniendo cálculos de gran tamaño (placa dental calcificada), mientras que otros apenas tienen a pesar de no cepillarse en absoluto. Esto ocurre porque los cálculos dentales grandes son un signo de que el cuerpo no puede depositar los minerales donde hace falta, además de un indicador de la higiene de la boca.

Veamos qué representa esto para el resto del cuerpo.

La osteoporosis es una enfermedad en la que los huesos se debilitan y se vuelven frágiles, de modo que es fácil que se fracturen. Afecta al 50 % de los adultos mayores de sesenta y cinco años y algunas cifras sugieren que hasta el 80 % de los adultos de todas las edades la padecen[25].

Como hemos dicho, el calcio es una especie de cemento que el cuerpo emplea para construir y fortalecer los dientes y los huesos, y la vitamina D es como el camión de reparto que lleva el calcio allá donde hace falta. Durante mucho tiempo, a las mujeres mayores con riesgo de osteoporosis se les recetaban suplementos de calcio y de vitamina D. La idea era que, si los huesos se debilitan de forma natural a medida que envejecemos, al aportarles más calcio y vitamina D a esas mujeres sería más fácil para sus cuerpos mantener unos huesos fuertes y sanos.

No obstante, no es así como funciona. Un artículo científico publicado en 2011 demostró que, sorprendentemente, la densidad ósea de las mujeres que tomaban esos suplementos no mejoró mucho. Y por si eso fuera poco, su riesgo de sufrir un episodio cardiaco aumentó [26].

Estos resultados asombraron a los investigadores. Si el cuerpo necesita calcio y vitamina D para mantener unos huesos fuertes y sanos, ¿por qué las cantidades extra de estos compuestos mejoraron tan poco el estado de los huesos e incluso acabaron dañando otros órganos?

EN BUSCA DEL ACTIVADOR X

Unos párrafos antes, hablé de las investigaciones del doctor Weston Price. Su trabajo reveló la existencia de un misterioso activador parecido a una vitamina que ayudaba al organismo a absorber los minerales y a combatir la caries dental, gracias a la cual, la gente tenía mandíbulas más fuertes y sanas.

Price demostró que el «activador X» funcionaba con otros dos activadores de las grasas solubles, las vitaminas A y D.

Al estudiar en su laboratorio los nutrientes de las muestras de alimentos que había obtenido de las culturas tradicionales, demostró que el activador X existía, pero nunca llegó a averiguar cuál era su estructura química.

Hasta décadas después, no se descubriría que el activador X era la vitamina K_2, soluble en grasa. Es importante volver a ese descubrimiento porque nos demuestra por qué esta vitamina sigue siendo relativamente desconocida y por qué la dieta moderna no nos la aporta en cantidad suficiente.

¿QUÉ ES UNA VITAMINA?

Una vitamina es un nutriente (dicho técnicamente, un compuesto orgánico) que el cuerpo necesita en pequeñas cantidades para funcionar bien. Los organismos requieren distintos tipos de vitaminas. Algunas de ellas las sintetizan (que es lo mismo que decir que las fabrican) ellos mismos y otras deben obtenerlas del entorno, es decir, a través de la dieta. De hecho, algunos animales pueden producir sus propias vitaminas, mientras que otras especies deben tomarlas de los alimentos. Por ejemplo, para prevenir el escorbuto, los humanos necesitamos ácido ascórbico, una forma de vitamina C. Como se deriva de la glucosa (el azúcar), muchos animales pueden producirlo, pero este no es el caso de los humanos.

La palabra vitamina fue acuñada en 1912 por el bioquímico polaco Casimir Funk[27]. Es una palabra compuesta formada a partir de «vital» y «amina». Las aminas son compuestos cuya estructura química es un átomo de nitrógeno básico con un par de electrones «libres». En 1912, se creía que todos los compuestos que pueden definirse como vitaminas podían ser aminas. La tiamina o vitamina B es una amina, pero resultó que ninguna de las otras lo era.

¿Te has fijado alguna vez en que no existen vitaminas entre la E y la K? La razón es que los compuestos que originariamente se bautizaron con esas letras fueron reclasificados o se vio que eran falsos.

¿Qué es una vitamina soluble en grasas?

Las vitaminas se clasifican en solubles en agua o solubles en grasas. Para las personas, hay trece vitaminas: cuatro son solubles en grasas (A, D, E y K) y nueve, en agua (ocho vitaminas B y la vitamina C). Estas últimas se diluyen mejor en agua y tienden a ser excretadas por el organismo más fácilmente, a través de los riñones y, finalmente, por la orina.

Usar la palabra «vitamina» para designar algunas de las que son solubles en grasas puede ser un poco engañoso. Técnicamente, la D no es una vitamina. En realidad, es una prohormona que se produce mediante procesos fotoquímicos (mediante la acción química de la luz). Su estructura molecular se parece a la de las hormonas esteroideas clásicas y también tiene funciones similares.

¿Qué queremos decir con «activar»?

Cuando decimos que una vitamina «activa» a una proteína o que un compuesto tiene un papel activador de otro queremos decir que la vitamina altera químicamente a la proteína cuando interactúa con ella adoptando su forma activa, es decir, una que el cuerpo puede utilizar.

El descubrimiento de las vitaminas K_1 y K_2 y sus funciones en el organismo

A principios de la década de 1930, el bioquímico danés Henrik Dam descubrió un compuesto que ayudaba a coagular la sangre. En 1935, publicó un artículo científico en una revista alemana que presentaba esta sustancia como vitamina K, a la que llamó así por la palabra coagulación en alemán (*koagulation*) [28]. Describió el compuesto como «vitamina K», pero observó que podía encontrarse en dos formas químicas distintas: K_1 y K_2. De la K_2 se dijo que tenía una estructura molecular parecida, aunque no idéntica a la K_1, pero como las estructuras de las dos presentaciones eran tan parecidas supusieron que compartían su efecto coagulador [29, 30] y las agruparon bajo un mismo nombre, vitamina K*.

---

* Tal vez te estés preguntando por qué no se supuso que dos vitaminas con estructuras químicas distintas tenían efectos o funciones distintas, pero este tipo de fenómenos suceden todo el tiempo en el campo de la biología. Por ejemplo, piensa en la pigmentación de los ojos. Tus genes determinan si son marrones, azules o verdes, y si tienes genes

Como se hizo evidente, la vitamina K_1 ayuda, sobre todo, a la coagulación sanguínea, mientras que la K_2 sirve, en especial, para activar dos proteínas: la osteocalcina[31] y la proteína GLA de la matriz (MGP)[32], cuya función es que el calcio vaya a donde se supone que debe ir, a los huesos y a los dientes, no a las arterias[33]. Sin embargo, las piezas del rompecabezas no encajaron hasta dos décadas más tarde.

LA GRAN REVELACIÓN: CÓMO SE DESCUBRIÓ QUE EL ACTIVADOR X ERA LA VITAMINA K_2

Un día de 2005, la cofundadora de la Fundación Weston A. Price, Sally Fallon Morell, recibió un correo electrónico de Michael Eiseike, un investigador del campo de la salud de Hokkaido, en Japón. Le decía que leyera el estudio que acaba de realizarse en Rotterdam. «Creo que esto puede ser el activador X», concluía.

El estudio mostró que la vitamina K_2 se asociaba con un riesgo un 52% menor de calcificación aórtica grave, un 41% menos de enfermedad coronaria, un 51% menos de mortalidad por enfermedad cardíaca y un 26% menos de riesgo de mortalidad total[34]. Estos descubrimientos parecían reflejar la afirmación de Price: el activador X es un factor fundamental para que el cuerpo pueda prevenir la enfermedad cardíaca, entre otras cosas.

Fallon escribió a Chris Masterjohn, un profesor asistente de Salud y Nutrición del Brooklyn College y uno de los expertos más reconocidos en vitaminas solubles en grasas del mundo. Le habló de la teoría de Eiseike y del estudio sobre la vitamina K_2. Masterjohn indagó un poco más.

Cuanto más investigaba Masterjohn, más evidencias encontraba de que el activador X podía ser la vitamina K_2. Por

---

solo un poco distintos, tus ojos serán de un color diferente. No obstante, independientemente de la coloración de los ojos, su pigmentación tiene la misma función: proteger a las retinas del sol.

ejemplo, identificó un estudio realizado en Japón publicado en 2004 que decía que la vitamina K_2 «revertía la pérdida ósea en las personas mayores y, a veces, incluso, hacía que la masa ósea aumentara en las personas con osteoporosis» [35]. Otros siete estudios japoneses mostraron que la vitamina K_2 «redujo un 60 % las fracturas vertebrales y un 80 % las de cadera y otras fracturas no vertebrales» [36]. Estos estudios reflejaban la afirmación de Price de que el activador X era un elemento crucial para el crecimiento y mantenimiento de los huesos, entre otros factores.

Pero «la bombilla se encendió» cuando Masterjohn descubrió que la vitamina K_1 se halla en grandes cantidades en la clorofila, que tiene un papel crucial en la fotosíntesis, el proceso que utilizan las plantas para convertir la luz del sol en energía que les permite seguir vivas. Masterjohn descubrió que las vacas comen pastos que contienen vitamina K_1 y la convierten en K_2 en sus tejidos. Cuanta más vitamina K_1 hay en los pastos, más K_2 hay en la mantequilla que se fabrica con su leche. Price había dejado escrito que el activador X se en-

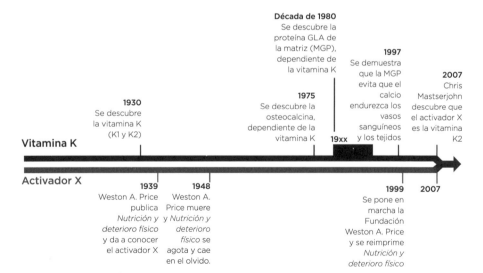

Fig. 11. El activador X, un misterio que duró 60 años.

contraba en grandes cantidades en los lugares cuyos habitantes cultivaban pastos de primavera de crecimiento rápido,
que contienen más vitamina K_1.

En ese momento, los paralelismos entre lo que Price supuso sobre el activador X y lo que Chris descubrió sobre la vitamina K eran demasiado evidentes para negarlos. Finalmente,
respondió al correo de Fallon sobre la intuición de Eiseike de
que el activador X era la vitamina K_2.

«Creo que tiene razón», concluyó.

Masterjohn resume este descubrimiento en su artículo
«Sobre la pista del elusivo factor X: un misterio de 62 años se
acaba resolviendo»[37].

TUS DIENTES Y TU CUERPO DEPENDEN DE LA VITAMINA K_2

Ahora sabemos que la vitamina K_2 es necesaria para formar y
fortalecer los huesos porque activa la osteocalcina, que ayuda a
transportar el calcio a los huesos[38]. También sabemos que la vitamina K_2 activa la proteína GLA de la matriz, que ayuda a eliminar el calcio de las arterias y previene su endurecimiento[39].

Esto explica por qué la falta de vitamina K_2 impedía a las mujeres del estudio de 2011 del que hablaba antes tener huesos más
fuertes a pesar de que tomaban suplementos de calcio y vitamina
D. Sin la vitamina K_2, necesaria para activar las proteínas que
transportan el calcio, el cuerpo no puede llevarlo adonde se supone que debe ir[40]. También explica por qué algunas de ellas tuvieron
enfermedades cardiacas.

La vitamina K_2 también previene los depósitos de calcio responsables de las piedras en el riñón[41] y se considera un marcador
fundamental del avance de la enfermedad renal[42]. Los estudios
también están revelando su papel en la prevención de las piedras en
la vesícula[43] y que protege a los hombres del cáncer de la próstata[44].

Así que la próxima vez que veas cálculos en tus dientes, párate a pensar que esos mismos depósitos pueden estar formándose en tus vasos sanguíneos. Al entender el efecto de la vitamina K_2 sobre el cuerpo, es fácil ver que el mismo proceso que calcifica las arterias también calcifica la placa de los dientes, y por qué los análisis dietéticos revelan, inevitablemente, que la gente con cálculos dentales no toma suficientes alimentos con vitamina K_2.

Hace poco tiempo que se ha descubierto cómo funciona y, por tanto, aún no se dispone de pruebas fiables que permitan medir la vitamina K_2 del cuerpo. Tampoco verás esta vitamina en la información nutricional de los alimentos envasados, pero sabemos qué alimentos tienen un contenido mayor en vitamina K_2.

Cuando los animales consumen vitamina K_1, que no se encuentra solo en los pastos, sino también en los vegetales de hoja verde, su sistema digestivo la convierte en K_2 (una razón más por la que la carne de los animales alimentados con pastos es más saludable que la de los que se crían con cereales). Hay dos tipos de vitamina K_2: la que se deriva de los animales, la MK-4, y la de las bacterias, la MK-7. Algunas buenas fuentes de vitamina K_2 (la forma MK-4) son la carne de vísceras, los huevos de gallinas criadas con pastos, la mantequilla de vacas alimentadas con pastos, el marisco y el aceite de emú.

La forma MK-7 de la vitamina K también puede producirse mediante la fermentación bacteriana. Se encuentra en preparaciones como el *natto* japonés (alubias de soja fermentadas), el chucrut y quesos como el gouda y el brie.

VITAMINA K_2 Y DESARROLLO FACIAL

Si no respiras por la nariz, la mandíbula y los dientes no se desarrollarán como deben hacerlo. Y si tu cuerpo no dispone de las materias primas para desarrollar adecuadamente las vías respiratorias para poder respirar por la nariz, ¿están condenados tus dientes y tu mandíbula a hacer el trabajo?

Este podría ser el caso de las personas con el tabique nasal desviado, posible resultado de una falta de vitamina K₂.

¿Es la vitamina K₂ la culpable de la desviación del tabique nasal?

Cuando no hay suficiente vitamina K_2, el calcio no llega a los huesos, sino a los tejidos blandos. En el caso del cráneo, esto puede hacer que el tabique nasal, que es un cartílago, se calcifique, y que su crecimiento se detenga. Un cartílago nasal mal desarrollado puede provocar su desviación, o que esté mal alineado con los orificios nasales y las vías respiratorias de la nariz o, incluso, otras deformidades nasales.

Se han realizado estudios sobre la deficiencia de vitamina K en ratas con el tabique nasal desviado. Los animales desarrollaron rostros extraños con los hocicos deformados. La teoría que explica este fenómeno es que la nariz y el centro de la cara solo se desarrollan adecuadamente cuando el cartílago del tabique se mantiene elástico. Si se endurece, bloquea la cara, que no se desarrolla correctamente o que tendrá una estructura deformada [45].

El tabique nasal desviado es bastante frecuente en la actualidad. Algunos estudios estiman que hasta el 80 % de la población lo tiene [46]. Los rostros de estas personas no

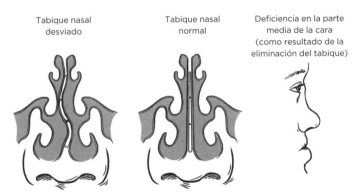

Tabique nasal desviado   Tabique nasal normal   Deficiencia en la parte media de la cara (como resultado de la eliminación del tabique)

Fig. 12. Tabique nasal desviado, forma y desarrollo facial.

parecen estar mal desarrollados exteriormente, pero es bastante posible que su tabique nasal desviado sea un indicio
de que los huesos y las vías respiratorias sí que lo están.

¿Es la vitamina A la pieza que le falta al rompecabezas?

En el rompecabezas del desarrollo de los dientes y los huesos
todavía falta una pieza: la vitamina A. Aún no se sabe bien cuál es
su función en el organismo, pero está claro que es fundamental
para el desarrollo del feto [47] y para la visión [48].

La vitamina A comprende un grupo de compuestos orgánicos,
entre ellos, el retinol, el retinaldehído, el ácido retinoico y el beta-
caroteno [49]. Su papel es clave para el desarrollo de los dientes y los
huesos, la reproducción y la regulación del sistema inmunitario [50].
Además, contribuye a que las membranas del cuerpo se mantengan húmedas, por ejemplo, las de la piel, los ojos, la boca, la nariz,
la garganta y los pulmones.

Aún no está claro cómo contribuye la vitamina A al desarrollo
de los huesos, pero parece que ayuda a las células llamadas osteoclastos a descomponer el hueso [51]. Durante el crecimiento óseo,
este debe poder seguir funcionando. Para desarrollar nuevas células
óseas, las actuales tienen que «degradarse». Una vez los osteoclastos cumplen su función, empiezan a crear nuevo tejido óseo. Parece que la vitamina A estimula este proceso.

Las plantas y los microorganismos fabrican su propia vitamina
A, pero los animales que están en la parte superior de la cadena
alimentaria, como los humanos, tienen que obtenerla de la dieta.
Los alimentos de origen animal son una mejor fuente de la forma
activa de la vitamina que los de origen vegetal, y el aceite de hígado
de bacalao contiene una cantidad muy elevada.

¿ES LA FALTA DE VITAMINA A LO QUE CAUSA EL PALADAR HENDIDO?

Durante el desarrollo del feto humano en el vientre materno, su cerebro y su médula espinal se forman a partir de una estructura embriónica llamada tubo neural. A medida que la médula queda protegida por la caja ósea formada por las vértebras, el cuerpo pasa por una serie de «controles». En cada uno de ellos, debe concluirse el proceso actual y pasar al siguiente estado de desarrollo. Con el transcurso de las semanas, el feto va superando cada uno de esos controles, que, por lo general, suceden en un periodo fijado. La vitamina B_{12} es uno de los nutrientes fundamentales que el cuerpo utiliza para formar el tejido cerebral y neuronal. Si no hay suficiente vitamina B_{12} disponible al llegar a ese punto de control, el cuerpo continuará con sus fases, sin importarle si el desarrollo está incompleto.

Un ejemplo de sus posibles consecuencias es la espina bífida, una malformación en la que el tubo neural no llega a cerrarse, y parte de la médula espinal puede sobresalir a través de la abertura de las vértebras. Algunos estudios han asociado esta alteración a una falta de vitamina B_{12}[52]. El cuerpo llega a su punto de control con una médula espinal incompleta, pero las fases del desarrollo no se detienen.

El proceso fisiológico del paladar hendido y el labio leporino (una malformación del techo de la boca, que no llega a cerrarse bien) se parece al problema de desarrollo de los niños con espina bífida. En un bebé sano, el tubo neural discurre por la espina hasta el paladar y acaba en el labio superior.

Aún no se comprende bien qué factores llevan a un paladar hendido o un labio leporino, pero un estudio realizado en 2011 mostró que los bebés que nacen con paladar hendido también suelen tener importantes problemas de desarrollo en los ojos[53]. Estas alteraciones son una secuela de la deficiencia de vitamina A. Fred Hale era un criador de animales y especialista en nutrición porcina de la Estación Experimental Agrícola de Texas. En la década de 1930, realizó distintos experimentos en cerdos. Cuando se les privaba de vitamina A, nacían con el paladar hendido y con problemas graves de visión[54].

La causa del paladar hendido en los seres humanos puede asociarse a una falta de vitamina A y al papel que esta tiene en el desarrollo óseo y facial, junto con las vitaminas D y K_2.

CÓMO ENCAJAN TODAS LAS PIEZAS

Ahora que hemos completado el rompecabezas, al menos de momento, veamos por qué las piezas que lo forman son tan importantes para la salud.

Las vitaminas A y D les dicen a nuestras células que produzcan determinadas proteínas (osteocalcina y MGP), que contribuyen al desarrollo y la reparación de los dientes y los huesos llevando el calcio allá donde es necesario, entre otras funciones, pero para que el cuerpo utilice esas proteínas necesita que la vitamina K_2 las active.

Si estás pensando que todo esto es demasiado complicado y difícil de entender, debes saber que no solo te pasa a ti. Piensa en el tiempo que la comunidad científica necesitó para llegar al fondo de estos procesos. Para ayudarte a entenderlo, recuerda la analogía de que la vitamina D es un camión de reparto que lleva el cemento por tu cuerpo hasta las células correctas para que puedan usarlo en la construcción de las estructuras necesarias.

Vamos a profundizar un poco más:

- La vitamina D es el camión de reparto del hormigón (del calcio).
- La vitamina A es el andamio y los trabajadores.
- La osteocalcina y las proteínas MGP son los controles de calidad. Su trabajo es asegurarse de que el cemento llega a

1. La vitamina A y D sintetizan la proteína GLA de la matriz y la osteocalcina

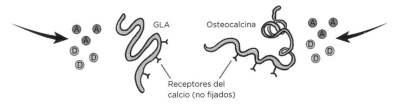

2. La vitamina K₂ activa la proteína GLA de la matriz y la osteocalcina

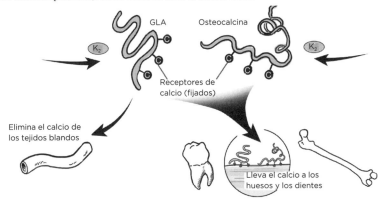

Fig. 13. Acción sinérgica de las vitaminas A, D y K₂ al realizar su función de llevar al calcio a los huesos y los dientes.

los edificios adecuados y no obstruye los conductos de agua, de electricidad u otros sistemas circulantes.

- La vitamina K₂ pone en marcha la mezcladora de cemento y activa el propio hormigón.

- Sin vitamina K₂, los trabajadores solo consiguen un cemento líquido y sin fraguar para añadirlo a las paredes que construyen (el hueso). Se cae y se amontona donde no debería.

- Si esto persiste, acaba habiendo cemento sin fraguar en todas las partes del edificio, en la fontanería y el generador (o en nuestro caso, en las arterias y los órganos), donde atasca el sistema y hace que se reinicie.

Las vitaminas K_2, A y D tienen una función fundamental en el desarrollo de los huesos faciales. Cada una de ellas es crucial, pero, además, todas requieren la acción de las demás y funcionan en una extraordinaria sintonía para dirigir al diminuto sistema inmunitario del interior de tus dientes.

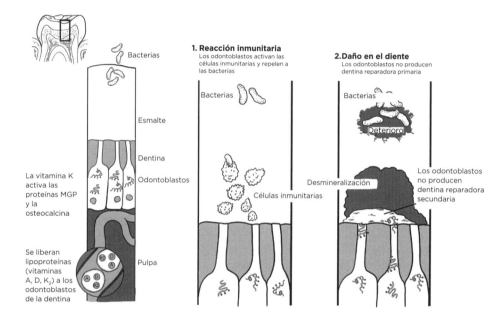

Fig. 14. Cómo las vitaminas A, D y K_2 activan el sistema inmunitario en el interior de los dientes.

EL SECRETO DE SALUD QUE ESTÁ OCULTO EN LOS DIENTES

Uno de los aspectos más extraordinarios de las dietas tradicionales de todo el mundo es que suelen estar meticulosamente orientadas a aportar las cantidades adecuadas de vitaminas A, D y K_2 incluso antes de que tuviéramos nombres para esos nutrientes.

Además, una de las principales diferencias entre la dieta actual y las tradicionales es que la comida que tomamos hoy no nos proporciona suficiente cantidad de esas vitaminas. De este modo, al sistema inmunitario de los dientes le falta lo que necesita para cumplir sus funciones. Da lo mismo el esmero que pongamos en cuidar los dientes por fuera, lo habitual es que no podamos evitar la caries dental si no cambiamos radicalmente la forma en que nos alimentamos.

Por eso, este libro dedica una atención especial a los alimentos ricos en vitaminas solubles en grasas, para que puedas poner a disposición de tu boca las herramientas que, tal vez, no haya tenido durante tu vida. Y lo bueno es que esos mismos alimentos son ricos en otros nutrientes que la boca y el cuerpo también necesitan.

CAPÍTULO 5
EL IDIOMA DE LAS BACTERIAS

CÓMO LA BOCA CONTROLA LOS INTESTINOS

Cuando hablo «de los dulces» con mis pacientes, casi siempre escucho lo mismo. Admiten avergonzados que son golosos y afirman saber que toman demasiados azúcares, y que eso conlleva el riesgo de que, en su dentadura, aparezcan caries dentales. Incluso los niños pequeños entienden la relación entre el azúcar y las caries, y les gusta demostrar que lo saben. Creo que la principal razón por la que la gente es tan indolente respecto al azúcar y la caries es que suponen que lo peor que les puede pasar es que uno de sus dientes se agujeree, y que bastará con que el dentista lo rellene para que puedan volver a su vida normal.

Sin embargo, mucha gente no se da cuenta de que cuando aparece una caries, no solo significa que estás tomando demasiados alimentos y bebidas azucaradas, es un signo de que algunos procesos importantes de tu cuerpo no están funcionando como deberían, procesos que ni siquiera sabes que existen. En este capítulo, vamos a analizarlos con detalle y a aprender qué podemos hacer para que vuelvan a funcionar bien.

Pero antes, te propongo un pequeño experimento mental. Te voy a decir una palabra y quiero que dediques un momento a pensar cómo te hace sentir y qué asocias con ella. La palabra es «bacteria».

¿En qué te hace pensar esta palabra? Supongo que te trae a la mente cosas como enfermedad, gérmenes o suciedad y, tal vez, hasta que te hayas levantado a buscar tu jabón actibacteriano. Es cierto: las bacterias son un factor clave en todas esas circunstancias negativas. De hecho, también son un factor importantísimo en la caries dental.

Durante mucho tiempo, hemos dado por sentado que la caries dental era el resultado de una mala higiene dental (que permite que las bacterias se desarrollen en la boca) y de tomar demasiados azúcares (que, cuando son consumidos por las bacterias, crean un entorno ácido al que sigue la caries). Esta es una forma sencilla describir esa relación:

Azúcar + bacterias = ácidos
Ácidos **+ dientes = caries dental**

Estas dos afirmaciones son ciertas, pero faltan muchas otras piezas que expliquen cómo las bacterias y el azúcar provocan caries cuando se combinan. Tampoco nos explican por qué algunas personas pueden comer montones de azúcar y tener relativamente pocas caries dentales, mientras que otras están constantemente batallando contra ellas sin importar cuántas veces se cepillen los dientes ni el esmero que pongan en usar hilo dental.

Esto ocurre porque hace muy poco tiempo que se ha empezado a entender el complejo papel que las bacterias tienen en el organismo y el cuerpo.

En los últimos años, se ha descubierto que todo el cuerpo está poblado de bacterias y que son necesarias para mantenernos sanos. Y la boca y los dientes no son una excepción. La primera colabora de forma permanente con las bacterias que ayudan a mantener los dientes, las encías y el sistema inmunitario de la boca. La caries dental indica que hay un desequilibrio en las bacterias de la boca, y también puede ser el indicio de una dolencia en el resto del cuerpo.

Para entender por qué ocurre esto, tenemos que comprender mejor todo lo que hacen las bacterias para ayudarnos a mantenernos sanos y por qué hemos malinterpretado esas funciones tan importantes durante tanto tiempo.

BREVE HISTORIA DE LA GUERRA CONTRA LOS MICROBIOS

¿Cómo llegaron a tener tan mala reputación las bacterias? La respuesta radica en un error humano.

Hoy damos por sentado que la vida microscópica existe en todo lo que nos rodea y en nosotros mismos. En cambio, durante la mayor parte de la historia humana, las personas no sabíamos que estaba ahí. Sospechábamos que había algo que causaba las enfermedades y que el «aire malo» procedía de la materia en descomposición, pero eso era todo. Durante las epidemias de peste, los médicos llevaban complicadas máscaras con picos llenos de hierbas para evitar que los vapores se introdujeran en sus cuerpos.

Antonie van Leeuwenhoek fue un comerciante y fabricante de lentes aficionado que, en 1675, inventó un microscopio que superaba enormemente la potencia de los anteriores[1]. Con este nuevo poder de aumento, van Leeuwenhoek pudo descubrir que había organismos invisibles virtualmente en todas partes. Él llamó «animáculos» (animales pequeños) a lo que hoy llamamos microorganismos o microbios. Van Leeuwenhoek vio que todo estaba plagado de animáculos: el agua de los estanques y de la lluvia, el sudor humano e incluso las bocas de la gente. Acababa de nacer la microbiología, una nueva rama de la ciencia.

Era también el amanecer de la era industrial, cuando las ciudades empezaban a estar superpobladas por habitantes que carecían de acceso a instalaciones de saneamiento adecuadas. La mortalidad infantil aumentó y las epidemias se hicieron más frecuentes. La sociedad se fijó entonces en la microbiología como una forma de encontrar las causas y las curas a esas amenazas. La gente quería explicaciones fáciles y soluciones sencillas.

Durante los dos siglos siguientes, los científicos recurrieron a la «teoría de los gérmenes» para explicar las enfermedades infecciosas. En la década de 1860, el biólogo francés Louis Pasteur demostró que la fiebre puerperal (la enfermedad que atacaba a algunas mujeres después de dar a luz) estaba causada por bacterias. Se difundió que los microbios eran los causantes de las enfermedades, y la sociedad iba a declararles la guerra.

Sin duda, para nosotros fue beneficioso entender mejor cuál es el papel de las bacterias en la enfermedad. Se mejoraron las instalaciones sanitarias en las ciudades, separando las aguas residuales de los suministros de agua, y así se logró que disminuyera el número de epidemias. Los médicos desinfectaban el instrumental quirúrgico y los quirófanos, y estas medidas redujeron las tasas de muertes hospitalarias. En 1920, Alexander Fleming descubrió la penicilina y se empezaron a administrar antibióticos, lo que rebajó el número de muertes causadas por los microorganismos[2]. Durante un tiempo, pareció que habíamos ganado la guerra.

El descenso acusado del número de muertes causadas por las enfermedades infecciosas reforzó la creencia generalizada de que los microbios eran perjudiciales en todos los casos. Y, en gran medida, la idea propia del siglo XIX de que las bacterias solo causan enfermedades sobrevivió y todavía persiste. Esta creencia influye en nuestras vidas de varias formas importantes: las aceras sobre las que andamos se tratan con detergentes, nos lavamos inmaculadamente con jabones antibacterianos y nos aplicamos lociones antibacterianas. Asimismo, no solo damos antibióticos a los animales de granja, sino que corremos a tomarlos, incluso, cuando no tienen efecto, para tratar las infecciones víricas.

En la década de 1950, comenzamos a ver a los microbios de otro modo

Para aprender más sobre los microorganismos, en la década de 1950, los científicos idearon una forma de criar animales de laboratorio en entornos sin microbios. Todos ellos nacían por cesárea en condiciones de esterilidad, se les alimentaba con biberón y seguían creciendo en un entorno totalmente estéril [3].

Como creían que los microorganismos eran básicamente parásitos, estos científicos esperaban criar animales extraordinariamente sanos y fuertes, pero se llevaron una sorpresa muy desagradable cuando descubrieron que, en realidad, eran muy susceptibles a la enfermedad. Sus sistemas inmunitarios eran inmaduros. Y más sorprendente aún, sus paredes intestinales eran finas, sus corazones bombeaban sangre más lentamente de lo normal y pesaban bastante menos.

De repente, entendimos que, después de todo, los microbios habían sido útiles para algunas cosas.

¿Es la bacteria *Helicobacter* el Dr. Jekyll y Mr. Hyde?

Los australianos son famosos por su carácter inconformista (¿te acuerdas de *Cocodrilo Dundee* o de *El Cazador de Cocodrilos*?), nada más alejado del enfoque empírico y reflexivo de la ciencia. Y aun así, hizo falta la típica mentalidad australiana para acabar corrigiendo una de las mayores confusiones sobre cuál es la función de las bacterias en el cuerpo.

Durante mucho tiempo, los científicos creyeron que, como el estómago humano está lleno de ácidos, era imposible que algún organismo sobreviviera en él, y eso incluía a las bacterias.

En 1982 ,dos científicos australianos llamados Barry Marshall y Robin Warren descubrieron un microorganismo llamado *Helicobacter pylori*. Era una bacteria en forma de espiral que se encontraba en los estómagos de la gente con gastritis (inflamación del estómago) y úlceras pépticas (erosiones en el revestimiento del estómago que causa dolor y hemorragias).

Recuerda que la mayoría de la gente creía imposible que un organismo pudiera vivir en el estómago. Por eso, la comunidad científica ridiculizó la idea de que hubiera un vínculo entre *H. pylori* y esas enfermedades. A pesar de ello, Marshall y Warren estaban decididos a probar su teoría. Y, como buenos australianos, hicieron honor a su fama de temerarios, así que cultivaron la bacteria en un caldo y se lo bebieron. Como era de esperar, en seguida, se pusieron muy enfermos de gastritis, pero los antimicrobianos los curaron a los dos y luego pudieron reproducir sus resultados en voluntarios. Desde entonces, quedó establecido que *Helicobacter pylori* causaba gastritis y úlceras gástricas. Marshall y Warren habían probado algo importantísimo: los microbios vivían en el interior de nuestro sistema digestivo. En 2005, unos veinte años después de, literalmente, comer bacterias para probar su teoría, y después de que la comunidad científica se tomara un tiempo para digerir su descubrimiento, los dos australianos fueron galardonados con el Premio Nobel en Fisiología o Medicina por su trabajo.

Hoy sabemos que más del 50 % de las personas tienen *H. pylori* en el tracto gastrointestinal superior[4]. E, irónicamente, también es conocido que, aunque pueden causar enfermedades, más del 80 % de la gente que aloja en sus intestinos a estas bacterias nunca desarrollará síntomas intestinales[5].

La cuestión es que *H. pylori* no es una sola bacteria, sino varias especies de bacterias que han vivido armoniosamente en nuestros aparatos digestivos durante mucho tiempo. De hecho, en realidad, no es un agente «infeccioso». Solo representa un problema cuando hay un desequilibrio entre las diferentes cepas, cuando las bacterias perjudiciales se reproducen demasiado y provocan una alteración gástrica.

Es como si algunas cepas de *H. pylori* fuesen gatos domésticos y otras, tigres. Teóricamente, es posible convivir con las dos especies en casa como mascotas, pero al tigre hay que tenerlo encadenado o enjaulado. Si consigue escapar y campar a sus anchas, puede causar daños muy importantes.

Las enfermedades infecciosas tienen su origen en microbios no deseados que invaden a nuestra población microbiana desde el exterior. En gran medida, necesitamos a todos los microbios que viven en el interior del cuerpo para mantener una buena salud e incluso pueden protegernos de los invasores dañinos. El truco es que las diferentes cepas que viven en el cuerpo tienen que mantener un delicado equilibrio. Cuando se desequilibran, aparece un estado llamado disbiosis que también es causante de enfermedades.

LA IMPORTANCIA DE TENER UN MICROBIOMA VARIADO

Es muy posible que conozcas a personas que son muy competitivas y a otras que no lo son tanto, pero cuando consideras a los humanos como especie es evidente que somos muy competitivos. Llegamos a un ecosistema y no dudamos en establecernos en la cumbre de la cadena alimentaria. Rápidamente, eliminamos a los depredadores más amenazantes para nosotros o nuestro ganado y dejamos tranquilos a los herbívoros para poderlos cazar después. Casi nunca nos damos cuenta de que romper el equilibrio de un ecosistema acabará volviéndose en nuestra contra.

Los cazadores mataron al último lobo del Parque Nacional de Yellowstone en 1926. Habían eliminado al principal depredador de aquel ecosistema. Durante las siguientes décadas, la población de ciervos se disparó, y su excesivo y constante consumo de plantas acabó afectando a la vegetación del parque. Mientras el ciervo seguía prosperando, la destrucción del ecosistema hizo que otras poblaciones de animales se redujeran. El ciervo empezó a pastar en las riberas de los ríos del parque, destrozando los terraplenes hasta el punto de que los ríos se secaron. Al matar a los lobos, los cazadores habían roto un equilibrio delicado y muy importante de aquel ecosistema.

En 1996, se reintrodujo al lobo gris en Yellowstone. Más de veinte años después, la población de ciervos está controlada y, sin ayuda humana, especies a las que no se había visto durante años han regresado a su antiguo hábitat, entre ellos, el zorro rojo y el castor[6]. Y ocurrió algo aún más sorprendente. Después de la reintroducción del lobo gris, la vegetación de las orillas de los ríos volvió a crecer y el agua de sus cauces corrió de nuevo de forma natural, hasta que acabaron rehabilitándose por completo. Una vez que las especies de aquel ecosistema recuperaron su equilibrio, el entorno se sanó a sí mismo.

La historia del lobo gris en Yellowstone tiene un paralelismo muy claro con la historia del microbioma humano, el enorme ecosistema de microbios que viven en nuestro interior. La regla universal de cualquier ecosistema, tanto si es el de un bosque como un arrecife de coral o los microbios del cuerpo es que cuanto más diverso sea, más resiliente será y, por extensión, también sus habitantes. La vida sobre la Tierra progresa cuando todas las especies de un sistema están en equilibrio .

Como no conocíamos otra forma mejor de hacerlo, durante gran parte de nuestro pasado reciente, nos hemos dedicado a matar bacterias, que nos parecían los depredadores más importantes del cuerpo. Pero ahora sabemos que, aunque algunas de esas especies pueden representar una amenaza grave para la salud, las bacterias en sí no son una cuestión de todo blanco o todo negro. Se parecen más al lobo gris de Yellowstone: son importantísimas para mantener el equilibrio del microbioma y proteger la salud general.

POR QUÉ NUESTRA BOCA NECESITA BACTERIAS

Casi todos los dentistas se han preguntado alguna vez por qué si algunas personas se cepillan los dientes y toman menos azúcar, siguen teniendo caries, mientras que otras que se cepillan con menos frecuencia y toman más azúcar no tienen ninguna. En 2016, la Administración de Alimentos y Medicamentos de Estados Unidos (FDA, por sus siglas en inglés) llegó a eliminar el hilo dental de sus recomendaciones para la salud oral, sencillamente, porque la investigación científica no ha podido probar de forma concluyente que su uso reduzca la probabilidad de sufrir caries y enfermedades de las encías[7]. Algunas teorías más antiguas descartaron esta paradoja atribuyendo la caries dental a la infección. Se sabía que la bacteria de la especie *Streptococcus mutans* causaba caries. Pero desde entonces, los estudios han revelado que las especies responsables son muchas más, y que las bacterias de la boca cambian durante los distintos estados de la enfermedad[8].

Cuando hablamos de bacterias y de caries, lo que cuenta es mantener el equilibrio entre las distintas especies, más que defenderse de los invasores. La realidad es que, igual que *H. pylori* vive en estómagos sanos, *S. mutans* vive en bocas sanas. Gran parte de este equilibrio existe en la placa de los dientes. Eso está bien. Incluso la placa tiene una función beneficiosa para la salud de la boca.

La placa suele describirse como una «película adhesiva», pero, en realidad, es un poco más complicado que eso. La placa está formada por bacterias que liberan ácidos después de que tomes azúcar, y puede mantener esos ácidos en contacto con los dientes. Con el tiempo, estos pueden acabar descomponiendo el esmalte y provocando caries.

No obstante, gracias a los nuevos conocimientos sobre el microbioma humano sabemos que la placa dental también ayuda a mantener los dientes. Para reflejar ese descubrimiento, ahora la llamamos biofilm dental (el biofilm es una capa de microbios que se adhieren a una superficie)[9]. Vivir en la boca es extraordinariamente difícil debido a la masticación, la digestión, el habla y la respiración. Para sobrevivir, los microbios se construyen pequeños hogares, los biofilms, en los que poder protegerse.

114 | BOCA SANA, CUERPO SANO

Para vencer a la caries dental, necesitamos conceder valor a esta delicada ecología de la boca. Eliminar la placa es útil, pero no soluciona la causa que origina la enfermedad dental.

Las bacterias gestionan los minerales de tus dientes

Antes expliqué que los dientes están formados por tres capas principales: el esmalte, la dentina y la pulpa. Esencialmente, el esmalte es inanimado, mientras que la dentina contiene células llamadas odontoblastos que protegen a esta capa y a la pulpa.

Aunque el esmalte no contiene células humanas vivas, en todo momento está recorrido por miles y miles de microbios que trepan y bajan por él. Estas bacterias viven en el biofilm que se forma en la superficie del diente, y también en la estructura cristalina hueca del propio esmalte. Junto a los odontoblastos, protegen y mantienen el esmalte.

El esmalte está en un constante estado de flujo, intercambiando minerales y nutrientes con la saliva. Cuando masticas la comida, tus glándulas salivales añaden enzimas a la saliva para iniciar el proceso de digestión, que hace que descienda el pH de la boca. Este cambio en la acidez puede extraer calcio o fósforo del esmalte y añadirlo a la saliva.

Cuando la boca está sana, las bacterias ayudan a gestionar este intercambio de minerales. Para poder sobrevivir y construir su hogar de biofilm, también necesitan calcio, así que comparten con los dientes el que encuentran en la saliva.

Para prevenir la enfermedad, necesitas que los microbios de la boca estén en armonía. La saliva les aporta los minerales que necesitan para construir su casa. Y, a cambio, los microbios ayudan a controlar la cadena de suministro de minerales que pasan por la saliva, el biofilm y el esmalte dental.

En la boca y en el resto del cuerpo, viven diferentes tipos de bacterias. A un nivel básico, podemos clasificarlas en dos grupos:

comensales rápidos y lentos. Las del grupo de comensales rápidos se alimentan de carbohidratos simples como el azúcar. Cuando tomamos alimentos azucarados y elaborados con harinas blancas, estamos dándoles un banquete y, cuando metabolizan azúcares, liberan ácidos.

Estos pueden servir para obtener calcio del esmalte dental, pero todos los microbios de la boca parecen conocer este fenómeno y lo que hacen es contrarrestarlo liberando calcio de la saliva y las reservas del biofilm[10]. En general, los dientes manejan bien una cierta cantidad de azúcar y de los ácidos que ayuda a producir.

En cambio, si tomas demasiado azúcar, con el tiempo las cepas del grupo de comensales rápidos se multiplican con demasiada rapidez y producen mucho ácido[11]. Las bacterias acaban quedándose sin calcio en la saliva y en las reservas del biofilm, y se ven obligadas a obtenerlo del único lugar que les queda: el esmalte de los dientes. Si este proceso de liberación y agotamiento de las reservas de ácido se mantiene demasiado tiempo, las bacterias consumen un exceso de esmalte y aparece la caries.

No solo es que el azúcar se combine con las bacterias y cree el ácido que provoca caries en el esmalte. El azúcar no es el único desencadenante de la reacción que extrae demasiada cantidad de calcio del esmalte muy rápidamente. La caries dental no es una infección bacteriana, es una alteración en la que nuestra dieta priva de alimento a las bacterias de la boca. Simplemente, la boca no está diseñada para manejar los desequilibrios creados por la dieta moderna.

CÓMO LA REVOLUCIÓN INDUSTRIAL CAMBIÓ NUESTRA BOCA Y NUESTRA SALUD

¿En qué momento desaparecieron de la dieta los alimentos diseñados para que la boca los procese? Algunos investigadores han estudiado el ADN de la placa que han encontrado en los cráneos humanos de nuestros ancestros lejanos. En sus estudios han identificado dos cambios notables en la diversidad y composición del microbioma de la boca humana durante la historia humana en la Tierra. En otras palabras, en dos momentos de la historia humana, las dietas se apartaron de lo que sería deseable [12].

El primer cambio llegó cuando los humanos dejaron de vivir como cazadores y recolectores y empezaron a cultivar la tierra. La placa de los cráneos de los cazadores-recolectores muestra que su diversidad de bacterias orales era mucho mayor que la de sus descendientes de las sociedades agrícolas. También tenían mucha menos caries, por lo que parece que, mientras su microbioma de la boca era equilibrado y diverso, su salud dental (y probablemente la digestiva) se mantenía sola. Debo añadir un comentario: los métodos de los que hoy disponemos para medir las bacterias de las placas antiguas pueden tener limitaciones, pero los estudios también han mostrado por otros medios que los cazadores-recolectores tenían microbiomas más diversos [13].

Los científicos han analizado las bacterias de la especie *Streptococcus mutans*, que tiene un papel principal en la caries dental. Estiman que creció exponencialmente hace unos diez mil años. Esto situaría el inicio de la enfermedad dental moderna, que es lo mismo que decir caries dental, en el mismo periodo de la revolución agrícola, cuando la dieta humana cambió significativamente.

El segundo gran cambio del microbioma de la boca tuvo lugar en la década de 1850, durante la Revolución Industrial. Por primera vez, las personas del mundo occidental tuvieron acceso diario a la harina blanca y al azúcar refinado. Aproximadamente, en la misma época, la diversidad de bacterias del microbioma de la boca descendió de forma drástica.

Las harinas blancas y el azúcar refinado son carbohidratos simples que sirven como fuente de energía inmediata a algunos tipos de bacterias, como *S. mutans* y *Lactobacillus acidophilus* (que, como *S. mutans,* es responsable de la caries dental). Estas bacterias crecen a expensas de los microbios de crecimiento lento adaptados para digerir moléculas más largas y complejas. La modernización de la alimentación alteró el equilibrio bacteriano a gran escala, y fue entonces cuando apareció la enfermedad dental.

Aun así, es importante recordar que los carbohidratos simples como el azúcar y la harina no perjudican tanto a los dientes como muchos pensamos. El problema es que reducen la diversidad del microbioma de la boca, y ese mismo desequilibrio puede aparecer en los intestinos y provocar enfermedades más graves.

¿ES LA ENFERMEDAD DENTAL EN LA ANTIGÜEDAD LA EXCEPCIÓN QUE CONFIRMA LA REGLA?

Los pueblos de la antigüedad tenían pocos problemas dentales, pero, en el registro arqueológico, se han encontrado algunas excepciones. Hace entre trece mil y quince mil años, casi todos los miembros de una población que vivía cerca de las Cuevas de Taforalt en Marruecos tenían caries [14].

Los arqueólogos analizaron sus placas dentales para deducir la composición de su dieta y encontrar la razón de esa alteración. En general, parece que la dieta de estas gentes estaba constituida por abundantes legumbres y por avena silvestre. También contenía bellotas, que son ricas en azúcar, con las que cocinaban una pasta dulce. Esta es la causa más probable de la caries.

El caso de esta población es especial, pero nos ayuda a mostrar cómo el acceso moderno a los azúcares y los carbohidratos puede provocarnos una enfermedad bucodental.

LA ALIANZA ENTRE LA BOCA Y EL INTESTINO O CÓMO LAS BACTERIAS ORALES DICTAN LA SALUD DEL ORGANISMO

No hay duda de que las bacterias influyen en algo más que en los dientes. El microbioma de la boca alcanza lugares alejados de la boca y alcanza el tracto digestivo, donde se convierte en microbioma intestinal. Y ahí, en la profundidad del sistema digestivo, los microbios se transforman en un elemento de importancia extraordinaria para el buen funcionamiento general del cuerpo.

La forma más sencilla de representarse el intestino humano o tracto digestivo es imaginarlo como una cinta transportadora con forma de tubo. La comida entra por la boca, es procesada para obtener energía de ella y los productos residuales resultantes se eliminan a través de un orificio en el lado opuesto.

Cuanto más aprendemos del intestino mejor entendemos que, al igual que la piel, este órgano influye y contribuye a procesos fisiológicos cruciales que tienen lugar en todo el organismo. La función del intestino no solo es protegernos del mundo exterior, como un muro, sino que debe cumplir distintas tareas a la vez. Tiene que transportar, digerir y absorber nutrientes y, a la vez, filtrar los contaminantes que no deben acceder al torrente sanguíneo. Por encima de todo, tiene que avisar al resto del cuerpo de lo que ocurrirá a continuación.

Las dimensiones de los intestinos deberían darnos una idea del amplio número de tareas que deben realizar. Su superficie es de unos 32 metros cuadrados [15]. Si desplegáramos el tracto digestivo y lo aplanáramos, cubriría más o menos la misma superficie que media pista de bádminton.

Las células epiteliales recubren todos los órganos y vasos sanguíneos, además de los intestinos. Estas células son una especie de puerta de acceso al resto del cuerpo, su función es admitir o rechazar a las células exteriores. Los intestinos también están recubiertos de una capa mucosa que hidrata y nutre a las células intestinales. Asimismo, sirve como capa adicional de protección.

Desde hace poco, sabemos que el intestino cuenta con una extensa población de microflora formada por bacterias, virus, hongos e, incluso, organismos desconocidos que viven en el revestimiento intestinal y que le ayudan a cumplir sus diversas funciones. Esos microorganismos vivos son una barrera adicional que protege nuestro interior mediante la producción de compuestos que eliminan las bacterias potencialmente dañinas, filtran los materiales perjudiciales que pueda haber en los alimentos (como los metales pesados) y estimulan la producción de moco.

TUS INTESTINOS SON TAN DIVERSOS COMO EL AMAZONAS Y TAN POPULOSOS COMO LA VÍA LÁCTEA

Las sociedades tradicionales entendían mejor que las actuales la importancia que tienen las bacterias en una dieta saludable, aunque desconocieran los pormenores.

Hace casi dos mil quinientos años que el médico griego Hipócrates, a quien se considera el padre de la medicina moderna, dijo: «Todas las enfermedades se inician en los intestinos». La medicina antigua consideraba que la salud del sistema digestivo era determinante para el bienestar general.

Nota: Cuando decimos intestinos, nos referimos a todo el sistema gastrointestinal, que incluye al estómago, los intestinos grueso y delgado y el colon.

Hoy sabemos que esta antigua sabiduría sabía bien de lo que hablaba, porque el tracto digestivo o intestino aloja la mayor parte de las bacterias del organismo. En cambio, en los dos milenios y medio que han pasado desde la época de Hipócrates, y a medida que la ciencia médica ha avanzado, la salud del intestino ha recibido menos atención que la de otras partes del cuerpo.

Hoy, los científicos saben que los intestinos son un ecosistema tan complejo y diverso como el de un bosque tropical. El microbioma humano normal (la población de microorganismos o microbios que viven dentro del organismo) está formado por más de mil especies. Esto incluye a bacterias, células eucariotas (las que tienen orgánulos y membrana), arqueas (microbios unicelulares que carecen de núcleo), virus y hongos microscópicos[16].

En el colon, viven al menos de mil once a mil doce células por gramo [17]. Ese número es casi el de las estrellas de la Vía Láctea. Más del 70 % de dichos microorganismos están en el colon, y las bacterias forman el 60 % de las especies del intestino, que corresponden, al menos, a quinientas especies distintas. El 60 % de la materia fecal está formada por bacterias.

En 2008, se puso en marcha el proyecto Microbioma Humano, que usó la tecnología de secuenciación genética para dibujar un mapa del mismo. Hasta el momento, se han identificado decenas de miles de genes microbianos. Los científicos creen que, al final, el número de microbios que encontraremos en el cuerpo será impactante. Lo que está claro es que los microorganismos tienen un papel mucho más importante en la salud del que habíamos imaginado.

La boca es el portero de tus intestinos

Saber que los intestinos están recubiertos de billones de bacterias puede ser un poco apabullante. Sin embargo, lo que pasa en ellos no es más que una continuación de lo que pasa a escala más pequeña en la boca, donde empieza el microbioma. De hecho, comenzó, literalmente, en la boca.

El tracto digestivo de un bebé empieza a desarrollarse sin microbios mientras está en el útero. El feto recibe nutrientes a través de la placenta y su madre es la responsable de filtrar todas las bacterias malas del entorno.

Pero en cuanto nace, el bebé es arrojado a un mundo poblado de bacterias. De hecho, el propio acto de nacer está diseñado para darle al recién nacido un primer aperitivo de microbios y los primeros que encontrará están en la vagina de su madre [18].

El principio de la vida de un niño es una especie de cursillo de introducción al mundo de los microbios y cómo relacionarse con ellos. La lactancia materna tiene un papel fundamental en ello. Las células inmunitarias de los intestinos de la madre pueden migrar a sus glándulas mamarias y, como resultado, la leche con la que amamanta a su bebé contendrá anticuerpos para algunos microorganismos[19].

Lógicamente, el primer lugar que colonizan estas bacterias es la boca del bebé. Luego, algunas de esas bacterias del microbioma de la boca pasarán al intestinal. Este proceso de «sembrado» quiere decir que, en las primeras semanas o meses de vida, el microbioma de la boca y de los intestinos se parecen mucho. Con el tiempo acabarán transformándose en sistemas distintos, pero sus poblaciones microbianas siempre están muy conectadas. De ahí es de donde vienen los billones de microbios de tu microbioma intestinal y del sistema inmunitario. La boca es el primer umbral de acceso al primero y continúa cumpliendo esta función durante el resto de la vida. Cada vez que tragamos saliva estamos enviando miles y miles de bacterias al intestino.

Hasta un 80 % de las células del sistema inmunitario se encuentran en el sistema digestivo. Los intestinos producen más anticuerpos que cualquier otro órgano. Cuando los microbios nocivos (cuyas moléculas son parecidas a las de los microbios intestinales beneficiosos, aunque no idénticas) intentan invadir el revestimiento intestinal, las bacterias del sistema digestivo ayudan al sistema inmunitario enviando mensajes desde ese revestimiento. Dichos mensajes les dicen a las células inmunitarias que se unan a los microbios perjudiciales, los ingieran y los desechen[20].

No obstante, las bacterias del intestino no solo influyen en las células inmunitarias del sistema digestivo. También pueden enviarles mensajes hasta lugares distantes del cuerpo. Por ejemplo, parte de las paredes celulares de los microbios, formadas por una malla de aminoácidos y azúcares llamados peptidoglucanos pueden activar a las células inmunitarias de la médula ósea, además de otras partes del cuerpo[21]. Los estudios han demostrado que, cuando las bacterias del intestino consumen fibra, producen ácidos grasos que ayudan a gestionar el sistema inmunitario e, incluso, el metabolismo[22].

El organismo se comunica constantemente con los intestinos para saber qué llega del mundo exterior. Y, aunque estos son los principales administradores de las comunicaciones, los mensajes se escriben en gran medida en la boca. Cuanto más sanos estén la boca y su microbioma, más sanos estarán los intestinos, el sistema inmunitario y todo el cuerpo.

POR QUÉ LA FIBRA ES TAN IMPORTANTE PARA LA SALUD DE LA BOCA Y LOS INTESTINOS

La próxima vez que te sientes a una mesa, recuerda que eres responsable de alimentar las vidas diminutas de billones de microbios con lo que hay en tu plato.

En general, la boca contiene bacterias «malas», que favorecen la caries, y bacterias «buenas», que no solo gestionan el calcio de los dientes, sino que, además, ayudan a combatir los microorganismos que la provocan. Las bacterias nocivas son metabolizadoras rápidas, que se alimentan de carbohidratos simples, y las buenas o probióticos son metabolizadoras lentas, que obtienen su alimento de los carbohidratos complejos o fibra, convirtiéndola en ácidos grasos de cadena corta. Algunas bacterias probióticas del intestino llevan a cabo esta conversión mediante la fermentación.

Si no tomas suficiente fibra y en su lugar te alimentas, sobre todo, de carbohidratos (azúcar) puedes hacer que la población de bacterias de metabolización rápida crezca, tomen el poder y acabe provocando más caries dental. Pero la boca no es el único campo de batalla donde luchan las bacterias buenas y malas (y el azúcar y la fibra). El combate también discurre en los intestinos.

Se conoce que los humanos no digerimos la fibra dietética, pero hace mucho tiempo que sabemos que, a pesar de ello, es útil para la digestión. Lo hemos deducido por la forma en que añade volumen a las heces, haciendo que transiten por el colon con mayor facilidad. Asimismo, la fibra también alimenta a las bacterias beneficiosas del intestino, que la emplean para obtener energía y mantener en buen estado el revestimiento intestinal[23].

Los carbohidratos simples en la dieta moderna

Las investigaciones científicas han demostrado que las dietas tradicionales con un alto contenido en fuentes naturales de fibra como alimentos de origen vegetal variados, frutos secos, semillas y cereales integrales nos proporcionaron poblaciones bacterianas mucho más diversas que las que hoy viven en el organismo[24]. Un microbioma equilibrado significaba que nuestros ancestros no tenían que sufrir las tasas actuales de caries dental, y que era igualmente improbable que padecieran trastornos digestivos crónicos como el síndrome del colon irritable o la colitis ulcerativa.

En cambio, hoy en día, la dieta media del estadounidense adulto contiene unos 15 g de fibra al día[25]. Esta cantidad es ínfima si la comparamos con la que tomaban nuestros ancestros, que estaba en torno a los 100 g diarios[26].

De nuevo, podemos situar este desafortunado cambio dietético en la Revolución Industrial y en el momento en que se modernizaron los alimentos. En la naturaleza, podemos encontrar el azúcar en las plantas, en una cápsula de fibra natural. Me gusta pensar en él como «carbohidratos en su ambiente». Esto quiere decir que, cuando las personas y los animales consumían plantas en su estado natural, sus cuerpos solo podían obtener los carbohidratos que contienen después de descomponer su fibra. Así era como los microbiomas de sus bocas y sus intestinos se mantenían en equilibrio de forma natural.

Sin embargo, cuando la industrialización nos dio acceso directo al azúcar blanco y a las harinas refinadas, que nos aportan carbohidratos simples sin su acompañamiento natural de fibras tal y como las encontramos en las plantas, nuestros microbiomas se desequilibraron. Los dientes y el resto del organismo sufrieron las consecuencias.

ENCÍAS SANGRANTES, INTESTINOS Y SISTEMA INMUNITARIO

Cómo las encías sangrantes revelan problemas intestinales

Si alguna vez te han sangrado las encías cuando te cepillas o te pasas el hilo dental, ya sabes lo que es la inflamación. Dicho de forma simple, el tejido se inflama cuando las células inmunitarias aumentan para combatir a los patógenos.

Una cierta cantidad de inflamación es normal. Después de todo, el cuerpo está constantemente interactuando con microbios del exterior. Por tanto, si te sangran un poco las encías después de cepillarte, no significa que te ocurra algo grave, solo quiere decir que hay un cierto desequilibrio microbiano en la boca y que una visita al dentista y unos cuidados más meticulosos con el cepillo y el hilo dental devolverán el equilibrio a la boca.

Sin embargo, unas encías que sangran demasiado suelen ser la primera señal de que tu cuerpo está sufriendo un exceso de inflamación. Si no tratamos pronto esta anomalía, el sangrado de las encías puede acabar convirtiéndose en una enfermedad periodontal. Entonces, estas estarán inflamadas de forma crónica y empezarán a retirarse del diente y, como consecuencia, los ligamentos y el hueso de la mandíbula que mantienen al diente en su sitio pueden debilitarse. Si ocurre lo peor, el hueso quedará carcomido y se acabará perdiendo la pieza dental. En Estados Unidos, el 46 % de los adultos sufren algún grado de enfermedad gingival, y del 9 al 13 % sufre una forma grave de la enfermedad[27].

La enfermedad periodontal es extraordinariamente incongruente e impredecible. Como ocurre con la caries dental, en algunas personas, se extiende como un incendio, pero responde al tratamiento, mientras que, en otras, avanza lentamente, pero es resistente a los tratamientos.

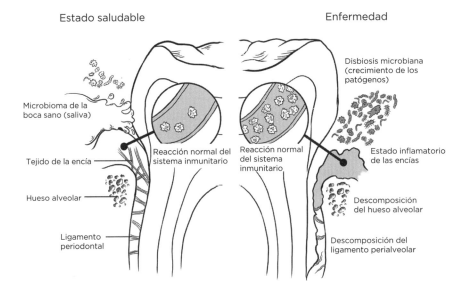

Fig. 15. Las encías sangrantes y los intestinos. Cómo influye un sistema inmunitario desequilibrado en el sangrado de las encías.

La boca está diseñada para tolerar un grado de inflamación bajo que permita que las células de las encías sigan reaccionando a la mezcla diversa de nutrientes, minerales, enzimas, cuerpos extraños y otras sustancias que acceden a ella[28]. No obstante, cuando la inflamación se convierte en enfermedad gingival, probablemente, es un signo de que el microbioma de la boca está desequilibrado y de que el sistema inmunitario está reaccionando de forma exagerada.

Puesto que, en esencia, los intestinos son el centro de control del sistema inmunitario, la enfermedad periodontal probablemente es una señal de disbiosis o desequilibrio entre las bacterias nocivas y las perjudiciales también en el intestino.

La mayor parte del sistema inmunitario se encuentra en los intestinos y está separado del microbioma intestinal por un revestimiento del grosor de una célula. El revestimiento intestinal es como una valla a través de la cual se comunican el sistema inmunitario y billones de microbios.

Para funcionar correctamente, las uniones entre las células de ese revestimiento tienen que ser muy estrechas. La función de dicha capa es permitir que solo algunas moléculas de pequeño tamaño atraviesen la barrera a través de las uniones entre las células y mantener al resto fuera.

Sin embargo, en ocasiones, estas células epiteliales están tan afectadas que no pueden formar una barrera eficaz. Por ejemplo, la bacteria que causa el cólera, *Vibrio cholerae,* produce una toxina que hace que, a través de las células epiteliales del intestino, se filtren iones, lo que da como resultado la diarrea propia de la enfermedad[29].

Algunos fármacos, entre los que se cuentan las aspirinas y algunos antiinflamatorios, como el ibuprofeno, o el consumo excesivo de alcohol también pueden hacer que la barrera intestinal sea permeable. Estos factores pueden provocar distintas consecuencias desagradables, entre ellas, la inflamación intestinal local y la diarrea. Lo bueno es que cuando eliminamos la causa de la irritación, los intestinos se sanan y vuelven a funcionar bien.

Otra historia es el abuso de antibióticos. Estos fármacos son como granadas para las bacterias y, con demasiada frecuencia, provocan daños permanentes al paisaje bacteriano del intestino, lo que puede causar problemas crónicos de salud más sistémicos[30].

Por ejemplo, los antibióticos pueden provocar alteraciones en las bacterias que se supone que deben «vigilar» los intestinos y llegar a impedir que cumplan sus funciones. A su vez, esto puede hacer que las células epiteliales que forman el revestimiento intestinal se separen unas de otras y empiecen a morir, creándose orificios microscópicos en los intestinos. Entonces, una mezcla de bacterias y de alimentos a medio digerir se filtran al tejido inferior y a los vasos sanguíneos (de ahí viene el término «permeabilidad intestinal»).

Consumir una cantidad insuficiente de fibra tiene un efecto parecido. Si las bacterias beneficiosas de los intestinos no reciben suficiente fibra, entran en modo «hambruna» y se ven forzadas a alimentarse de mucina, la cubierta mucosa que lubrica y protege el

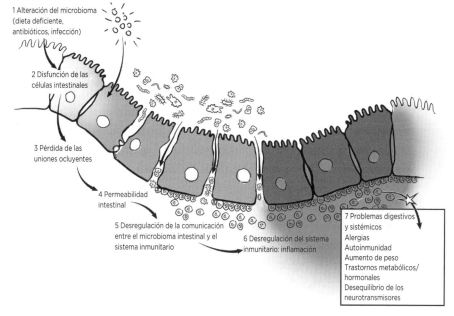

1 Alteración del microbioma
(dieta deficiente,
antibióticos, infección)

2 Disfunción de las
células intestinales

3 Pérdida de las
uniones ocluyentes

4 Permeabilidad
intestinal

5 Desregulación de la comunicación
entre el microbioma intestinal y el
sistema inmunitario

6 Desregulación del sistema
inmunitario: inflamación

7 Problemas digestivos
y sistémicos
Alergias
Autoinmunidad
Aumento de peso
Trastornos metabólicos/
hormonales
Desequilibrio de los
neurotransmisores

Fig. 16. Cómo la permeabilidad intestinal provoca una enfermedad crónica.

revestimiento intestinal. Si esta se agota demasiado, la barrera intestinal puede dejar de funcionar bien, lo que trae como resultado problemas digestivos y permeabilidad intestinal[31].

La permeabilidad intestinal altera la conversación entre los microbios intestinales y el sistema inmunitario y desencadena una reacción exacerbada de este último, que incluso puede entrar en un estado caótico e iniciar reacciones alérgicas[32], aumento de peso[33] y trastornos mentales[34]. El sangrado de las encías es uno de los primeros síntomas de los desequilibrios microbianos que provocan estas alteraciones.

El intestino y la enfermedad autoinmunitaria

El estado de la boca es una de las mejores medidas del buen funcionamiento del sistema inmunitario. Cuando este está sano, las células que lo forman son capaces detectar patógenos como los virus. Y si no hay ningún patógeno, dichas células se mantienen en modo de espera. En cambio, en caso de enfermedad inmunitaria, estas se mantienen activas y atacan a células sanas y a proteínas, causando inflamación crónica y otros problemas de salud[35].

Las enfermedades autoinmunitarias se han disparado en todo el mundo desde el fin de la Segunda Guerra Mundial. Desde entonces, han aparecido más de ochenta de estas alteraciones y algunas de ellas, como la enfermedad de Crohn, la artritis reumatoide, la esclerosis múltiple y la diabetes tipo 1, son cada vez más y más frecuentes[36].

Puesto que los intestinos y sus microbios tienen unas funciones tan importantes en la regulación del sistema inmunitario, es razonable pensar que el deterioro del microbioma ha contribuido al aumento de las dolencias del sistema de defensa del organismo. De hecho, investigaciones recientes han proporcionado «evidencias claras y cada vez mayores de que los cambios en la microbiota se asocian con enfermedades autoinmunitarias como la diabetes tipo 1, la enfermedad celíaca y la artritis reumatoide»[37].

El sistema inmunitario depende de los microbios intestinales para obtener información que le ayude a identificar a los patógenos y a no tomar a las propias células como una amenaza. Cuando el desequilibrio se altera y los intestinos se vuelven permeables, las células inmunitarias atacan a las sanas y pueden aparecer enfermedades inmunitarias como las anteriores.

Los primeros indicios de enfermedad inmunitaria suelen aparecer en la boca. Un buen ejemplo es el liquen plano, una dolencia inflamatoria de la piel y las membranas mucosas. El interior de las mejillas aparece revestido de una película blanca con un aspecto parecido al algodón[38].

La enfermedad celíaca es otra alteración inmunitaria en la que dicho sistema ataca al digestivo cuando detecta gluten y que también suele aparecer en la boca en primer lugar. A menudo, se identifica en los niños que tienen malformaciones del esmalte dental, úlceras bucales u otro tipo de lesiones en la boca. El problema es que la enfermedad celíaca tarda años en diagnosticarse y acaba convirtiéndose en crónica.

Asimismo, se asocia a otras enfermedades autoinmunitarias como la diabetes y la tiroiditis. Esto sugiere que la pueden compartir algunos desequilibrios intestinales patogénicos con otras enfermedades autoinmunitarias [39].

Estos problemas microbianos y del sistema inmunitario también se relacionan con enfermedades digestivas crónicas como el síndrome del colon irritable [40], la enfermedad de Crohn [41] y la colitis ulcerativa [42].

He visitado a muchas personas que llevan toda su vida luchando con alteraciones digestivas crónicas y los primeros síntomas de esos trastornos suelen aparecer en la boca. Otra cosa que tienen en común es que todos ellos se previenen alimentando adecuadamente a las bacterias de la boca y del intestino.

Enfermedad gingival y otras enfermedades crónicas

Cada vez que tragas envías miles de bacterias a través de tu tracto digestivo [43]. Por tanto, si el microbioma de la boca está en desequilibrio, como ocurre con las enfermedades de las encías, sentirás los efectos en el resto del cuerpo.

Durante muchos años, las investigaciones han mostrado las asociaciones existentes entre la periodontitis y la enfermedad cardiovascular, la artritis reumatoide, la enfermedad de Alzheimer, las enfermedades pulmonares, los partos prematuros de recién nacidos con bajo peso y la enfermedad metabólica [44]. Aun así, los mecanismos exactos que conectan estas enfermedades no se conocen bien.

Cuando observamos la enfermedad gingival a través de la lente de un microscopio, vemos como la disbiosis microbiana conecta los puntos entre la boca y la enfermedad en todo el cuerpo. El microbioma de la boca y del intestino son dos especies distintas pero relacionadas. Sabemos que el primero actúa para sembrar el intestino desnudo de microbioma de un recién nacido, pero la comunicación entre los dos, en realidad, nunca se detiene y se mantiene durante toda la vida.

Los estudios actuales están demostrando que la disbiosis en el microbioma intestinal está asociada a alteraciones como las alergias [45], la diabetes tipo 2 [46], la obesidad [47] e, incluso, alteraciones cerebrales [48] como el TDAH, la enfermedad de Alzheimer y la demencia. El microbioma es más importante de lo que pensábamos.

La boca es el guardaespaldas de tus intestinos y del resto de tu cuerpo durante toda la vida.

REPONER EL MICROBIOMA CON ALIMENTOS FERMENTADOS

No es casualidad que haya civilizaciones de todo el planeta que consuman alimentos fermentados.

Antes de que se inventara la refrigeración, fermentar los alimentos era uno de los pocos métodos que las personas teníamos para conservar los alimentos durante más tiempo. Para fermentarlos, se les añade alguna bacteria beneficiosa y así conseguimos detener a los microbios nocivos que estropean la comida. Este tipo de alimentos están cargados de bacterias probióticas y de fibra prebiótica que ayuda a mantener el equilibrio de las colonias microbianas que viven en el interior del organismo.

La clave se encuentra en la composición química de muchas especies de bacterias del grupo de los lactobacilos, que consumen inmediatamente la lactosa y otros azúcares convirtiéndolos en ácido láctico [49], un conservante natural que frena el desarrollo de bacterias perjudiciales. También aumenta o conserva las enzimas y las vitaminas beneficiosas para la digestión. Las culturas tradicionales conservaban los alimentos vegetales de temporada y así podían tomarlos todo el año.

Puesto que la percepción actual de las bacterias es que son organismos perjudiciales para los humanos, casi nos hemos olvidado del arte de fermentar los alimentos y, con ello, hemos perdido la diversidad microbiana que nos aportan. Gracias a los sistemas de transporte y almacenamiento actuales, podemos disfrutar de productos vegetales durante todo el año, y la forma mayoritaria de conservarlos son la refrigeración y las conservas enlatadas. Los lácteos se hierven y se homogenizan, mientras que las plantas se rocían con fertilizantes.

Estos procesos son excelentes para ampliar el tiempo de conservación de los alimentos y permiten que los transportemos con más seguridad, pero también eliminan muchas bacterias que se producen durante la fermentación, las que el cuerpo y la boca necesitan para mantenerse sanas.

CÓMO MANTENER EL EQUILIBRIO DEL MICROBIOMA

En *Boca sana, cuerpo sano* me centro en cómo podemos influir sobre la microbiota del cuerpo consumiendo fibra, probióticos y prebióticos, pero la realidad es que en cualquiera de nuestras interacciones están presentes los microbios. Si alguna vez has tenido caries, en gran medida, se debe a una pérdida de diversidad bacteriana en tu boca. Y los estudios científicos están revelando que podemos hacer algunos cambios en la dieta que nos ayudarán a crear un microbioma más diverso y más fuerte.

Ayuno intermitente

Sabemos que la flora intestinal tiene un papel fundamental en la digestión y que controla el metabolismo del cuerpo. Cuando comes, tu flora tiene que trabajar para descomponer y digerir los alimentos. Por eso, el ciclo de alimentación tiene efectos sobre la vida diaria del microbioma.

Algunos estudios realizados en ratones han mostrado que pasar algún tiempo sin alimentarse (ayunar) aumenta la diversidad

bacteriana, lo que sugiere que las bacterias siguen trabajando durante los periodos en los que no están en contacto con alimentos.
De hecho, ese tiempo sin comida representa un ciclo de alimentación más natural (cuando la comida no está disponible) y permite
que los microbios hagan su propia «limpieza de primavera» de los
sistemas digestivo e inmunitario, que, probablemente, sea un aspecto normal de la interacción del cuerpo con la microflora [50].

Estrés

Cuando tenemos muchos tipos distintos de microbios, el cuerpo es más resistente a los estresantes exteriores. Estamos diseñados
para afrontar el estrés muy ocasionalmente; el organismo está diseñado para activar la respuesta de lucha o huida solo muy de vez
en cuando [51].

Pero, en la época actual, la exposición al estrés ha cambiado.
Estamos sometidos a un tipo de estrés de baja intensidad pero
constante que envía señales de supervivencia a todo el cuerpo de
forma permanente y parece que esas señales afectan al microbioma. Algunos estudios realizados en animales demuestran que un
entorno con mucho estrés reduce la diversidad bacteriana [52]. Si
siempre estamos preocupados por los estudios, el trabajo o las relaciones es bastante probable que el microbioma sufra los efectos
de ese estrés.

Sueño

El sistema digestivo sigue un ritmo circadiano, como el ciclo
diurno y de sueño nocturno. Cuando el ciclo del sueño se interrumpe (no duermes suficiente tiempo o tu sueño es de mala calidad), el microbioma intestinal sufre.

Algunos estudios recientes están mostrando que la población
de microbios intestinales puede incluso controlar el ritmo diurno.
Aun sí, la falta de sueño parece alterar su diversidad [53].

Ejercicio físico

Como si las bacterias no estuvieran bastante ocupadas, también comprueban si estás yendo al gimnasio. Como otros hábitos, la forma en que muevas y entrenes tu cuerpo mediante el ejercicio físico tiene algún efecto en el microbioma. Ciertamente, el rendimiento deportivo puede estar influido por lo sanas que estén tus bacterias, pero parece que la relación es más bien de doble sentido, pues el ejercicio proporciona un estímulo positivo a las cepas beneficiosas y a los metabolitos de los intestinos [54].

Exposición a la suciedad

Sí, lo has leído bien. Ensuciarte es necesario para el rompecabezas de tu microbioma. El suelo o la suciedad están formados por las interacciones entre organismos, minerales, plantas muertas y animales. Esto estimula la vida en todo el planeta. Cuando dejamos de exponernos al suelo, estamos suprimiendo un estímulo fundamental para los microbios del cuerpo. El suelo y los humanos compartimos especies de microbios que pueden introducirse en el cuerpo cuando comemos animales o plantas [55].

Disponer de alimentos de fuentes naturales y orgánicas e, incluso, tener tu propio huerto, donde toques el suelo (y mejor si está sucio) puede proporcionar un estímulo saludable a tu microbioma.

Entorno social y mascotas

Compartimos nuestros microbios con la pareja y con las personas con quienes mantenemos un contacto estrecho y habitual. Eso incluye a los compañeros de trabajo o de gimnasio y a las mascotas. De hecho, se ha demostrado que el microbioma de las personas que tienen perros es mucho más diverso.

◆ ◆ ◆

LA SALUD DESDE LA PERSPECTIVA DEL MICROBIOMA

La idea de que basta con cepillarse los dientes y pasarse el hilo dental para eliminar la placa dental «dañina» se basa en un modelo caduco de la enfermedad dental. Hace tiempo que sabemos que la caries y las enfermedades de las encías están causadas por bacterias, pero los nuevos conocimientos sobre el microbioma humano destacan las importantes funciones que los microbios realizan en el cuerpo. Y mientras que las infecciones externas no explican la aparición de enfermedades no infecciosas, la falta de equilibrio del microbioma sí las explica.

Es como si el cuerpo alojara a un superórgano, una verdadera selva amazónica de billones de microbios en nuestro interior que solo ahora estamos empezando a entender. La boca y los intestinos son el hogar de estos diminutos habitantes y su salud refleja cómo funciona la relación del cuerpo con ellos.

Las enfermedades de la boca están provocadas por un desequilibrio de microbios que también viven en los intestinos y que deben mantenerse en equilibrio con ellos. Podemos ver la salud microbiana de la boca como una ventana a la salud microbiana intestinal y de nuestro estado general. Cuando logramos mantener la boca sana, el resto del cuerpo también lo está. Los alimentos, que tienen el poder de equilibrar la salud bucodental y el microbioma del intestino, son la mejor medicina para la boca.

CAPÍTULO 6

NO ES GENÉTICO

Cómo la nutrición deficiente provoca malposición dental

COMO DENTISTA, ME ENTRISTECE cuando la gente me dice que su salud bucodental es imposible. Cuando alguien se siente así sobre su salud, suele aparecer un círculo vicioso de tristeza y enfermedad. Creen que su genética hará que tengan problemas con los dientes sin importar las medidas que tomen, así que no se los cuidan bien. Entonces, les encuentran caries y otros problemas que acaban confirmando sus sentimientos negativos. Todo es parte de una profecía autocumplida.

Tengo que admitir que, durante mucho tiempo, yo también creí que muchos pacientes estaban predispuestos a sufrir problemas de salud bucodental. En gran medida, mi formación me había inculcado esa idea. Parece que, en un momento u otro, todos hemos llegado a la conclusión de que, en lo referente a la salud dental, la genética marca el destino. Tal vez los buenos alimentos, el ejercicio físico y una vida saludable puedan ayudarte a mejorar tu salud un poco, pero parecen medidas tangenciales que no influirán en el resultado: el ADN es el destino y este no se puede cambiar.

Cuando les explico a algunas personas que pueden mejorar su salud dental y la estructura de su boca tomando ciertos alimentos se suelen sorprender.

Ciertamente, el ADN tiene un impacto importantísimo en cómo se desarrolla el cuerpo y en el estado general de salud. Pero no es como muchos creen: un código informático que le da al organismo instrucciones que no puede ignorar. Más bien se parece a un plano que el cuerpo interpreta. Una de las mejores formas de estar seguros de que el organismo interpretará esas instrucciones de forma saludable es darle los nutrientes adecuados.

Esto puede sonar a idea novedosa, como muchos de los conceptos de los que he hablado hasta aquí, pero hace mucho tiempo que tenemos evidencia de ello. Hay un caso en particular que tiene como protagonistas a un científico llamado Francis Pottenger y a un montón de gatos. Hoy le hubieran considerado un excéntrico fan de los gatos, pero dejaré que lo juzgues tú.

LOS GATOS DE POTTENGER

En la década de 1930 y durante diez años, el doctor Pottenger realizó un experimento con múltiples generaciones de gatos que puso de evidencia cómo la dieta puede afectar a la biología.

Pottenger hizo estos experimentos en gatos a los que había extirpado las glándulas suprarrenales. Mientras se recuperaban de la cirugía los alimentó con leche y trozos de carne cocinada, pero la carne se le acabó y encargó carne cruda a un carnicero de la zona, con la que alimentó a los gatos. Para sorpresa de Pottenger, los felinos que comieron carne cruda se recuperaron mucho antes que los otros [1].

Luego, el científico empezó a hacer experimentos controlados con gatos y distintos tipos de alimentos. Durante una década, estudió los efectos de la carne y la leche cruda y cocinada (leche sin pasteurizar), procesada y condensada sobre unos novecientos gatos. Los resultados son increíbles.

Los gatos que tomaron básicamente leche y carne cruda se mantuvieron relativamente fuertes durante varias generaciones. Sin embargo, los que siguieron una dieta a base de carnes cocinadas y leche procesada y condensada tuvieron crías con problemas de salud importantes.

La primera generación desarrolló dientes mal posicionados y tenía las encías inflamadas. La siguiente pesó como media un 20 % menos al nacer y tuvo distintos problemas óseos. Sus cráneos, incluidas las mejillas y los senos, estaban deformados, eran finos y débiles. Resultó que sus huesos tenían menos calcio de lo esperable en un gato.

El estado de la tercera generación era aún peor y la cuarta generación de felinos alimentados con carne cocinada y leche pasteurizada murió antes de llegar a los seis meses de edad.

Pottenger demostró cómo la comida equivocada puede tener un impacto rápido y devastador sobre la salud de un gato. Esa conclusión le hizo preguntarse si la comida adecuada podría tener un impacto positivo. Para responder esa pregunta, eligió a algunos de los gatos enclenques de la tercera generación y les dio una dieta de carne y leche cruda. Hizo lo mismo con las siguientes generaciones.

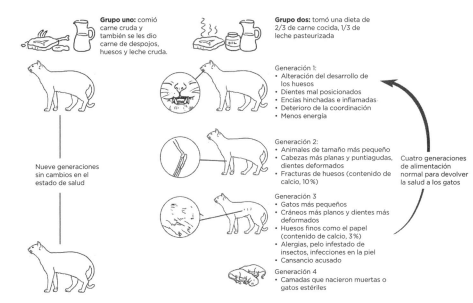

Fig. 17. Los gatos de Pottenger. Un estudio de diez años de duración sobre el impacto epigenético de la alimentación.

Sin duda, cada nueva generación creció más sana que la anterior. Para que los gatos recuperaran la salud por completo, el científico tuvo que alimentar a cuatro generaciones con una dieta a base de alimentos crudos.

CÓMO INFLUYE EL ENTORNO EN TU SALUD

Como dije antes, el ADN se parece más a un plano que el cuerpo interpreta que al designio de un destino inevitable. Llamamos epigenética al estudio de cómo se interpreta este plano. La palabra procede del griego y su traducción aproximada es «encima o además de la genética». Cuanto más aprendemos de ella, más parece que nuestra forma de vivir y de comer cambia, sin duda alguna, la manera en que se expresa el ADN.

El propio Pottenger no tenía forma de saberlo, pero su experimento fue un testamento que prueba el poder la epigenética. El ADN de los gatos no se transformó en las cuatro generaciones que participaron en el estudio, pero la forma en que se expresaba cambió a la peor de las situaciones, sencillamente, porque se les había dado una comida para la que sus cuerpos no estaban diseñados.

POR QUÉ NUESTROS CUERPOS YA NO
DESARROLLAN EL HUESO COMO ANTES

Hace unos años visité a un paciente llamado Brian. Otro dentista le había remitido a mi consulta para que le extrajera la muela del juicio.

Cuando Brian entró en la consulta, mi corazón se aceleró. Sí, era un hombre muy grande. Su figura era enorme, como la de un leñador, pero lo que más me desconcertó fue el tamaño de su cabeza. Era tan grande y redonda como una bola de boliche. Este paciente había crecido en la granja de sus pa-

Fig. 18. No solo ocurre en los gatos: comparación del grosor de un cráneo moderno y de cráneos ancestrales realizada por Weston A. Price.

dres y se había alimentado exclusivamente de los alimentos que cultivaban y criaban ellos mismos.

Brian quería que le quitara una de las muelas del juicio porque había que hacerle una endodoncia y prefería que se la quitara en lugar de que le mataran el nervio.

Me sorprendió que la muela del juicio de Brian hubiera erupcionado por completo. Hoy no veo muchas mandíbulas lo bastante grandes como para alojar por completo las cuatro muelas del juicio. El hueso que rodeaba el diente dañado del paciente era grueso y abundante. También me pareció que su mandíbula era enorme, tanto que mis instrumentos apenas llegaban a aquella muela.

En la actualidad, cuando extraigo muelas del juicio a jóvenes, veo que el hueso es fino y sus mandíbulas son diminutas. Concluí que la crianza de Brian le había aportado los alimentos que dieron a sus huesos y dientes los minerales necesarios para ser fuertes y estar sanos.

LA EPIGENÉTICA DE LOS DIENTES TORCIDOS

El doctor Dave Singh fue uno de los primeros innovadores en el campo de la ortodoncia epigenética y craneofacial. En su centro de Beaverton, en Oregón, forma a dentistas en ortodoncia epigenética y les enseña cómo aplicarla a la remodelación de las mandíbulas y las vías respiratorias. Desde su punto de vista, la epigenética es la explicación más lógica para la maloclusión. Aun hoy, aunque casi tres cuartas partes de los niños crecen con dientes mal posicionados, los manuales de odontología siguen dedicándose a clasificar el grado de maloclusión en lugar de explicar cuál es su origen.

El doctor Singh cree que la maloclusión es un ejemplo perfecto del uso que el cuerpo hace de la epigenética para adaptarse al entorno. Define la epigenética de los dientes torcidos como «una solución para que un sistema complejo mantenga su homeostasis, aunque algunas de sus partes estén en desequilibrio». Explica esto mediante una analogía inspirada en la construcción:

«Cuando estás construyendo una casa empiezas por los cimientos, luego levantas las paredes, construyes el techo y así sucesivamente. Lo último que haces es el interior, que es el estuche de tu cuerpo e incluye los dientes. El cuerpo no empieza por con los dientes y asegurarse de que crecen rectos y bien colocados porque entonces puede que se quede sin material para fabricar los cimientos donde tiene que encajarlos. Se arriesgaría a que la casa se derrumbe. Así que empieza por las mandíbulas, las construye lo mejor que puede con los recursos que tiene y acaba por instalar los dientes. Si la mandíbula está mal formada, la única forma de encajar los dientes es haciendo que crezcan torcidos, y así es como quedarán».

La boca parece ser el primer lugar donde podemos evaluar los mensajes epigenéticos que las células y el ADN están recibiendo de los alimentos de la dieta. Para la salud, la boca es lo mismo que el canario para los mineros.

Después de la Revolución Industrial, cuando la población dejó de tomar alimentos naturales y comenzó a consumir alimentos procesados industrialmente, las mandíbulas dejaron de desarrollarse como lo habían hecho durante miles de años. Desde entonces, a medida que las dietas se han ido volviendo aún más artificiales, la epidemia moderna de enfermedad dental no ha dejado de crecer. Este deterioro recuerda de forma espeluznante a los experimentos de Pottenger con los gatos. Cuando analizamos la dieta con la que muchas personas subsisten hoy en día en Occidente, no resulta raro que nuestros hijos tengan dientes torcidos y mandíbulas diminutas.

ADN Y EPIGENÉTICA

Cómo funciona el ADN

El cuerpo está hecho de miles de millones de células. Cada una de ellas participa de algún modo en todo lo que el organismo hace, desde transportar oxígeno, combatir las infecciones, almacenar un recuerdo hasta formar un diente. El cuerpo es un proyecto de construcción infinitamente complejo que está fluyendo permanentemente, y las células son los obreros que lo hacen posible.

No obstante, a diferencia de otras construcciones, el organismo no cuenta con un capataz o un arquitecto que dirija a las células o trabajadores y les diga qué deben hacer. En su lugar, cada una de ellas sigue el mapa que lleva incluido, más conocido como ADN.

Cada pieza del mismo está hecha de un hilo muy fino que forma una espiral en el núcleo o centro de la célula. La forma más sencilla de describir la función del ADN es decir que lleva un código impreso. En realidad, este está formado solo por cuatro «letras», que representan a cuatro moléculas usadas una y otra vez en diferentes combinaciones, millones y millones de veces. Las secciones del código forman una «palabra» completa o, dicho con más precisión, una instrucción. Son los genes.

Los genes les dicen a las células, esos obreros diminutos de tu cuerpo, qué tienen que hacer. De nuevo, eso lo incluye todo, desde coagular la sangre cuando te haces un corte hasta contraer los músculos de las piernas cuando corres o fijar el color de tus ojos. En esencia, las células cumplen todas esas funciones distintas trabajando en equipo con otras células y produciendo diferentes proteínas que, para decirlo de forma simple, sirven como materias primas y herramientas del proyecto de construcción que eres. Cada célula del cuerpo tiene el mismo conjunto de genes. La razón por la que las células de los dedos de tus pies son distintas a las de tus dientes es que usan distintos genes para producir diferentes proteínas.

Lo increíble es que el ADN de todos los organismos vivos, desde un diminuto paramecio a una palmera, un pelícano, tú o yo, usa las mismas cuatro «letras» en su código genético. En cada uno de esos organismos, se unen para formar instrucciones distintas (genes). En un gato doméstico, esos genes indican a sus células que formen un gato doméstico. En un guepardo, se ordenan para formar a ese animal. En nuestro caso, dan las instrucciones para formar a una persona. Al código completo de ADN que contiene el cuerpo humano lo llamamos genoma humano.

En 1953, el biólogo estadounidense James Watson y el médico británico Francis Crick descubrieron la estructura del ADN y el potencial para decodificarlo, y entonces la medicina adoptó un modelo genético. Igual que cuando se descubrió la existencia de los microbios, empezamos a buscar microbios que explicaran todas nuestras enfermedades, entonces, empezamos a buscar un gen que justificara cada una de las características humanas.

En 1990, los genetistas empezaron a trabajar en el proyecto Genoma Humano, un proyecto internacional cuyos objetivos eran descifrar toda la secuencia de ADN humano (las instrucciones) y determinar qué genes son responsables de cada una de esas instrucciones. Todos somos distintos y, en consecuencia, contamos con distintos genomas. Por tanto, el propósito de mapear todo el código es descubrir cada uno de los genes y averiguar cada posible combinación[2].

Los genetistas tenían una confianza excepcional en el potencial del proyecto Genoma Humano. La idea de que podíamos llegar a entender el código de la vida igual que entendemos el código informático de una computadora era extraordinaria. Stephen L. Talbott escribió sobre los genetistas en la revista de sociedad y tecnología *The New Atlantis*: «Proclamaron el descubrimiento revolucionario de un gen detrás de otro: uno para la fibrosis quística, otro para el cáncer, para la obesidad, para la depresión, para el alcoholismo, para las preferencias sexuales… Pieza a pieza, la genética iba a mostrar cómo podía construirse un organismo vivo a partir de la materia inerte e indiferente»[3].

En 1992, el genetista galardonado con un Premio Nobel Walter Gilbert escribió que un día sería capaz de sostener en su mano un CD-ROM con toda la secuencia del ADN humano almacenado. «Aquí hay un ser humano: soy yo»[4].

Los expertos en genética esperaban encontrar unos cien mil genes en el genoma humano y algunas estimaciones se aventuraron a estimar hasta dos millones. Su razonamiento era que sería necesario un número extraordinario de genes para especificar la construcción de especies tan complejas y diversas como los seres humanos. Sin embargo, cuando el proyecto Genoma Humano se completó en 2004, parecía que había algún error. Resultó que los humanos teníamos solo unos veinte mil a veinticinco mil genes diferentes en nuestro ADN, la misma cantidad que un ratón[5].

En realidad, las células no usan genes concretos para crear nuestros rasgos, órganos y otras características que nos hacen únicos. Al parecer, utilizan combinaciones de genes concretos y el ambiente influye sobre esas combinaciones mucho más de lo que inicialmente habíamos pensado. Ahora sabemos que, en la antigua controversia entre naturaleza y crianza, la última tiene mucho mayor peso en la expresión genética.

Sigamos con la analogía de la construcción. Hay un conjunto de genes que dicen a tus células constructoras de hueso cómo desarrollar una mandíbula, pero la forma en que realizarán esa tarea (cómo establecen las dimensiones de ese hueso) depende los recursos que les prestes, de las condiciones ambientales y de los

144 | BOCA SANA, CUERPO SANO

comentarios que le haga su jefe. El resultado final del proyecto es lo que llamamos expresión genética.

Cómo funciona la epigenética

Si el ADN no les da a las células instrucciones específicas para que cumplan cada una de las tareas que deben cumplir, ¿cómo saben lo que tienen que hacer?

¿Recuerdas que dije que el ADN está enrollado en el núcleo de la célula? Los orgánulos (los órganos de la célula que hacen su trabajo) necesitan leer el plano para saber qué tienen que hacer. ¿Y cómo leen los mensajes? La respuesta es otra molécula llamada ácido ribonucleico o ARN. El ARN hace copias de las instrucciones del ADN y las lleva hasta los orgánulos.

Hasta hace unos años, suponíamos que el ADN no era solo el plano, sino también el contratista. Pensábamos que el ADN «escogía» las instrucciones que le daría al ARN para que las mandara al resto de la célula.

Pero aquí es donde todo se vuelve un poco confuso. El ADN no escoge qué partes de sí mismo copiará el ARN, ni este último tampoco. En realidad, estas elecciones son, sobre todo, el resultado de reacciones químicas que se inician en el exterior de la célula, son interpretadas y transmitidas por la membrana celular, y que luego llegan hasta el núcleo, donde el ADN se almacena[6].

El exterior de la célula o membrana está equipado con cientos de miles de proteínas receptoras que son responsables de recibir distintas señales, como las que envían los nutrientes, las hormonas o los neurotransmisores[7].

Cuando una señal exterior se une a esas proteínas receptoras, estas envían una cascada de químicos al núcleo. Es como el primero de los susurros del juego del teléfono*, que determina más o

---

* En el juego del teléfono participa un grupo de personas en corro que va susurrándose al oído una frase que inicia con: «por aquí me han dicho...». El resultado es que,

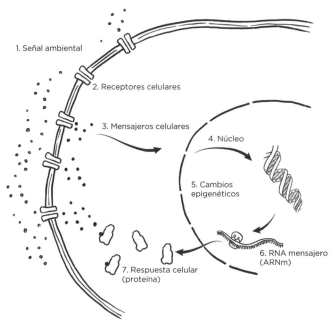

Fig. 19. Cómo el entorno cambia el ADN de las células.

menos qué partes del ADN acabarán siendo copiadas por el ARN y qué partes del ARN van a ser utilizadas por los orgánulos para crear una nueva proteína. El ambiente cambia literalmente la forma en que tus genes se expresan. Y, en ese entorno, ocupan un lugar fundamental los alimentos que tomas.

LA HAMBRUNA DE HOLANDA

Pottenger proporcionó un ejemplo bastante claro de epigenética aplicada mediante su experimento con los gatos. Pero también tenemos un ejemplo de cómo la epigenética puede afectar a los humanos en la Hambruna Holandesa del invierno de 1944 a 1945[8].

---

después de pasar por varios interlocutores, el mensaje no tiene nada que ver con la frase inicial. *(N. de la T.)*

En aquel periodo de los últimos años de la Segunda Guerra Mundial, la parte occidental del país estaba ocupada por Alemania. El suministro de alimentos a la región quedó interrumpido por un bloqueo. La gente solo pudo acceder a aproximadamente el 30 % de los alimentos que tomaba habitualmente.

Al final, casi toda la población se encontró al borde la inanición y las personas se vieron obligadas a comerse lo que pudieran encontrar. Llegaron a alimentarse de pasto y bulbos de tulipanes. Antes de que los Aliados liberaran la región y se restaurara el suministro de alimentos en mayo de 1945, murieron unas veinte mil personas.

Los epidemiólogos que estudian cómo se originan y evolucionan las enfermedades han empleado los registros de salud de la época para estudiar los efectos de la hambruna a largo plazo en los holandeses.

Uno de los fenómenos que observaron fue que los bebés concebidos antes y hacia el principio de la hambruna y cuyas madres estuvieron desnutridas durante los últimos meses del embarazo nacieron demasiado pequeños.

Al parecer, los bebés que estuvieron malnutridos al principio de la gestación pudieron «ponerse al día» y recuperar un peso normal, mientras que los que estuvieron malnutridos al final del embarazo, no. Esto es bastante intuitivo, pero a medida que esos grupos de bebés se convirtieron en adultos, los efectos de la hambruna parecieron mantenerse durante todas sus vidas.

Los bebés con bajo peso fueron pequeños durante el resto de sus vidas, sin importar que tuvieran acceso a una cantidad de comida normal durante todo aquel tiempo. En cambio, los bebés nacidos con un peso normal que se habían «puesto al día» en el útero después de pasar los primeros meses de gestación malnutridos tuvieron mayores tasas de obesidad durante su vida adulta. También sufrieron problemas crónicos de salud en mayor medida. ¿Por qué ocurrió eso?

La respuesta parece ser una forma de epigenética llamada metilación, que es como un conjunto de etiquetas químicas que se adhieren al ADN. Cada molécula de ADN tiene muchas etiquetas adheridas que influyen en cómo se expresa el ADN. Diferentes combinaciones de etiquetas dan lugar a diferentes efectos.

Los investigadores que estudiaron a los supervivientes de la Hambruna Holandesa vieron que los niños expuestos a la privación en el primer trimestre del embarazo tuvieron menos metilación del ADN en el gen conocido por influir en su hormona del factor de crecimiento insulínico[9], la cual determina si el cuerpo utiliza glucosa (azúcar) como fuente de energía o lo almacena en forma de grasa. La metilación explica por qué un grupo de niños era más proclive a ganar peso a largo plazo que el otro.

La actriz Audrey Hepburn vivió la Hambruna Holandesa de niña. Es escalofriante pensar que aquellos rasgos faciales delicados que la hicieron famosa pudieron ser consecuencia de las limitaciones epigenéticas que ella y su madre vivieron durante esa época de privación. La actriz tuvo problemas de salud la mayor parte de su vida; es posible que mientras su cuerpo usara los nutrientes de forma eficaz para mantenerla esbelta y delicada, lo compensara de formas que le causaban complicaciones. Murió en 1993 debido a una forma rara de cáncer abdominal.

EL EFECTO DE LA ABUELA: POR QUÉ LA VIDA DE TUS ABUELAS TIENE EFECTOS SOBRE LA TUYA

Sabemos que los marcadores epigenéticos o «ediciones» pueden ser heredadas por los hijos, los nietos y las generaciones sucesivas, pero también pueden modificarse. Algunos estudios han demostrado, por ejemplo, cómo la epigenética determinada por el tabaco puede heredarse y provocar asma[10]:

- Si tu abuela era fumadora y tu madre no fumaba, tienes 1,8 veces más de probabilidades que la media de sufrir asma.
- Si tu madre fumó mientras estaba embarazada, tienes 1,5 veces más de probabilidades que la media de padecer asma.

- Si tu madre y tu abuela fumaban, tienes 2,6 veces más probabilidades que la media de desarrollar esta enfermedad respiratoria.

Cuando lo piensas, es lógico. Si la abuela fumaba, su epigenética probablemente «pensó» que vivía en un entorno con bajas concentraciones de oxígeno. Esto hizo que las células que crean y mantienen los pulmones y los tejidos respiratorios se ajustaran a esas condiciones. Esos ajustes se transmitieron a tu madre, pero como sus células los recibieron cuando todavía eran muy jóvenes e impresionables sus efectos parecerían mayores en ella. Y lo mismo ocurriría contigo, el nieto o nieta.

Después de todo, el asma es una inflamación del tejido de las vías respiratorias. En otras palabras, es una reacción exacerbada de ese tejido al entorno.

LAS INNUMERABLES COMBINACIONES

Cuanto más indagamos en cómo funciona la epigenética, más entendemos su complejidad. La epigenética es una interacción constante de los genes con el ambiente. Tiene efectos sobre la salud durante toda la vida de una persona, desde la de nuestros padres, que llevaron a nuestra concepción, a la intrauterina y el nacimiento, la niñez y la adolescencia, y durante toda nuestra vida adulta [11].

Lo que comemos tiene una enorme influencia en nuestra epigenética. Los alimentos naturales que no han sido refinados o procesados industrialmente contienen mensajes que hacen emerger lo mejor de nuestros mensajes epigenéticos. En cambio, los alimentos alterados, como muchos de los que se producen de forma masiva, contienen compuestos que, casi como el virus de una computadora, interfieren con los mensajes epigenéticos saludables.

CÓMO LA COMIDA Y LA RESPIRACIÓN PUEDEN HACER QUE TUS DIENTES CREZCAN BIEN

Los dentistas ven todo tipo de dientes torcidos. Hay maxilares y mandíbulas que carecen de espacio suficiente para los dientes superiores e inferiores, respectivamente. En otros casos, los dientes del maxilar superior y la mandíbula no encajan. Hay mandíbulas tan pequeñas que muchas de las piezas dentales están completamente enterradas en las encías. El sistema esquelético es muy inteligente y reactivo; siempre se adapta al entorno. Los problemas de las mandíbulas y los cráneos son ejemplos claros de cómo el cuerpo responde en consonancia cuando no tomamos los alimentos adecuados.

- *Respiración*: la respiración nasal permite que el cuerpo obtenga más oxígeno y nos proporciona información física que influye en la epigenética.
- *Masticación*: masticar alimentos naturales sin procesar industrialmente le da ejercicio que hacer a los músculos, además de información epigenética.
- *Vitamina D*: ayuda a que el cuerpo absorba el calcio, la pieza básica del sistema esquelético, y activa miles de genes que influyen en el cuerpo para un adecuado crecimiento y diferenciación celular.
- *Vitamina A*: ayuda al desarrollo óseo a través del reemplazo celular y junto con la vitamina D activa el crecimiento y el desarrollo de los genes en todo el organismo.
- *Vitamina K_2*: es el factor de ayuda para el desarrollo del hueso para las vitaminas D y A que activa las proteínas para dirigir el calcio a los lugares adecuados.
- *Microbioma*: recibe mensajes epigenéticos de los alimentos que tomamos y los hace llegar a nuestros genes.

EPIGENÉTICA Y ENFERMEDAD CRÓNICA

La epigenética no solo evidencia cómo se han deteriorado nuestras dentaduras, sino también cómo ha cambiado todo el cuerpo. Varios estudios recientes han demostrado cómo las señales epigenéticas aumentan el riesgo de sufrir enfermedades crónicas:

- La metilación del ADN puede hacer que unas células inmunitarias llamadas linfocitos T ataquen a las células sanas y aparezcan enfermedades autoinmunitarias[12].
- La metilación del ADN y la modificación de la histona (las moléculas a las que envuelve el ADN) se han asociado a resistencia a la insulina y a diabetes[13].
- La desregulación de los mecanismos epigenéticos se ha asociado a la aparición de cáncer[14].
- Las personas que sufren obesidad y diabetes muestran marcas epigenéticas características, y existen evidencias de que los procesos epigenéticos asociados a estas enfermedades están influidos por factores ambientales y por la dieta[15].

La epigenética nos enseña que, igual que la dieta puede ayudarnos a fortalecer las mandíbulas y los dientes, también puede combatir las enfermedades crónicas. Nos está avisando de que tenemos el poder de cambiar las cartas que se nos han repartido o, al menos, la forma en que el cuerpo las juega. La respuesta no es encontrar la medicación más nueva para mitigar los síntomas. Lo que necesitamos es darnos cuenta de que la alimentación es responsable de la salud durante toda la vida, puesto que le habla directamente a los genes.

UNA BUENA FORMA DE VER LA EPIGENÉTICA

Una buena forma de entender la epigenética es imaginar miles de millones de pequeños interruptores de tu cuerpo que pueden controlarlo todo: cosas como tus respuestas al estrés, la forma en que tu cuerpo obtiene energía a partir de los alimentos hasta la química de tu cerebro o cómo tu hígado se libra de las toxinas de tu sistema.

Ahora imaginemos que una parte de tu ADN forma la palabra «bienestar».

Dos procesos epigenéticos: la metilación (en la que el ADN es «editado» mediante una reacción química) y la modificación de la histona (una reacción que decide qué partes del ADN se exponen a una copia del ARN) pueden activar o desactivar las «letras» del código de modo que se muestren palabras reconocibles como:

- Bienestar
- Bienes
- Estar

- Bien
- Es

No obstante, la metilación y la modificación de las histonas también pueden editar el código de «bienestar» y crear palabras irreconocibles, como:

- Ien
- Enes
- Tar

- Est
- Ie

Esta es la razón por la que un solo gen puede llevar a la creación de muchas versiones diferentes de la misma proteína, algunas sanas y otras perjudiciales, y que ayuda a explicar por qué el proyecto Genoma Humano encontró una cantidad inesperadamente pequeña de genes.

El idioma epigenético de la comida

Cualquier organismo vivo contiene mensajes epigenéticos que le son transmitidos por sus ancestros e introducidos por los otros organismos que toma como alimentos y por su ambiente. Y los humanos no somos una excepción a estas reglas.

Cuando te comes un animal o un vegetal, tu cuerpo está escuchando los mensajes epigenéticos de su vida, que están formados por dónde creció y cómo vivió. Tu cuerpo usa esa información para su propia salud. Esta es una de las muchas razones por las que la comida que tomas es tan importante.

Buscar alimentos para una epigenética saludable

Es imposible exagerar la influencia epigenética de la comida. Tomemos el ajo fresco, por ejemplo. Si lo añades al aceite o a un plato caliente, destruyes su capacidad de producir alicina, un importante compuesto anticancerígeno, pero si sencillamente lo picas y lo reservas durante diez minutos, durante ese tiempo, el ajo produce cantidades abundantes de alicina. Y una vez se forma, la cocción no la destruye [16].

Puedes emplear muchos sistemas para incidir en la influencia epigenética de los alimentos que tomas:

1. Toma alimentos de producción orgánica, que se obtengan mediante prácticas de cultivo o crianza naturales.

    Los alimentos de origen vegetal deberían proceder de suelos naturales que contengan un microbioma natural, sin pesticidas y otros químicos; nutridos por insectos, la luz del sol, aire fresco y dióxido de carbono. Las plantas cultivadas de forma natural transmiten mensajes epigenéticos saludables y nutrientes a los animales que los toman.

    Tal vez las frutas y verduras del supermercado te parezcan más grandes y con formas más perfectas, pero la realidad es que la naturaleza no los crea así. Y los mensajes epigenéticos que contienen no son tan compatibles con el cuerpo como los productos agrícolas cultivados de forma natural.

En la naturaleza, los tomates son del tamaño de las cerezas o incluso más pequeños. De hecho, las variedades más reducidas son más nutritivas que las más grandes. El licopeno es el nutriente más importante de los tomates y un tomate cherry pequeño contiene veinte veces más licopeno que una de las variedades grandes de supermercado creadas por la agricultura humana [17].

De forma similar, un animal que se ha criado con plantas naturales tendrá una epigenética más sana. Por eso, es importante tomar carnes orgánicas de animales que hayan sido alimentados con plantas de entornos naturales, como los pollos, el ganado vacuno o los cerdos criados con pastos.

2. Elige alimentos locales. Los vegetales que pueden encontrarse en los estantes de los supermercados hoy en día contienen algo así como entre un 5 y un 40 % menos de minerales de los de hace cincuenta años [18]. Una de las razones que lo explica es la distancia que estos productos recorren antes de llegar al supermercado, o la forma en que se conservan.

Las plantas pueden perder el 30 % de sus nutrientes solo tres días después de cosecharlas [19]. Las verduras pueden perder del 15 al 55 % de su contenido en vitamina C, por ejemplo, en una semana. Algunas espinacas pueden perder el 90 % de vitamina C las primeras veinticuatro horas después de recolectarlas. Así que, si tienen que enviarse a gran distancia, o si se conservan en una nevera durante mucho tiempo antes de ponerlas a la venta o de comerlas, pueden convertirse en alimentos vacíos de nutrientes.

3. Come siguiendo las temporadas. Todas las plantas siguen un ciclo de vida similar: tienen brotes, hojas, florecen,

crecen frutas y luego almacenan azúcares en sus raíces. Las verduras de hoja verde crecen en primavera, el brécol y los tomates son mejores en verano, mientras que la calabaza y otros tubérculos contienen grandes cantidades de nutrientes almacenados para el otoño y el invierno. Deberías evitar los alimentos de los estantes de los supermercados o procedentes de productores que los tratan con pesticidas sintéticos y antibióticos para que sean comestibles durante todo el año.

LA EPIGENÉTICA, UNA NUEVA ESPERANZA

La epigenética está ayudando a los científicos a descubrir cómo el ambiente y los alimentos que tomamos influyen en la salud. Los dientes mal posicionados son una muestra de su poder. El cuerpo utiliza la información y los recursos que recibe y elige la solución más factible para una situación dada.

La caries dental también proporciona una imagen clara de la interacción entre el cuerpo y el ambiente. Si estás sano, y recibes los mensajes epigenéticos adecuados, la caries nunca debería aparecer. Los dientes y las células inmunitarias que los protegen se sirven de sistemas de vida que dependen de las vitaminas solubles en grasas para usar los minerales de forma eficaz y combatir a los posibles invasores. Al mismo tiempo, la boca es un ecosistema de bacterias que viven en armonía con los dientes, ayudándolos a llevar el calcio allá donde se necesita y a controlar a los microorganismos perjudiciales para mantener el equilibrio.

El cuerpo y el microbioma se comunican mediante el lenguaje de la epigenética y ambos se desarrollan, se forman y se mantienen mediante genes que se comunican mediante ese mismo lenguaje.

Es el juego del teléfono más complejo jamás jugado, y la comida que tomamos contiene nutrientes que tienen una gran influencia en dar forma a esos mensajes.

PARTE II

CÓMO LA ALIMENTACIÓN MODERNA HA ACABADO CON NUESTRA SALUD

CAPÍTULO 7

POR QUÉ LOS ALIMENTOS QUE COMES TE ESTÁN HACIENDO ENFERMAR

Cuando visito a pacientes que han pasado su vida conviviendo con la enfermedad dental, hablamos de su dieta. Siempre saben que es un problema, incluso si no han llegado a relacionarla con el mal estado de sus bocas. Por lo general, han probado dietas que no funcionaron o se sienten abrumados por toda la información que les llega. De cualquier modo, no llegan a cambiar mucho su alimentación, si es que alguna vez cambian algo.

Yo lo lamento por ellos, porque no tienen toda la culpa. Es la sociedad moderna la que nos ha puesto esta trampa. Vivimos rodeados de comida que a duras penas se parece a la que comíamos hace miles de años. Hoy es más difícil evitar los alimentos insalubres que tener caries, necesitar correctores dentales o que te quiten las muelas del juicio.

Llama la atención qué pocos estudios (si es que hay alguno) se han realizado sobre la relación entre las dietas desnaturalizadas actuales y nuestra salud dental en constante deterioro. Y aunque existe abundante información dietética y nutricional en todas partes que nos dice que tomar alimentos procesados, refinados o manipulados de cualquier otro modo es insano, hay mucha menos información sobre cómo romper esos hábitos nocivos. Si alguna vez te ha frustrado esta situación, sigue leyendo. *Boca sana, cuerpo sano* te ayudará a resolverlo.

Somos una especie que ha olvidado cómo alimentarse. Aparentemente, el acceso a la comida es más fácil que nunca, pero nuestro conocimiento de la comida parece ser el peor de la historia. Somos incapaces de modificar nuestros hábitos siguiendo los sencillos cambios que nos ayudarían a escapar del ciclo de la enfermedad porque, como población general, no entendemos bien lo que debemos hacer.

El primer paso para resolver cualquier problema es aceptar que existe. Para evitar perjudicar al cuerpo con la alimentación y empezar a hacer que cada comida potencie la salud genética, necesitamos entender la diferencia entre la dieta actual y la que nos mantuvo sanos durante miles de años.

Por qué los «alimentos» actuales no son comida

Sentarse alrededor de una mesa surtida de comida en compañía de otras personas tiene una poderosa influencia sobre nosotros. Hemos sentido el poder de los alimentos desde que empezamos a caminar sobre la Tierra. Y durante miles de años, las distintas culturas y sociedades del mundo han cultivado minuciosamente su relación con la comida. Estas han concedido la misma importancia a transmitir la sabiduría sobre los alimentos de una generación a otra igual que a transmitir las costumbres religiosas y el conocimiento científico. Durante la mayor parte de nuestro tiempo en la Tierra, la comida se ha considerado poco menos que sagrada.

Nuestros antepasados tenían dos buenas razones para creerlo así. La primera era que, hasta la Revolución Industrial, la comida era un bien preciado. Imagínate lo especial que te parecería la comida si no pudieras ir a un supermercado cercano y, en su lugar, tuvieras que cazarla o cultivarla.

La segunda razón era que nuestros ancestros no se podían permitir ignorar o pensar superficialmente en la búsqueda y la preparación de sus alimentos. No disfrutaban del lujo de la ciencia y la medicina moderna, y sabían que su salud y la de sus hijos dependía de lo que comieran. Esto les conectaba de forma extraordinaria con cómo encontraban los alimentos en la naturaleza, tal como el cuerpo está diseñado para procesarla.

La Revolución Industrial cambió todo eso. Ya no hacía falta dedicar atención a buscar la comida, cultivarla y criarla. Los alimentos estaban disponibles con facilidad a un coste asequible. De repente, las ciudades metropolitanas bulliciosas ofrecían provisiones de alimentos baratos con rapidez. Gracias a ello, la población humana se ha disparado hasta alcanzar los siete mil millones de personas, pero el coste que esto ha tenido para la salud es más evidente hoy que nunca. Y, aunque es agradable no tener que luchar para conseguir alimentos, la facilidad con que podemos conseguirlos ha desvalorizado la relación que mantenemos con ellos. En el mejor de los casos, hoy simplemente los vemos como una forma de eliminar el hambre, como si todos los alimentos tuvieran la única función de permitirnos llegar hasta la próxima comida, en lugar de ayudar al cuerpo a funcionar tal como fue diseñado y a mantenernos sanos. Este cambio dietético enorme y generalizado tuvo lugar frente a nuestros propios ojos, pero la comodidad hizo que no nos preocupáramos y, además, ha deformado nuestra intuición sobre qué alimentos debemos poner en el plato. Hoy dependemos demasiado de lo que dicen los envoltorios de los alimentos.

No digo que las compañías de alimentación no se preocupen de la salud de los consumidores. Me gustaría creer que la mayoría de ellas lo hace, pero, en casi todos los aspectos de nuestras vidas, insistimos en acceder a estudios, en conocer todos los aspectos de cada realidad y en contar con segundas opiniones. En cambio, en lo que respecta a los ingredientes que nos metemos en la boca, confiamos en quienes obtienen beneficios vendiéndonos tanto como pueden. Su principal motivación es la cantidad, no la calidad.

Nuestra salud dental deteriorada es el aviso más sensato de esta relación arriesgada y de una confianza ciega. Esta es la mala noticia. La buena es que, si nos formamos y cambiamos la dieta que seguimos, podemos recuperar el control de la salud dental y, así, de la salud general.

¿Qué hemos olvidado en más o menos los dos últimos siglos? ¿Qué comían nuestros ancestros, que sabían cómo conseguir y preparar los alimentos de formas que hemos olvidado? Para poner a cero el reloj de nuestra salud y aprovechar nuestro potencial genético para estar sanos, debemos encontrar la forma de recuperar ese antiguo conocimiento.

Los demonios de los alimentos modernos

Es difícil saber qué comía la gente antes de la revolución agrícola, que se sitúa hace unos diez mil años, cuando todavía eran cazadores y recolectores. Lo que tenemos es una estimación: se cree que alrededor del 72 % de los alimentos que comemos hoy son distintos de los que las personas comían en aquel entonces[1, 2].

Estos alimentos «modernos» incluyen:

- Aceites vegetales y aceites de semillas refinados
- Azúcar
- Cereales
- Lácteos procesados
- Maíz
- Soja

Para ayudarte a entender por qué esos alimentos no mejoran tu salud, primero tienes que saber cómo llegan hasta tu plato. Y por qué, en gran medida, deberías evitarlos y sustituirlos por lo que las personas comían antes.

Azúcar

Sí, casi puedo oírte diciendo que sabes que no deberías tomar azúcar.

La mayoría de los dentistas te contarán que han pasado su carrera intentando que sus pacientes dejen de tomar azúcar en sus dietas con poco o ningún éxito. Esto ocurre en todo el mundo. El azúcar es un tema difícil. Muchas personas que dicen que no toman demasiado consumen mucho más del que creen. Y quienes admiten que toman muchos alimentos azucarados, por lo general, consumen una cantidad alarmante.

La relación entre la caries dental, el azúcar y las bacterias se ha recogido en la literatura científica desde hace mucho tiempo. Sin embargo, la idea de la caries dental no tiene mucho impacto sobre nuestra adicción al azúcar. Casi todas las personas saben que el azúcar es malo para ellas, pero no saben cómo mantenerse lejos de él. Actualmente, es casi imposible pasar una hora sin encontrarte con algún tipo de aperitivo dulce, el azúcar es uno de los productos más consumidos del planeta. Estamos obsesionados con él. Pero ¿por qué ocurre esto? ¿Nos despertamos un día y de repente vimos que había azúcar por todas partes? ¿Cómo ha llegado el azúcar a ser tan importante en nuestras vidas?

Azúcar dulce, adictivo, valioso

Hace miles de años, los humanos descubrieron que el azúcar podía cultivarse y procesarse para crear un polvo blanco y dulce[3]. Desde entonces, la mente humana se ha dedicado al azúcar con toda su energía.

Hoy, en el mundo, se producen más de ciento setenta millones de toneladas métricas de azúcar al año[4]. La persona promedio toma hoy unas veinte cucharaditas al día[5], pero casi todos mis pacientes comen mucho más y ni siquiera son conscientes de ello. El azúcar es barato, sabroso y adictivo. La mayoría de la gente no se cansa de él, y eso explica por qué el 74 % de los alimentos envasados lo llevan[6]. También explica por qué uno de los mayores retos para la salud es librarse de la enorme presencia que tiene en nuestras vidas.

¿Qué es el azúcar?

Recordarás que los azúcares son carbohidratos simples. También recordarás que en el capítulo 5 hablé de que en el cuerpo existen cepas de bacterias perjudiciales que son metabolizadoras rápidas y que se alimentan de azúcares o carbohidratos simples, como la fibra.

En la naturaleza, sencillamente no encontramos esos carbohidratos simples con mucha frecuencia; están en las pieles fibrosas de la fruta y los vegetales. Cuando los tomamos con los alimentos, tenemos que descomponer esa fibra, de modo que los azúcares son liberados lentamente y, por tanto, los metabolizamos más despacio.

En las dietas actuales, el azúcar está presente casi constantemente y, por lo general, no va acompañado de fibra. Vamos a hacer una auditoría sencilla de nuestro contacto con el azúcar en un día corriente:

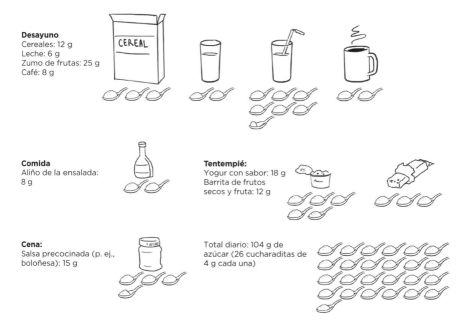

Desayuno
Cereales: 12 g
Leche: 6 g
Zumo de frutas: 25 g
Café: 8 g

Comida
Aliño de la ensalada:
8 g

Tentempié:
Yogur con sabor: 18 g
Barrita de frutos
secos y fruta: 12 g

Cena:
Salsa precocinada (p. ej.,
boloñesa): 15 g

Total diario: 104 g de
azúcar (26 cucharaditas de
4 g cada una)

Fig. 20. Los azúcares ocultos en tu alimentación diaria.

Estamos hablando de 104 g (26 cucharaditas) de azúcar solo en los alimentos que consideramos «sanos». Me he dado cuenta de que las personas consumen esta cantidad sin ni siquiera darse cuenta.

Pero si, además, tomas alimentos de los que sabemos que contienen un montón de azúcar, la aritmética empeora todavía más:

Postres y tentempiés dulces:

Refresco: 44 g
Helado: 30 g
Tableta de chocolate: 26 g
Golosinas: 35 g

Basta que comas uno de estos alimentos y tu ingesta diaria de azúcar será de entre 130 y 150 g, que es lo mismo que decir de 40 a 50 cucharaditas. Cómete dos y llegarás fácilmente a las 50 cucharaditas.

Piénsalo: 50 cucharaditas de puro azúcar. Eso es lo que muchos de nosotros consumimos un día normal, sin pestañear.

CEREALES

Según algunas estimaciones los humanos empezamos a tomar cereales hace unos veintitrés mil años, aunque otros creen que puede hacer hasta cien mil años[7].

En cualquier caso, la mayoría de los científicos estiman que hace de diez mil a catorce mil años que los humanos comenzamos a cultivar la tierra. Fue entonces cuando los cereales se convirtieron en una parte importante de nuestras dietas.

Es lógico que los granjeros se dedicaran tanto a los cereales. Son comestibles, fáciles de almacenar y también sirven para alimentar al ganado. Por supuesto, los cereales pueden utilizarse para preparar harina, que es la base de muchos alimentos que tomamos, como el pan. Acabamos construyendo molinos de piedra que funcionaban gracias al agua o al viento y movían dos piedras enormes que trituraban el grano. Esto produjo una harina con sabor a nuez que contenía todas las vitaminas, fibras y el resto de los nutrientes del grano original[8].

Al principio de la Revolución Industrial, a finales del siglo XVIII, las poblaciones crecían y para alimentarlas era necesaria una harina que pudiera almacenarse más tiempo. La respuesta fueron los molinos de vapor o harineras, que convertían los cereales en harina blanca, y eliminamos la cáscara exterior de salvado y el germen, que podían estropear la harina. Gracias a estos procesos, se conservaba durante más tiempo, pero también se suprimieron sus vitaminas y otros nutrientes que contenía el grano original. Aun así, esta harina procesada (un carbohidrato con almidón con escasos beneficios nutricionales más allá de la energía) se convirtió rápidamente en un ingrediente básico de la dieta moderna.

Los cereales y el pan actual

Actualmente, se producen unos ciento cuarenta y siete millones de toneladas métricas de trigo cada día[9]. Y gran parte se convierte en harina blanca. Luego se blanquea y se trata con gas de cloro para que las proteínas del cloro lo maduren de forma instantánea y la harina sea más digerible.

El resultado es un polvo blanco refinado. ¿Te recuerda a algo? La harina blanca refinada está hecha de carbohidratos simples que el cuerpo descompone en azúcar (¿en qué, si no?).

Esto es una mala noticia porque la gran mayoría de panes, pastas y otros productos a base de cereales que se venden hoy día están fabricados con harina blanca refinada. Incluso las variedades «integrales» que se venden se fabrican a base de harina blanca fortificada con vitaminas B, hierro y fibra añadida. Y muchos otros alimentos envasados «saludables», como los cereales para el desayuno, el arroz blanco y las tortitas llevan mucha harina blanca refinada. A todo el azúcar blanco que acabamos tomando se añaden todos estos alimentos que generalmente no asociamos con el azúcar.

Los cereales también son semillas. En la naturaleza, se supone que los toman los animales, que los devuelven al suelo fértil junto con sus heces. Por eso, las semillas de los cereales tienen componentes que los protegen de la descomposición en los sistemas digestivos de los animales. Algunas de esas sustancias, como los ácidos fíticos, pueden provocar problemas digestivos a los humanos.

Las culturas tradicionales consumen harina, pero, por lo general, son muy meticulosas cuando cultivan y nutren el cereal para asegurarse de que mantiene todos los nutrientes y de que es digerible. Los tres métodos principales para conseguir esto es remojarlos, fermentarlos y germinarlos. Cada uno de ellos conserva los carbohidratos complejos de los cereales.

Remojarlos

Muchas sociedades tradicionales remojan sus cereales antes de comerlos. Esto neutraliza los ácidos fíticos y otras sustancias del cereal que inhiben las enzimas y ayudan a la digestión. Al remojarlos, también se añaden enzimas que potencian los nutrientes de los cereales.

Fermentarlos

Durante la fermentación, las bacterias y las levaduras descomponen las partes del cereal que son difíciles de digerir, haciendo que sean mucho más comestibles. Por ejemplo, el pan de masa fermentada se crea con un «activador» de agua y harina y se fermenta durante varios días añadiéndole las levaduras y las bacterias, llamadas lactobacilos, que descomponen el cereal de forma natural.

Germinarlos

La germinación es un método tradicional de tratar el cereal que lo convierte en vástagos (pequeñas plantitas), transforma las partes indigeribles del cereal y ayuda al cuerpo a procesarlos. Los cereales germinados tienen perfiles nutricionales más parecidos a esas plantas. Muchas sociedades conservan las semillas de cereales en un ambiente húmedo y cálido, como el del suelo. De este modo, cuando el cereal germina, conserva más proteínas, grasas y vitaminas B, y menos carbohidratos con fécula. Al tener menos carbohidratos, estos cereales no alimentan a tantas bacterias nocivas de la boca y el intestino como los convencionales. Y, además, se digieren más fácilmente.

¿SON LOS CEREALES MODERNOS LA CAUSA DE LA INTOLERANCIA AL GLUTEN?

La enfermedad celíaca es una alteración autoinmunitaria en la que el cuerpo ataca a algunas células del intestino delgado cuando entra en contacto con el gluten, una mezcla de proteínas que se encuentra en el trigo, la cebada, el centeno y otros cereales.

Cerca de un millón de estadounidenses sufren esta enfermedad[10]. Los síntomas son problemas digestivos como diarrea, hinchazón, heces desiguales y pérdida de peso. Asimismo, puede provocar caries dental, úlceras bucales, alergias en la piel, problemas del desarrollo, periodos menstruales irregulares y otros problemas de salud.

Lo curioso es que, aunque los seres humanos hemos consumido gluten durante miles de años, la enfermedad celíaca parece haber florecido solo en los últimos cincuenta años[11]. Esto desconcierta a los científicos porque no parece existir una asociación entre la tolerancia al gluten y los niños que han estado expuestos o privados del gluten desde una edad temprana[12, 13]. La enfermedad parece surgir de forma impredecible.

Pero cuando te das cuenta de que hoy en día consumimos la mayoría de los cereales en forma de harinas blancas, parece lógico que el sistema digestivo tenga problemas para procesar el gluten si no se tratan para potenciar sus propiedades más digeribles. Los investigadores están desvelando que la autoinmunidad puede ser consecuencia de la permeabilidad intestinal. Cuando comemos harinas refinadas, el sistema digestivo se inunda de gluten indigesto, que inicia una reacción inmunitaria que destruye las propias células intestinales. El gastroenterólogo Alessio Fasano ha realizado amplios estudios sobre la enfermedad celíaca que están ayudando a los científicos a entender de qué forma la permeabilidad intestinal lleva a sufrir intolerancia al gluten. Este ha descubierto que, cuando las personas con enfermedad celíaca o con intolerancia al gluten lo eliminan de su dieta (suprimiendo así las proteínas que estaban atravesando inadvertidamente el revestimiento de sus intestinos), sus síntomas remiten [14].

EL MAÍZ

En Estados Unidos, el maíz es el rey de los cultivos. Es versátil y barato, así que a los fabricantes de la industria alimentaria les gusta manipularlo y añadirlo como sustancia de relleno a los alimentos. Muchos de los productos envasados que se venden en el supermercado contienen alguna forma de maíz, que puede ser harina, sabor a caramelo, fructosa de maíz, ácido láctico, malta, maltodextrina, mono y diglicéridos, glutamato monosódico, sorbitol u otras variaciones.

Los nombres de estos productos a base de maíz son reveladores. Son artificiales, el resultado de la producción a gran escala a partir de cultivos genéticamente modificados. No contienen ninguna de las propiedades nutricionales del maíz. Y, puesto que se refinan y se procesan hasta llegar a sus elementos más simples, como el azúcar y la harina, el cuerpo no está diseñado para reconocerlos y digerirlos.

Jarabe de maíz alto en fructosa

Por si el azúcar a solas no causara suficiente caries dental, durante el siglo XX hemos inventado un nuevo aditivo alimentario que hace que los productos azucarados sean aún más perjudiciales. Da la sensación de que está presente en cada alimento producido en masa que lleve azúcares añadidos. Se le llama jarabe de maíz alto en fructosa y es como el azúcar elevado a su máxima potencia. Se obtiene de la harina de maíz y se procesa industrialmente de modo que una parte de su glucosa se convierta en fructosa, que es mucho más dulce que el azúcar corriente. Gracias a este jarabe, las compañías endulzan sus productos con mayor rentabilidad, pero lo que es bueno para los fabricantes es malo para las bocas y los cuerpos. Tomar una dieta con alto contenido en fructosa añade un comodín metabólico a nuestro sistema, que empieza sufriendo caries dental y acaba con órganos que nadan en azúcar. Un alto contenido de azúcar en la sangre puede afectar a la formación de los dientes y los huesos[15], y el jarabe de maíz alto en fructosa provoca picos en el azúcar en sangre aún más altos que el azúcar corriente. Y mientras que todas las células pueden metabolizar la glucosa para obtener energía, solo el hígado metaboliza la fructosa, donde provoca inflamación. También provoca el aumento de peso y otros problemas de salud[16].

En la naturaleza, los alimentos con mayor contenido en fructosa son las frutas del otoño, la estación en que maduran y caen al suelo. El cuerpo está adaptado a comerlas en esa temporada para almacenar el exceso de azúcar en forma de grasa, que servirá para aislar los órganos del frío durante el invierno. El cuerpo no está diseñado para consumir mucha fructosa todo el año.

ACEITES VEGETALES PROCESADOS

Aunque muchas personas han oído hablar de los peligros del azúcar y los cereales procesados, los aceites vegetales refinados o procesados también suponen importantes riesgos para la salud.

En gran medida, estos aceites vegetales han reemplazado a las grasas naturales de nuestras dietas. A las compañías alimentarias y a los consumidores les encantan los aceites refinados, poliinsaturados (como el de maíz, de colza y de girasol) porque su producción es barata y su almacenamiento y transporte son fáciles.

El problema es que las grasas poliinsaturadas de estos aceites se extraen artificialmente mediante un proceso químico a altas temperaturas llamado hidrogenación. La exposición a esas temperaturas tan elevadas hace que dichos aceites sean muy reactivos. Pueden volverse muy inestables en el cuerpo y provocar inflamación. Cocinar con aceites poliinsaturados a temperaturas elevadas también puede convertirlos en grasas parcialmente hidrogenadas, o lo que es lo mismo, en grasas trans. Son las suelen estar presentes en los tentempiés y la comida rápida, y pueden dañar aún más nuestras células y sangre, aumentando el riesgo de ataque al corazón [17].

LA PROLIFERACIÓN DE ACEITES REFINADOS

¿Cómo se han popularizado tanto los aceites procesados o refinados? En gran medida, todo empezó con la margarina.

Margarina

En 1831, el emperador Napoleón III de Francia quería disfrutar de una alternativa a la mantequilla para alimentar a los ejércitos y a las clases bajas. El químico Hippolyte Mège-Mouriès encontró la solución: desarrolló una forma de aceite vegetal hidrogenado que se convertía en un compuesto sólido que sustituía a la mantequilla. Había nacido la margarina [18].

La margarina no tenía el mismo sabor ni color que la mantequilla. Al principio, el invento se recibió con reticencias, pero durante la Gran Depresión y la Segunda Guerra Mundial, los suministros mundiales de mantequilla eran muy limitados y la margarina se aceptó de forma más generalizada. Las grasas hidrogenadas y procesadas ya eran relativamente baratas y, además, su producción era fácil. Ya eran populares. Había nacido una moda. La margarina demostró que podía sustituir a las grasas naturales con grasas creadas en un laboratorio químico.

Aceite de semilla de algodón (Crisco)

En 1911, la empresa Procter & Gamble empezó a vender aceite de semilla de algodón hidrogenado como grasa para cocinar bajo el nombre Crisco, que venía de «aceite de algodón cristalizado» en inglés *(CRIStalized COttonseed oil)*[19].

El Crisco que se vende hoy ya no contiene aceite de semilla de algodón, pero, como es tan económico, los restaurantes lo siguen utilizando para freír, y se encuentra en innumerables alimentos envasados, desde las pastas para untar a base de frutos secos hasta las barritas de cereales.

Aceite de colza

A finales de la década de 1970, algunos agricultores canadienses descubrieron cómo modificar genéticamente una variedad de la colza (una planta de la familia de la mostaza) para producir un nuevo aceite monoinsaturado. Esperaban que fuera una alternativa saludable a los aceites poliinsaturados. El nombre «aceite de colza» no era demasiado comercial, así que se le dio el nombre de aceite de canola (mezcla de *CANadian OIL, canoil* en inglés). Esta planta se cultivaba principalmente en Canadá[20].

El aceite de colza se encuentra hoy en las despensas de millones de hogares de todo el mundo. Los resultados de los estudios que se han hecho sobre él no son concluyentes, y además no se han realizado investigaciones a largo plazo. Aun así, los estudios realizados en animales han mostrado una asociación entre el consumo de aceite de colza y lesiones fibróticas en el corazón[21]. Si pensamos en lo poco que sabemos en realidad sobre este aceite y en los antecedentes de otros aceites de semillas refinados, yo recomiendo a mis pacientes que no lo consuman.

Aceite de soja

El aceite de soja es insalubre, al igual que otros aceites vegetales refinados. Lo mismo puede aplicarse a la leche de soja y al resto de productos derivados de este cultivo. Estos, por lo general, se obtienen mediante un proceso de extracción a alta temperatura con el fin de suprimir el aceite de las alubias de soja. Luego, para convertirlos en los productos que verás en los estantes de los supermercados son sometidos a modificaciones extremas mediante diversos procesos químicos. Todo esto altera sus compuestos y hace que sean menos reconocibles para nuestros organismos.

Cuando ves la palabra «soja» en un envase, es tentador pensar de forma automática que el producto que contiene es saludable, pero los procesos químicos por los que probablemente ha pasado ese producto hacen bastante plausible que esté tan refinado como otros alimentos de los que hemos hablado. Por supuesto, no todos los derivados de la soja son dañinos. Las culturas tradicionales la han utilizado como ingrediente en sus comidas durante mucho tiempo. Por ejemplo, numerosas culturas orientales la fermentan y la convierten en una cuajada de alubias que se utiliza en ingredientes como el tofu tradicional o el tempeh. Fermentar la soja es una forma excelente de conservar sus propiedades nutricionales, en vez de procesarla o de aplicarle altas temperaturas.

LÁCTEOS

Desde que los humanos empezamos a domesticar animales, las sociedades de todo el mundo han consumido los lácteos obtenidos de la leche de las vacas, las ovejas, las cabras, los camellos y otros mamíferos.

La lactosa es un tipo de azúcar de la leche. Está formada por dos carbohidratos simples: la glucosa y la galactosa. Puesto que su forma química es distinta de la de otros azúcares, para digerirlo, el sistema digestivo necesita una enzima especial llamada lactasa.

Los niños pequeños producen lactasa casi universalmente y pueden digerir la lactosa de la leche de sus madres, pero una vez adultas, algunas personas no pueden producir lactosa. Aproximadamente, el 65 % de la población humana tiene una capacidad reducida de consumir lactosa después de los siete u ocho años[22].

Los seres humanos también nos hemos convertido en la única especie que consume la leche de otros animales. Esto comenzó hace once mil años, cuando la agricultura floreció en Oriente Medio. En aquella época, los pastores aprendieron a fermentar la leche para elaborar quesos o yogures, que contienen cantidades de lactosa que el organismo humano puede procesar[23].

Miles de años después, cerca del 7500 antes de Cristo, se dio uno de los ejemplos más recientes y profundos de epigenética. A medida que los humanos se desplazaron al clima más frío de Europa del Norte, la falta de sol aumentó la necesidad de consumir productos lácteos con vitamina D. Un cambio epigenético gradual llevó a una mutación genética que se extendió por todo el continente y que dotó a los adultos de la capacidad de producir la enzima llamada lactasa. Esto les permitió beber leche durante el resto de sus vidas.

La cultura acerca de los lácteos

Durante miles de años, la gente bebió leche, sobre todo, de las vacas de su zona, que se ordeñaban manualmente. No obstante, la industrialización cambió eso. Las granjas locales eran incapaces de suministrar la cantidad de leche necesaria para alimentar a las ciudades, y la leche y sus productos derivados se convirtieron en una industria[24].

En 1914, Louis Pasteur inventó la pasteurización, un método consistente en calentar un líquido y dejarlo enfriar para matar todos los microorganismos que pudieran causar enfermedades (los llamados patógenos). El método se convirtió en práctica habitual de los productores de lácteos de Estados Unidos. Esto amplió el tiempo de vida de la leche, que, desde entonces, pudo transportarse a grandes distancias. La gente ya podía tomar leche en cualquier lugar [25].

Pero esa comodidad conllevaba pagar un precio desconocido.

Lácteos pasteurizados y homogeneizados

La leche de vaca contiene gotitas especiales de ácidos grasos diseñadas para aportar vitaminas y minerales fundamentales a los terneros. A la vez, las ubres de las vacas están llenas de bacterias, en especial, de lactobacilus. Cuando la leche sale de la ubre, contiene una saludable mezcla de ácidos grasos, vitaminas, minerales y bacterias. El tracto digestivo (tanto de las vacas como de las personas) depende de esas bacterias para digerir bien la leche y aprovechar los nutrientes que contiene [26].

Sin embargo, la pasteurización mata a un buen número de esas bacterias y también achicharra a las proteínas de caseína que forman alrededor del 80 % de las proteínas lácteas [27]. Esta cocción deforma la estructura de las caseínas, y nos resulta más difícil digerirlas.

La leche, tal y como sale de la vaca, tiene un color y una consistencia desigual porque la nata tiende a depositarse en la parte superior. Esa es la razón por la que la leche natural no tendría tan buen aspecto en los estantes de los supermercados y, por eso, las compañías productoras de lácteos la homogeneizan.

El proceso de homogeneización consiste en colar la leche a través de filtros de metal diminutos a alta temperatura para «aplanar» sus partículas de grasa y hacer que tenga un color y una consistencia uniforme. El problema es que ese proceso comprime los ácidos grasos, que son las colas de las moléculas lipídicas. Las grasas se comportan como lo hacen debido a la forma y tamaño de su cola.

Cuando le cambias la cola a un ácido graso, también cambias su comportamiento como molécula y esto hace que al cuerpo le resulte más difícil procesarla.

Si recuerdas lo que leíste en el capítulo 5, conoces el papel increíblemente importante de las bacterias en la digestión, el revestimiento intestinal y el sistema inmunitario. Ahora, cuando piensas en cuánto hemos cambiado el ambiente de las vacas y la preparación de la leche, y cuánto hemos manipulado nuestro propio microbioma, los problemas modernos con la leche se explican solos.

CÓMO LAS EXPLOTACIONES GRANJERAS MODERNAS CAMBIAN LA CARNE QUE COMES

Ganado alimentado con pastos o con cereales

Hoy día comemos más carne que nunca, pero la calidad de esa carne está seriamente deteriorada.

En el pasado, comíamos animales que se criaban en su hábitat natural y se alimentaban de ingredientes naturales como la hierba. Durante la Segunda Guerra Mundial, los granjeros produjeron una cantidad de cereales mayor a la que la población de Estados Unidos podía consumir, y empezaron a usar el sobrante para alimentar a su ganado. En seguida, descubrieron que así engordaban más rápidamente, reduciéndose el tiempo necesario para que estuvieran listas para llevarlas al matadero. Hace setenta y cinco años, se necesitaban de cuatro a cinco años para que una vaca alcanzara el tamaño adecuado para sacrificarla. Hoy, alimentándolas con cereales como el maíz y dándoles suplementos de proteínas, fármacos contra la coagulación y hormonas del crecimiento, los terneros pueden sacrificarse a los catorce a dieciséis meses de edad[28].

Por si eso fuera poco, el ganado alimentado a base de maíz es susceptible a numerosas enfermedades, así que los productores de lácteos les dan antibióticos de forma continuada. Esto contribuye a que las bacterias sean cada vez más resistentes a los antibióticos y a que la medicina moderna sea cada vez más ineficaz[29].

Las vitaminas y minerales en el vacuno

Si te encantan los filetes, puede que te suene la palabra «veteado». Hoy calificamos la carne según su nivel de veteado. Lo que mucha gente no percibe es que las «vetas» de la carne en realidad es grasa que se dispersa por el músculo del animal. Mientras que el veteado del ganado alimentado con cereales suele ser de un color blanco, el del ganado que se alimenta con hierba es de color amarillo grisáceo. Ese color procede de los carotenoides que el animal absorbe cuando come hierba. La grasa de los terneros que comen cereales suele tener menos contenido en vitaminas A y E solubles en grasas. También contienen menos minerales, como zinc, hierro y fósforo[30] y sus ácidos grasos omega están alterados. Tiene menos grasas omega-3 y más omega-6, una proporción que hace aumentar la inflamación en el organismo humano[31].

ALIMENTACIÓN ANCESTRAL: REGRESO A LOS FUNDAMENTOS

Weston Price destacaba la robusta salud dental y corporal de las sociedades nativas o tradicionales que había estudiado, y que él atribuía a sus dietas tradicionales. Algunos pueden llamar a esto alimentación ancestral. Este libro trata de contextualizar los alimentos que llegan a nuestros platos todos los días para que podamos optar por otros que hagan que la dieta que seguimos se parezca más a aquel ideal tradicional más sano.

A veces, la gente imagina la alimentación ancestral como lo que comían los cavernícolas. Es muy difícil comparar nuestra dieta actual con la del Paleolítico. Muchos de los alimentos que nuestros antepasados lejanos comían, sencillamente, ya no existen o se han transformado tanto que son muy diferentes (por ejemplo, la fruta que los cazadores-recolectores comían tenía mucha más fibra que la que comemos hoy) [32]. Y, además, hasta la Revolución Industrial, ninguno de esos cambios provocó una degeneración importante en la salud humana. No solo es imposible recuperar el modelo de dieta ancestral o de los habitantes de las cavernas, sino que además es innecesario.

Hoy no necesitas seguir una dieta tradicional o nativa estricta, pero sí debes entender los principios que explican por qué los antiguos recolectores comían esos alimentos, y por qué sus patrones nutricionales se desarrollaron y se perfeccionaron antes de que la Revolución Industrial nos trajera los alimentos procesados de los que he hablado antes y que tantos problemas nos causan. Esas antiguas dietas no se basaban en la producción a gran escala, en largos periodos de conservación o en cualquier otra prioridad comercial propia de los alimentos actuales. En lugar de ello, sus dietas estaban formadas por los alimentos tal y como se encontraban en su entorno, además de en su propia salud.

Alimentos sin procesar o alimentos refinados

Las sociedades tradicionales necesitaban estar seguras de explotar cada recurso que pudiera abastecerles de alimentos, porque, en aquel entonces, la disponibilidad de alimentos no era ilimitada, como sucede hoy en día. Convenientemente, el cuerpo está diseñado para obtener nutrientes de todas las partes de las plantas y los animales, no solo de algunas. Cuanta más parte de la planta o del animal nos comamos, más nutrientes obtenemos.

Piensa en cómo viven los animales en la naturaleza. Cuando encuentran una planta comestible o un animal más pequeño o más débil, suelen comérselo todo. Al menos, podemos decir que consumen más partes de lo que podríamos suponer.

Las dietas tradicionales se han centrado durante mucho tiempo en proporcionar esos nutrientes en su forma natural. Esto incluye las grasas completas naturales sin procesar de los animales y las plantas. Las sociedades tradicionales de todo el mundo han ingerido durante decenas de miles de años todas y cada una de las partes de las criaturas vivas para proporcionar a sus cuerpos esos nutrientes.

Veamos algunos ejemplos de alimentos con todo su contenido en grasa que las dietas tradicionales han apreciado durante muchos miles de años:

- Mantequilla clarificada.
- Mantequilla y nata cruda de ganado alimentado con pastos.
- Grasa y sebo de vacas criadas con pastos, así como de bisontes, ciervos y otros rumiantes.
- Manteca de cerdos criados con pastos.
- Grasa de patos, gansos y pollos criados con pastos.
- Pescados y mariscos enteros, con grasas, incluido el aceite de hígado de bacalao.
- Aceite de coco o de palmiste sin refinar, prensado en frío, o aceite de oliva extravirgen.

Tanto las culturas tradicionales como los animales comían los órganos del animal, como el hígado. Como conté antes, los órganos son las fuentes más ricas de esas importantes vitaminas A, D y K_2 solubles en grasas, que nos permiten desarrollar y mantener los huesos fuertes.

Las dietas tradicionales incluyen casi unánimemente cortes de carnes que son buenas fuentes de vitaminas solubles en grasa. Entre ellas, se incluyen las vísceras o despojos, como el estómago y los intestinos (callos), los corazones y los sesos.

Por poner solo algunos ejemplos, en China, comen platos *dim sum* (comidas ligeras o aperitivos típicos que suelen servirse con té) con daditos gelatinosos de sangre de pato y callos de vacuno con jengibre rallado. Los italianos comen la *pajata* o *pagliata*, los intestinos bañados en leche de un ternero sin destetar. Y los paquistanís comen *kat-a-kat*, un estofado de riñones, corazón, sesos y criadillas de cordero o de cabrito.

LA IMPORTANCIA DE LA PREPARACIÓN DE LOS ALIMENTOS

Me gustaría dejar claro que una alimentación destinada a conservar la boca en buena salud no es solo cuestión de elegir los ingredientes adecuados. Si quieres obtener la cantidad adecuada de vitaminas solubles en grasas y de otros nutrientes fundamentales, la forma en que prepares tu comida también es crucial.

Alimentos fermentados

Durante la fermentación, las bacterias convierten los azúcares en alcohol, ácidos o dióxido de carbono. Todos estos compuestos químicos son más estables y su duración es más prolongada. La fermentación es un fenómeno constante en la naturaleza, gracias a la presencia de organismos como las levaduras y las bacterias. Por supuesto, los humanos también sabemos desde hace mucho tiempo cómo usar a los microorganismos en nuestro provecho.

La fermentación es un método excelente para conservar los alimentos que, por una razón u otra, no están disponibles durante todo el año, como los productos frescos de origen vegetal. Eso explica por qué los alimentos fermentados han tenido un papel destacado en las dietas tradicionales.

Los europeos han tomado, desde hace mucho tiempo, lácteos fermentados, col (chucrut), hojas de parra, hierbas y tubérculos. En la India, consumen *lassi* antes de las comidas, una bebida a base de yogur. En Bulgaria, la gente se mantiene sana consumiendo leche cruda fermentada y kéfir. Los trabajadores chinos que construyeron la Gran Muralla tomaban vegetales conservados mediante fermentación láctica. Hace siglos, los coreanos inventaron el *kimchi*, otra preparación láctico-fermentada a base de col y otros vegetales. Hoy, en distintos países orientales, la gente sigue consumiendo toda clase de encurtidos, y las culturas africanas todavía recurren de forma habitual a la fermentación ácido-láctica para conservar cultivos como el maíz[33].

Algunos alimentos fermentados todavía ocupan un lugar destacado en la dieta moderna, aunque no nos demos cuenta. El queso y el yogur se elaboran con leche fermentada. El principal ingrediente del vino son las uvas fermentadas. Los pepinillos en vinagre son fermentados.

Sin embargo, lo habitual es que a los alimentos procesados modernos se les haya privado de los nutrientes necesarios para que la boca y el resto del organismo se mantengan sanos y en equilibrio.

Caldos

Las sopas y los caldos preparados con huesos de animales han sido un ingrediente básico de las dietas humanas de todo el mundo durante miles de años. Lo bueno de un caldo es que contiene numerosos minerales y nutrientes y es una excelente fuente de gelatina (que se forma a partir del colágeno desnaturalizado), que ayuda a formar los huesos, los cartílagos y la piel. Los caldos son una parte fundamental de cualquier dieta diseñada para mantener la salud de la boca, el sistema digestivo, las articulaciones y el sistema esquelético. Solían ser una parte mucho más importante de las dietas de las gentes, tanto si los consumían en forma de sopa, guisos, salsas u otros platos calientes con caldo, pero han acabado desapareciendo de la dieta y siendo sustituidos por alternativas producidas industrialmente que son deficientes en nutrientes, como las sopas de lata y las comidas congeladas.

CONVIÉRTETE EN UN DETECTIVE DE LOS ALIMENTOS

El azúcar sigue siendo el principal culpable de la caries dental, pero debemos ser conscientes de que en la dieta actual abundan alimentos desnaturalizados que pueden perjudicar a la boca y al cuerpo de otras formas. Espero que este capítulo te haya ayudado a tener el criterio necesario para distinguir los alimentos naturales de lo que no pasan de ser imitaciones nocivas.

Una vez te habitúes a ver los alimentos a través de esta nueva lente, te resultará difícil justificar que consumes un producto que sabes que tu cuerpo ni siquiera va a reconocer. Tu instinto natural te llevará de vuelta a los alimentos que debes comer y tu dieta empezará a parecerse a la que comían tus ancestros. Tu boca y tu cuerpo te lo agradecerán.

CAPÍTULO 8

DE LO BAJO EN GRASAS AL COLESTEROL

AㅤHORA NOS RESULTA DIFÍCIL imaginarlo, pero no hace mucho que los médicos recomendaban algunas marcas de tabaco. Hace pocos años, en 1949, la marca de cigarrillos *Camel* publicaba anuncios en las revistas en los que podía verse a un hombre con bata blanca al lado de las palabras: «Los médicos prefieren *Camel* a cualquier otra marca». Incluso entonces, la comunidad médica (e incluso todo el público) sabía que los cigarrillos no podían ser sanos, pero el hecho de que los profesionales de la salud pusieran sus nombres al lado del de algunas marcas te demuestra cuánto puede evolucionar el conocimiento en el tiempo que dura una vida humana. Lo que te enseñaron de niño puede resultar ser falso cuando llegas a la edad adulta.

Una de las mayores dificultades que tengo como dentista es cambiar las creencias arraigadas de la gente sobre lo que es sano. Todo empieza bien. Cuando digo: «Tienes que cambiar la dieta para cuidar la salud de tu boca» suelen asentir mostrando que están de acuerdo conmigo. Si les digo que sus hijos tienen que comer de otro modo para proteger sus bocas, también lo entienden.

Sin embargo, en cuanto les digo que una dieta sana incluye alimentos con más grasas de las que suelen tomar, llegamos a un callejón sin salida. Su gesto cambia al momento, como si pensaran: «¿No voy a engordar y a arriesgarme a sufrir un ataque al corazón?».

Todos saben que la grasa es una amenaza para las arterias. Convencer a la gente de que las grasas pueden ayudarte a mantenerte sano e, incluso, a estar delgado es una auténtica dificultad.

Como cualquiera de los compuestos que hay en los alimentos que tomamos, las grasas cumplen un propósito en el cuerpo. Entre otras cosas, forman las membranas de las células, manteniéndolas flexibles y resistentes. Y aun así todos los lectores de este libro probablemente estén familiarizados con la idea de que cuanto menos grasas tomes, más sano estarás, y que para perder peso «correctamente» debes tomar alimentos *light* y con bajo contenido en grasas. Es una idea difundida de forma mayoritaria por los médicos, los dietistas y los medios de comunicación.

Para darte cuenta de lo ampliamente aceptada que está esta idea, basta con que les eches un vistazo a los estantes de tu supermercado local. Los alimentos *light*, desgrasados o con bajo contenido en grasas suelen ocupar un lugar destacado, y en el envoltorio casi siempre se resalta que tienen pocas grasas. Los especialistas en *marketing* no pierden ocasión de destacar esta característica.

Y, aun así, paradójicamente, aunque somos más conscientes que nunca de los supuestos beneficios de las dietas bajas en grasas, los problemas que ha provocado son mucho peores que cuando se recomendaron. En 2014, la Organización Mundial de la Salud estimaba que mil novecientos millones de adultos en el mundo tenían sobrepeso. De ellos, más de seiscientos millones eran obesos [1].

Se han realizado incontables estudios sobre este tema, se han escrito libros y tenemos suficientes recordatorios a nuestro alrededor, pero muy pocos han indagado en la relación que existe entre la salud de la boca y la obesidad y el sobrepeso. La caries dental, la obesidad, las enfermedades cardíacas y otras dolencias crónicas están causadas por los mismos factores nutricionales básicos. Así que es lógico que comer para cuidarse la dentadura y la boca ayude de forma automática a protegerse contra otras enfermedades.

LA APARICIÓN DE LOS ALIMENTOS «CON BAJO CONTENIDO EN GRASAS»

En la década de 1940, un médico llamado Ancel Keys intentó averiguar por qué los hombres estadounidenses de edad madura tenían un tasa relativamente alta de ataques cardíacos.

Keys realizó un estudio a largo plazo de los ejecutivos de negocios de Minnesota de edades entre cuarenta y cinco y cincuenta y cinco años. Hizo un seguimiento de su presión arterial, sus valores de colesterol, sus dietas y otros factores asociados al estilo de vida. Aquellos hombres comían mucha carne y lácteos con un alto contenido en grasas saturadas, lo que llevó a Keys a desarrollar su famosa hipótesis de los lípidos y el corazón [2]. Afirmaba que los alimentos con muchas grasas saturadas hacían aumentar las cifras de colesterol en la sangre, y también el riesgo de sufrir un ataque cardíaco o un ictus.

Para profundizar en su teoría, Keys realizó su estudio de los Siete Países, en el que analizó las tasas de enfermedad cardíaca y las dietas de hombres de edad mediana de distintas nacionalidades. El estudio pareció confirmar sus conclusiones anteriores, pero hay evidencias sólidas de que escogió los datos que más le convenían con el fin de validar sus ideas [3].

Con el tiempo, el ideal de los alimentos bajos en grasa quedó grabado en la conciencia dietética occidental, hasta tal punto que nuestra forma de comer y de concebir la comida cambió: intentamos ingerir el mínimo número de calorías, en lugar de consumir tantos nutrientes como podamos. Rechazamos los alimentos con alto contenido en grasas, incluso aunque contengan otros compuestos necesarios para el cuerpo. Confundimos la buena forma externa con estar sanos por dentro.

IDEAS ERRÓNEAS SOBRE LAS GRASAS SATURADAS, EL COLESTEROL Y LAS ENFERMEDADES CARDÍACAS

En 1977, la comisión sobre los Estudios de la Nutrición del Senado de Estados Unidos respaldó la hipótesis de la vinculación entre los problemas cardíacos y los lípidos. En 1980, el Gobierno del país publicó la primera versión de sus Recomendaciones Dietéticas para los estadounidenses, en la que sugería comer más frutas, vegetales, cereales y aves, y sustituir los productos animales con todo su contenido en grasa por versiones desgrasadas[4].

Aun así, lo que a menudo se pasa por alto es que el informe original y los que siguieron desde entonces también han recibido críticas de los científicos, que afirman que hacen falta nuevos estudios para llegar a conclusiones más definitivas[5].

Desde entonces, el movimiento que defiende los alimentos desgrasados ha condicionado nuestra idea de lo que es una alimentación saludable. Casi todos los pacientes ven la grasa de forma comparable a las bacterias, que, en general, se consideran nocivas. Así que antes de explicar las razones por las que la grasa es beneficiosa, me gustaría liberarte de tus ideas preconcebidas. Veamos algunos de los mitos más populares e influyentes sobre la grasa y por qué están equivocados.

1. **Las dietas con un contenido bajo en grasas nos protegen de las enfermedades cardíacas, la obesidad y la diabetes: No demostrado**

   Han pasado sesenta años desde que se inició el movimiento en defensa de los alimentos desgrasados, tiempo suficiente para contar con abundantes datos que nos permiten determinar el efecto de las grasas sobre la salud general de la sociedad. Entre 1980 y 2000, se redujo el número de muertes asociadas a las enfermedades del corazón[6], pero esto puede deberse en gran medida a las mejoras en la cirugía y la medicina[6]. Hoy, las enfermedades cardíacas siguen siendo la principal causa de muerte tanto en hombres como en mujeres. Las tasas de obesidad están aumentando (el 44 % de la población estadounidense podría ser obesa en 2030) [7]. Y un dato aún más llamativo es que la diabetes tipo 2 ha aparecido casi de la nada desde la década de 1970 [8].

2. **Las grasas saturadas provocan enfermedades cardíacas: Falso**

La primera suposición y la más importante del movimiento de defensa de los alimentos desgrasados es la teoría de la relación entre las grasas saturadas y enfermedad cardiaca. En 2010, un estudio a gran escala mostró que, en realidad, no existe un vínculo entre las grasas saturadas y las cardiopatías [9]. De hecho, una nueva investigación realizada en 2014 mostró que las grasas saturadas de los lácteos, como el ácido margárico, «redujo significativamente» el riesgo de enfermedad cardíaca, mientras que dos tipos de grasas saturadas del aceite de palma y de productos animales mostró solo una «relación leve» con las enfermedades del corazón [10]. Además, los datos disponibles indicaban que las grasas poliinsaturadas que se consideran saludables para el corazón, como el aceite de girasol, no inciden positivamente sobre ese riesgo. Esto es una evidencia más de lo poco que sabemos de cómo la grasa interactúa con el cuerpo.

3. **El colesterol alto en la sangre causa enfermedades cardíacas: Falso**

Durante años, los expertos en salud nos han recomendado que evitemos los alimentos con colesterol porque aumentan el riesgo de sufrir cardiopatías. Se creía que las cifras altas del colesterol de lipoproteínas de baja densidad (colesterol LDL, el colesterol «malo») comportaban el riesgo de sufrir una enfermedad cardíaca. Pero estudios más recientes publicados por la *Revista del Corazón de Estados Unidos* muestran que la mayoría de las personas hospitalizadas por esa causa no tienen unas cifras de colesterol que, desde el punto de vista médico, justifiquen que estaban en riesgo de sufrir un ataque cardíaco [11]. Estos estudios implican que dichas suposiciones sobre el colesterol en la sangre y la salud del corazón, aceptadas durante tanto tiempo y que fueron validadas por el movimiento de los alimentos desgrasados, nunca tuvieron una base real.

4. **Las grasas saturadas hacen aumentar el colesterol malo: Falso**

La hipótesis de la relación entre la grasa y la salud cardíaca también supone que las grasas saturadas de la dieta hacen aumentar el LDL, el colesterol «malo» en la sangre. No obstante, ciertas investigaciones han mostrado, sin ningún género de dudas, que tomar grasas saturadas en la dieta no solo no altera la proporción de colesterol LDL en la sangre, sino que en realidad ayuda a las partículas de ese colesterol a ganar densidad y a convertirse en colesterol «bueno» (colesterol de lipoproteínas de alta densidad o HDL) [12, 13].

5. **El colesterol de la dieta hace aumentar el colesterol de la sangre: Falso**

El colesterol dietético, o, dicho de otro modo, el colesterol que contienen los alimentos que tomamos, se ha considerado responsable del aumento del colesterol en la sangre, que puede ser bueno o malo. En cambio, distintos estudios han constatado que, aunque la gente responde de distintas formas al colesterol dietético, consumirlo de por sí no cambia las cifras de colesterol en la sangre [14]. En otras palabras, contrariamente a lo que creíamos, el colesterol de los alimentos no se traduce directamente en lecturas de colesterol LDL o HDL más elevadas en la sangre.

Cómo el movimiento por los alimentos «desgrasados» nos robó el corazón

Visto en perspectiva, todo esto parece estar claro. Y, por eso, tal vez te estés preguntando qué razón explica que, si todas estas suposiciones sobre los beneficios de la dieta baja en grasas son erróneas, las aceptemos por principio. En realidad, la teoría de la relación entre las grasas y las enfermedades cardíacas fue simplemente eso: una hipótesis. La evidencia científica que supuestamente había demostrado ser correcta siempre fue controvertida. Sin embargo siguió recogiéndose en las políticas de salud pública y siguió siendo promovida por los profesionales de la salud y los medios de comunicación. ¿Cómo ocurrió eso? Fue una tormenta perfecta alimentada en parte por nuestro deseo cada vez mayor de encontrar una respuesta a las enfermedades cardíacas y a la preferencia social por los cuerpos delgados y en forma, por cuerpos de bikini.

A mediados de la década de 1980, había un consenso aplastante de que las dietas bajas en grasas eran adecuadas no solo para los pacientes de alto riesgo, sino también como medida de prevención contra las enfermedades cardíacas para todo el mundo, menos para los bebés [15].

Parémonos a pensar en ello un momento. La idea de que los lactantes necesitan una dieta distinta de los adultos es absurda. La realidad es que niños y adultos necesitamos las mismas cosas, solo que en distintas cantidades.

En la década de 1980, la industria de la alimentación se dio cuenta de que el movimiento de los alimentos desgrasados era una oportunidad de obtener nuevos beneficios y una nueva fuente de facturación. Los fabricantes empezaron a sustituir los alimentos naturales por opciones procesadas a las que privaron de las grasas saturadas. Y esto condujo a otro problema: al suprimir la grasa de todos esos productos, su sabor era mucho menos atractivo, así que, para devolverles el sabor, la industria les añadió azúcar y aceites poliinsaturados refinados. En la década de 1990, esto se llamó el fenómeno Snackwell [16], después de que la compañía Nabisco creara una línea de *snacks* baja en grasas y alta en carbohidratos y calorías.

LA VERDAD SOBRE LA DIETA MEDITERRÁNEA

Uno de los «modelos» actuales de dieta saludable universalmente aceptados es la llamada dieta mediterránea. La idea también procede de Ancel Keys. Tal y como él la interpretó, esta dieta se caracteriza por un contenido bajo en grasas saturadas y en tomar pescado, marisco, aceite de oliva, abundantes vegetales y cereales integrales cocinados de forma especial. Los italianos preparan las pastas y las masas con meticulosidad. En gran medida, una alimentación basada en estos ingredientes es saludable, pero la interpretación que Key hizo de la dieta mediterránea obvió algunos grupos de alimentos esenciales, por lo que su explicación de la dieta no es completamente fiel.

Cuando analizas lo que la gente come de verdad en Italia, queda claro por qué la «verdadera» dieta mediterránea no puede considerarse baja en grasas. De hecho, los alimentos ricos en vitaminas solubles en grasas, incluidas las grasas saturadas, son el centro de la auténtica dieta mediterránea.

Italia es un país de gran tamaño con regiones geográficas distintas y muchas culturas diferentes. Esta gran extensión del territorio explica por qué no existe una única «cocina italiana». Aun así, podemos hacer algunas generalizaciones sobre la cocina italiana tradicional. Algunos de los platos más famosos de la cocina italiana se preparan con alimentos ricos en grasas saturadas, incluidos la mantequilla, el queso de cabra y de vaca, los cortes más grasos de la carne, las vísceras y el marisco, que tienen un alto contenido en grasas saturadas [17]. Vamos a echar un vistazo rápido a estos platos y a ver si coinciden con el ideal de la dieta mediterránea que tenemos en la cabeza.

Carnes curadas

La cocina italiana es famosa por sus carnes curadas o fiambres. Por ejemplo, la *capicola* se prepara con el cuello o la paletilla del cerdo y la *soppressata* se elabora con carne de panceta, lengua, callos y otras partes del cerdo. La panceta es una carne curada en sal, especias y lardo, que se prepara con la grasa de la espalda y suele curarse con romero. Hay muchos otros ejemplos de fiambres y ninguno de ellos es bajo en grasas.

Despojos y cortes grasos de la carne

La cocina italiana también tiene distintos platos a base de vísceras, incluidos el paté de hígado de pato y el hígado de ternera con cebollas. En la cocina pobre (la de las gentes del campo de Italia), son muy populares las recetas a base de vísceras, como los menudillos de cordero salteados. Otro de los platos populares es la *porchetta*, que se hace con toda la carne de un cerdo asado, desde el hocico a las manitas, y sirve de relleno para bocadillos o como plato para llevar. Y luego está la caballa, un pescado que se toma en muchas regiones italianas y que tiene una cantidad relativamente elevada de grasas saturadas.

Huevos

Durante mucho tiempo, creímos que las yemas de huevo eran insalubres porque tienen un contenido elevado en colesterol, pero también son un plato básico de la cocina italiana. La más destacada de esas recetas es la *frittata*, una especie de tortilla que se prepara con ocho, nueve o diez huevos y se rellena de distintos vegetales, quesos y carnes.

Como dije antes, ahora sabemos que tomar alimentos con un alto contenido en colesterol, en realidad, no aumenta las cifras de colesterol en la sangre. Adictos a la *frittata*, ¡felicidades!

Quesos y leche sin descremar

Los tres quesos más representativos de la cocina italiana tienen un alto contenido en grasas saturadas. Seguro que reconoces sus nombres. El parmesano se elabora con leche de vaca cruda. Luego, el queso duro con sabor a nuez se deja envejecer durante dos o tres años. La mozzarella se prepara con leche de búfala y la ricotta se prepara con suero de leche de vaca, cabra u oveja. En su libro *El secreto de las zonas azules: Come y vive como la gente más saludable del planeta*, Dan Buettner, escritor de *National Geographic,* cuenta que algunos de los italianos más longevos viven en Cerdeña, donde beben una leche de cabra cruda que tiene un alto contenido en grasas y vitaminas solubles en grasas. En algunos países occidentales, nos hemos quedado con las lecciones equivocadas sobre esta dieta. La ironía es que la auténtica dieta mediterránea se parece mucho a las dietas de las sociedades tradicionales que describió Weston Price, que estaban basadas en alimentos sin procesar ricos en grasas y en vitaminas solubles en grasas. La alimentación con productos bajos en grasas que hemos considerado el ideal durante tanto tiempo son la antítesis de esas formas tradicionales.

¿POR QUÉ NECESITAMOS TOMAR GRASAS? ¿QUÉ ES LO QUE HACEN?

Grasas saturadas e insaturadas

Los alimentos que tomamos contienen mezclas de ácidos grasos saturados e insaturados. En la naturaleza, estos dos tipos de grasas se complementan entre sí y, puesto que nosotros mismos somos parte de la naturaleza, también son complementarias en nuestros cuerpos. No hay una única respuesta a la pregunta de cuánta cantidad de grasas deberíamos tomar. La referencia es que, como otros nutrientes de los que hemos hablado en este libro y como la mayoría de las cosas de la vida, para disfrutar de una salud óptima necesitamos un equilibrio entre los dos tipos de grasas.

Ambas grasas son especialmente importantes para nuestras membranas celulares. Las células están rodeadas de miles, si no de millones, de moléculas extrañas en cualquier momento. Por eso necesitan una capa protectora que debe cumplir dos condiciones. Por un lado, tiene que ser permeable para permitir que los compuestos beneficiosos accedan al interior de la célula. Pero además, debe ser impermeable a los compuestos nocivos. La membrana celular es ese revestimiento protector.

Las grasas saturadas son poco reactivas. En realidad, son uno de los compuestos más estables que tomamos. Por eso, le dan a la célula una especie de estabilidad o integridad estructural, y ayudan a mantener su rigidez. Por otro lado, las grasas insaturadas mantienen la membrana más flexible y fluida, que son características necesarias para que la célula pueda intercambiar los compuestos que debe tomar o eliminar.

Por esas mismas razones, las grasas saturadas e insaturadas también son vitales para las células inmunitarias y para las numerosas hormonas de señalización que las controlan. En resumen, podemos decir que son importantes para nuestra vida de innumerables formas.

LOS DIFERENTES TIPOS DE GRASAS Y LO QUE HACEN EN EL CUERPO

Me gustaría hablarte de lo que la grasa hace en realidad en el cuerpo. Pero, para entenderlo, primero necesitamos conocer las estructuras de los distintos tipos:

El término *lípidos* es una denominación general para las grasas y los aceites. Si un lípido está en estado sólido a temperatura ambiente, se le llama grasa. En cambio, si su estado

1. Triglicéridos (moléculas de grasa)

2. Grasas saturadas

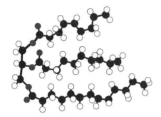

3. Grasas monoinsaturadas

4. Grasas poliinsaturadas

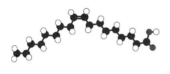

Fig. 21. Aspecto de los distintos tipos de grasas.

es líquido, es un aceite. La capacidad de las grasas para estar en estados líquido y sólido la convierte en un recurso muy útil para el cuerpo celular.

Las **moléculas grasas** o **triglicéridos** consisten en tres cadenas de ácidos grasos formadas por cadenas de átomos de carbono, cada una de ellas unida con átomos de hidrógeno y unida a un monoglicérido (un compuesto simple de átomos de hidrógeno y oxígeno).

En la naturaleza, todas las grasas son saturadas o insaturadas; todo depende de los átomos de carbono que formen las cadenas de ácidos grasos.

En las **grasas saturadas**, las moléculas de hidrógeno y de carbono de las cadenas de ácidos grasos están unidas por enlaces simples. Ninguna otra molécula puede unirse a la cadena porque todos los enlaces están «ocupados». Están «al límite» o, dicho de otra forma, saturados.

Puesto que están al límite, esas grasas saturadas menos reactivas y más estables tienden a mantenerse en estado sólido a la temperatura corporal y tienen puntos de fusión más altos. Se encuentran, principalmente, en productos de origen animal como el vacuno, las aves y los lácteos (quesos curados como el cheddar, la mantequilla, el sebo, la manteca, la mantequilla clarificada, el aceite de palma y el de coco).

En las **grasas insaturadas,** las moléculas de carbono de las cadenas de ácidos grasos tienen, al menos, un enlace doble. Cuando dos moléculas están unidas por un doble enlace, otra molécula se les podría unir. No están «al límite», sino que están insaturadas.

Como tienen un enlace doble, las grasas insaturadas son más reactivas y fluidas, y sus puntos de fusión son más bajos. Por lo general, suelen ser líquidas a temperatura ambiente.

Las grasas insaturadas tienen dos presentaciones: monoinsaturadas o poliinsaturadas.

Las **grasas monoinsaturadas** están formadas por cadenas de ácidos grasos que contienen un doble enlace. El aceite de oliva y de cacahuetes y los aguacates son fuentes de grasas monoinsaturadas.

Las **grasas poliinsaturadas** están formadas por cadenas de ácidos grasos que contienen diversos enlaces dobles. Su número mayor de enlaces dobles las hace más reactivas que las monoinsaturadas. Algunas fuentes habituales de este tipo de grasas son los pescados azules, el aceite de cártamo, las semillas de sésamo y de girasol, las alubias de soja y muchos frutos secos y semillas, junto con los aceites que se extraen de ellos.

Considerar de forma aislada las grasas puede resultar engañoso porque la naturaleza las creo como parte de un rompecabezas, para que encajaran unas con otras.

Por ejemplo, las membranas celulares necesitan una mezcla de ácidos grasos saturados, monoinsaturados y saturados para ser estables, flexibles y estar sanas. Por eso, debemos tomar grasas en su estado natural, para obtener todas las piezas del rompecabezas.

Grasas «buenas» y «malas»

Ahora mismo, puedes estar pensando: «Espera un momento, sé que todas las grasas no son malas. Algunas lo son, pero también están las otras de las que tanto oímos hablar, que son beneficiosas». El concepto de grasas «buenas» y «malas» procede la teoría de la relación entre grasas y enfermedad cardiaca. Por desgracia, esta idea ha sido origen de más confusión que comprensión.

En gran medida, la idea procede un estudio realizado en la década de 1970 por un grupo de científicos daneses que investigó a los inuit de Groenlandia. Los investigadores se dieron cuenta de la baja incidencia de enfermedades del corazón entre los nativos de este pueblo, que tomaban grandes cantidades de grasa de ballena, aceite de foca y pescado [18]. Los autores del estudio concluyeron que la dieta de los inuit era beneficiosa para la salud del corazón. Los aceites de ballena y de foca son ricos en ácidos grasos omega-3 y los investigadores creyeron que estos eran el arma secreta de los inuit contra las enfermedades cardíacas.

La grasa de ballena y el aceite de foca son ricos en omega-3, pero también contienen cantidades relativamente elevadas de grasas saturadas. Gracias al estudio de Ancel Keys, la comunidad científica creía que las grasas saturadas, en general, eran negativas para la salud del corazón. En 2002, varias fundaciones para el corazón anunciaron que las grasas poliinsaturadas (como los ácidos grasos omega-3) tenían que ser buenas para la salud del corazón [19]. Así fue cómo las grasas poliinsaturadas consiguieron su fama de «grasas buenas» de forma equivocada.

La realidad es que, en la naturaleza, las grasas no se encuentran de forma aislada. En el nivel químico, les gusta unirse con otras distintas, lo que significa que las grasas poliinsaturadas, monoinsaturadas y saturadas tienden a presentarse juntas. No se ha confirmado que los suplementos de omega-3 tengan efectos positivos o negativos sobre el corazón [20].

Cuando consideramos que un tipo de grasa es buena o mala, ignoramos esta idea. Las grasas son sanas solo cuando se presentan de forma completa y equilibrada, lo que incluye a las vitaminas solubles en grasas unidas a grasas naturales.

ÁCIDOS GRASOS OMEGA-3 Y OMEGA-6

Hay dos tipos de grasas poliinsaturadas más abundantes que otras: las omega-3 y las omega-6. También se las conoce como ácidos grasos esenciales porque solo las podemos obtener de los alimentos que tomamos; el cuerpo no puede producirlas.

Como otras grasas, los ácidos omega-3 y omega-6 son beneficiosas para la membrana celular, para el cerebro y para la función hormonal, pero son especialmente importantes para regular la inflamación en el organismo.

Las grasas omega-3 son sustancias antiinflamatorias. Se encuentran en plantas como el lino, el cáñamo y la chía, en el pescado y los aceites del mismo, y en algunos productos lácteos y a base de huevos.

Los ácidos grasos omega-6 activan la inflamación. Se encuentran en los frutos secos y las semillas, entre ellas, las de sésamo, de calabaza, en las nueces, los piñones, las nueces del Brasil, las pecanas, los cacahuetes y las almendras. También están en aceites refinados como el de girasol, el de maíz y el de semilla de algodón.

En la naturaleza, los ácidos grasos omega-3 y omega-6 se encuentran en una proporción de uno a uno. No obstante, hoy en día consumimos mucho más omega-6, potenciador de la inflamación, que omega-3. Algunas estimaciones calculan que la proporción de ese consumo es de 16 a 1,21.

Lipoproteínas y colesterol «bueno» y «malo»

Ya hemos hablado del colesterol «bueno» y «malo». Estas etiquetas se refieren a las lipoproteínas LDL y HDL, que juntas forman el colesterol de la sangre. ¿Qué son las lipoproteínas? Piensa en ellas como paquetitos diminutos y muy ingeniosos que ayudan al cuerpo a transportar las grasas.

Tu cuerpo está compuesto por más de un 60 % de agua, que es un medio inmejorable para distribuir los elementos, pero como el sistema está básicamente formado por agua, las grasas y las sustancias solubles en grasas (como algunas vitaminas y el colesterol) no viajan fácilmente por nuestro interior. Es, literalmente, como intentar mezclar agua y aceite. Para que las grasas y las vitaminas solubles en grasas lleguen a tus dientes y a otras estructuras que las necesitan, deben contar una envoltura o revestimiento que sea soluble en agua. Aquí es donde aparecen las lipoproteínas.

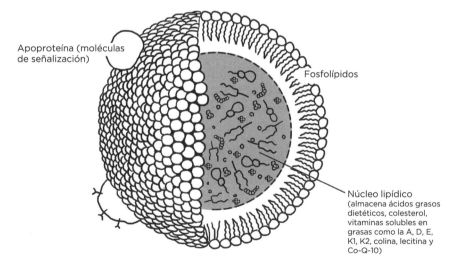

Fig. 22. Las lipoproteínas transportan las sustancias solubles en grasas a través de todo el cuerpo.

Las lipoproteínas son paquetes de grasas, colesterol y nutrientes solubles en grasas unidos en una práctica partícula que viaja fácilmente por la sangre. Igual que el exterior de un paquete de correos, la cubierta de proteínas de una lipoproteína contiene, esencialmente, una «dirección».

La lipoproteína viaja a través de la sangre hasta que llega a una célula que coincide con esa dirección. La célula absorbe la lipoproteína y empieza a utilizar los nutrientes que contiene.

El cuerpo también utiliza las lipoproteínas para transportar sustancias grasas desde las células hasta el hígado y, desde este, de regreso a las células. Para hacerlo, utiliza los ciclos de las lipoproteínas de alta densidad (HDL) y de baja densidad (LDL). El hígado es el órgano que suele producir y liberar las HDL. El cuerpo utiliza ambos tipos de lipoproteínas de formas diversas y necesita las dos.

Los médicos saben que algunas partículas de LDL pueden adherirse a las paredes de las arterias y formar placas peligrosas. Por eso, se considera que las LDL son colesterol malo. Y puesto que las partículas de HDL no quedan adheridas a las arterias y ayudan a descomponer las agrupaciones de partículas de LDL, desprenderlas de las arterias y llevarlas al hígado, el HDL se conoce como colesterol bueno. Sin embargo, esta distinción es engañosa. El cuerpo necesita que los dos tipos de lipoproteínas trabajen en colaboración para formar el sistema que sirve para «ensobrar» las grasas.

COLESTEROL EN EL CUERPO FRENTE A COLESTEROL EN LOS ALIMENTOS

Los Institutos Nacionales de Salud de Estados Unidos (NIH, por sus siglas en inglés) definen el colesterol como «una sustancia cerosa parecida a la grasa que puede encontrarse en las células del organismo». Los NIH continúan diciendo que «tu cuerpo necesita el colesterol para fabricar las hormonas, la vitamina D y las sustancias que te ayudan a digerir los alimentos»[22]. Las lipoproteínas están formadas por colesterol y por otros tipos de grasas. El 75 % del colesterol del cuerpo lo produce el hígado. El otro 25 % procede de los alimentos que tomamos[23].

Cuando hablamos de las cifras de colesterol de una persona o de sus valores de HLD y de LDL, nos estamos refiriendo al colesterol que puede encontrarse en su sangre (o su suero), la cantidad que hay en su torrente sanguíneo[24]. No hablamos del colesterol que contienen los alimentos que tomamos. Esta distinción es importante porque antes creíamos, y concedíamos mucho crédito a esa idea, que el colesterol de los alimentos hacía aumentar las cifras de colesterol de la sangre. Por eso, pensábamos que no era conveniente comer muchos huevos, por ejemplo, pero, en realidad, el organismo necesita obtener colesterol de la dieta para digerir las grasas y transportar todas las sustancias solubles en grasas junto con las lipoproteínas.

◆ ◆ ◆

CÓMO LOS ALIMENTOS ARTIFICIALES PRIVAN A TUS DIENTES DE NUTRIENTES FUNDAMENTALES

Hasta ahora hemos hablado de la importancia que las vitaminas solubles en grasa tienen para la salud de los dientes, los huesos y los órganos, y de cómo se desplazan a través del cuerpo con la ayuda de las lipoproteínas. Cuando el sistema de distribución basado en las lipoproteínas está desequilibrado, los dientes, los huesos y los tejidos no reciben todas las vitaminas solubles en grasas que necesitan. Por eso es tan probable que una dieta baja en grasas saturadas y colesterol ocluya las arterias y nos ponga en riesgo de sufrir una enfermedad cardíaca.

Los aceites procesados también nos privan de las vitaminas solubles en grasas de muchos modos. Primero, los aceites poliinsaturados y refinados no contienen ninguna vitamina soluble en grasas. Y lo que es peor: las grasas que contienen son muy inestables y es probable que dañen a las lipoproteínas que están diseñadas para transportarlos. Así que cuando los tomamos, no solo están privando al sistema de distribución de vitaminas solubles en grasas de los materiales que supuestamente debe distribuir, también estamos dañando el propio sistema de distribución.

Por desgracia, la mayoría de las grasas de la dieta actual proceden de aceites refinados y de otros aceites para cocinar que están compuestos en gran medida por grasas poliinsaturadas. Y mucha de la comida basura que consumimos también contiene grasas parcialmente hidrogenadas o grasas trans, que alteran las membranas celulares, crean caos en la sangre, tejidos y órganos, y provocan inflamación y enfermedades cardíacas[25].

Pero además, cada vez consumimos menos grasas saturadas, que se encuentran en alimentos naturales como la mantequilla. Así que, en esencia, estamos apartándonos del equilibrio natural entre grasas saturadas e insaturadas en lugar de acercarnos a él.

LA DIETA BAJA EN GRASA Y CON ALTO CONTENIDO EN AZÚCARES NOS PROVOCA ENFERMEDAD GINGIVAL Y DIABETES

La teoría de la relación entre grasas y enfermedad cardíaca tiene un error grave y trágico. Durante su vigencia, ha aparecido una epidemia de diabetes tipo 2. Constantemente, veo los signos de la disfunción del azúcar en la sangre en las encías infectadas, sangrantes e irritadas. Las personas con diabetes tienen un mayor riesgo de enfermedad periodontal (de las encías)[26]. Si la diabetes no se diagnostica o se deja que empeore, también se agrava la enfermedad gingival y conduce a infecciones agudas y, en los casos graves, a perder los dientes.

Hasta la década de 1970, la diabetes tipo 2 afectaba a menos del 2% de la población de Estados Unidos. Desde entonces, los números se han disparado y hoy en día los estadounidenses afectados por diabetes tipo 2 son veintinueve millones, algo menos del 10% de la población[27].

A mediados de la década de 1990, se registró un aumento extraordinario de esta enfermedad, más o menos, en la segunda década de popularidad de las dietas bajas en grasas. Recuerdo cuando mi madre sustituyó la mantequilla por margarina, y los aliños para la ensalada por versiones desgrasadas cargadas de azúcares, y la leche por leche descremada en polvo. La leche sabía a agua y la margarina no sabía a nada, pero ella dijo que eran más sanas, así que todos la tomamos. No hay duda de que millones de familias de todo el mundo hicieron cambios similares tan desafortunados. Y esos cambios ayudaron a disparar el aumento de la diabetes tipo 2.

La clave está en la insulina. Cuando las cifras de glucosa alcanzan un punto determinado, el páncreas segrega insulina, para que el cuerpo pueda utilizar la glucosa como fuente de energía o almacenarla en forma de grasa. Cuanto más glucosa tomamos, más insulina tenemos que producir y más grasa almacena el organismo.

El aumento de peso y el síndrome metabólico* no son un problema asociado a las calorías, son un problema hormonal. Cuando ingerimos azúcar, la glucosa dispara el azúcar en sangre y eso le dice al cuerpo que segregue insulina y almacene grasa[28]. Al mismo tiempo, la fructosa va al hígado y tiene que convertirse en grasa, causando inflamación y también resistencia a la insulina[29].

En la naturaleza, la glucosa y la fructosa (que son azúcares simples) siempre se encuentran junto a carbohidratos complejos o fi-

---

* La Clínica Mayo define el síndrome metabólico como «un conjunto de alteraciones (aumento de la presión arterial, cifras elevadas de azúcar en la sangre, exceso de grasa abdominal y valores anormales de colesterol o triglicéridos) que se presentan a la vez y que aumentan el riesgo de sufrir enfermedades cardíacas, ictus y diabetes».

bra, como la piel de una manzana o la parte crujiente de una judía verde. Estas combinaciones hacen que al cuerpo le resulte más fácil procesar los azúcares simples.

En cambio, los alimentos desgrasados o con bajo contenido en grasas que familias como la mía empezamos a consumir contienen azúcares simples que no quedan contrarrestados por carbohidratos complejos o fibra. Estos predominan hoy tanto en los refrescos como en los cereales, en los productos de pastelería y panadería y en innumerables alimentos en los que no esperamos encontrarlos.

Cuanto más consumimos estos ingredientes, más resistente se hace el organismo a la insulina. El cuerpo de muchas personas alcanza un punto en que ya no responde a la insulina y no pueden procesar el azúcar que toman con su dieta, de modo que el azúcar de la sangre alcanza cifras peligrosamente elevadas. Eso es la diabetes tipo 2.

El azúcar elevado en la sangre puede dañar la estructura externa de las HDL y dificultar que las células puedan reconocerlas[30], dañando a las LDL[31], lo que aumenta el riesgo de enfermedad cardíaca[32]. Para colmo de males, la incidencia de enfermedad del hígado graso no alcohólico está aumentando mucho como consecuencia de los esfuerzos del hígado para manejar la fructosa[33]. El impacto metabólico de la fructosa en el hígado es similar al del alcoholismo crónico[34].

En otras palabras, en nuestro intento por seguir una dieta con bajo contenido en grasas y protegernos de las enfermedades cardiacas hemos acabado tomando más azúcares. Esto puede alterar la forma en que procesamos las grasas y ponernos en riesgo de acabar sufriendo enfermedades del corazón, además de hacernos más vulnerables a las caries dentales, las enfermedades de las encías, el hígado graso y la diabetes. ¡La cura es peor que la enfermedad!

Hoy en día, muchos médicos están trabajando para darle la vuelta a estas tendencias tan equivocadas. Igual que la enfermedad gingival y la diabetes, el hígado graso (y otros órganos) e incluso la resistencia a la insulina están extendiéndose entre niños cada vez más pequeños. Robert Lustig, el pediatra autor del libro *Fat Chance* (Ni en sueños), ha demostrado que basta eliminar la fructosa de la dieta de un niño para reducir extraordinariamente sus marcadores para la diabetes tipo 2 y la grasa del hígado en solo diez días [35]. Y ahora los médicos que durante tanto tiempo han recomendado las dietas bajas en grasas para conservar la salud del corazón están recomendado dietas con un contenido más elevado en grasas.

La naturaleza sabe lo que hace

Una de las principales lecciones que espero que aprendas de este libro es que el cuerpo es producto de la naturaleza, y que como tal está diseñado para alimentarse de lo que existe en ella. Cuando eliminamos categorías completas de nutrientes y refinamos y procesamos los alimentos, sin duda, pagamos un precio por ello.

El movimiento de defensa de los alimentos desgrasados se inició con buenas intenciones, pero ignoró esa importante regla. El resultado han sido generaciones de niños criados con una dieta basada en grandes cantidades de azúcar refinado y procesado, harinas blancas y aceites de semillas.

Cuando los niños siguen dietas bajas en grasas y altas en carbohidratos simples como el azúcar, desarrollan caries dental. No obtienen los nutrientes y los minerales que el cuerpo requiere para crear unos huesos y dientes fuertes y sanos y se exponen al riesgo de sufrir el caos metabólico provocado por la obesidad, las enfermedades cardíacas y la diabetes tipo 2.

Sencillamente, hoy no consumimos los alimentos que aportan las vitaminas solubles en grasas y otros nutrientes que necesitamos para eliminar estos errores. Para corregirlo, necesitamos acabar con el estigma asociado con las grasas y dejar atrás el movimiento que defiende los alimentos desgrasados. Y encontrarás lo que necesitas para hacerlo en los siguientes capítulos.

PARTE III

NUTRICIÓN DENTAL: CÓMO COMER PARA DISFRUTAR DE UNA BOCA, UN CUERPO Y UNA MENTE SALUDABLES

CAPÍTULO 9

CÓMO COMER PARA QUE TUS VISITAS AL DENTISTA SEAN PAN COMIDO

PARA ESCRIBIR *Boca sana, cuerpo sano,* tuve que averiguar qué alimentos satisfacen nuestros cuatro principales objetivos, a partir de los principios de los que he hablado en este libro. Para entendernos, vamos a llamarlos los principios de la buena nutrición bucodental.

PRINCIPIOS DE UNA BUENA NUTRICIÓN DENTAL

1. Mantén sanos y fuertes tus maxilares, tu cara y tus vías respiratorias.
2. Dale a tu boca los nutrientes que necesita (prestando especial atención al equilibrio de calcio y a las vitaminas solubles en grasas).
3. Mantén un microbioma equilibrado y diverso.
4. Toma alimentos con mensajes epigenéticos saludables.

Ahora veamos cómo la dieta para la salud bucodental cumple cada uno de esos principios.

1. Mantén sanas y fuertes tu mandíbula, tu cara y tus vías respiratorias

Masticación saludable

La mandíbula es una articulación biomecánica que, para desarrollarse adecuadamente, debe recibir una estimulación adecuada. Los músculos, las articulaciones y los huesos de la cara forman la estructura de soporte de las vías respiratorias. Por tanto, ejercitar tu mandíbula también mantiene sanas tus vías respiratorias.

Esto último vamos a hacerlo masticando, una de las pocas formas de mantenerla fuerte y con un funcionamiento adecuado. No hay muchas rutinas de ejercicios o máquinas en el gimnasio diseñadas para entrenar la boca y la mandíbula. Cuando nos alimentamos con alimentos blandos procesados y muy refinados, estamos privando a la mandíbula de este ejercicio. En esta dieta, para la salud bucodental se da mayor importancia a los alimentos duros y fibrosos que es necesario masticar y, de este modo, se desarrolla la mandíbula durante la vida adulta. Estos alimentos incluyen:

- Carne con hueso
- Carnes curadas o secas duras
- Semillas y frutos secos enteros
- Vegetales crudos enteros

Respiración sana

Cada vez que respiras, ejerces una fuerza expansiva sobre el maxilar o la mandíbula superior. Si respiras mal (por lo general, por la boca) los dientes pueden amontonarse o torcerse, los músculos faciales no funcionan como deberían y privas poco a poco a tu cuerpo del oxígeno, que es el nutriente más necesario. Respirar por la nariz es fundamental para la salud.

La respiración nasal adecuada requiere que la lengua esté adecuadamente colocada descansando sobre el techo de la boca, con la punta detrás de los dientes incisivos, de modo que los músculos del cuello y la garganta se acostumbren a servir de apoyo a las vías respiratorias. La respiración también ejerce fuerzas que expanden y mantienen el paladar (que aloja a los dientes superiores y las vías nasales). Asimismo, mezcla el aire que respiras con óxido nitroso, que aumenta el flujo de sangre a los vasos sanguíneos y ayuda a que el cuerpo absorba más oxígeno.

RESPIRAR PARA TENER UNA BUENA DIGESTIÓN

La respiración también influye sobre la digestión.

Seguramente, hayas oído hablar de la respuesta de lucha o huida. Llamamos así al sistema de supervivencia innato del organismo, que está diseñado para responder a las situaciones en las que tenemos riesgo de perder la vida. Si te encuentras con un tigre, la respuesta innata es luchar con él o huir. En cualquiera de los dos casos, tu cuerpo recurrirá al sistema nervioso simpático. Este hace que aumenten la frecuencia cardiaca, la respiración y el flujo de sangre a las extremidades. Así, los órganos y el sistema digestivo se ven privados de sangre.

El sistema nervioso simpático está en equilibrio con el sistema parasimpático; ralentiza tu latido cardíaco y estimula a los órganos del sistema digestivo.

Respirar es uno de los mecanismos con los que el cuerpo cuenta para controlar el equilibrio de esos sistemas. La respiración rápida y superficial, centrada en la inhalación, activa el sistema nervioso simpático, contrariamente a la respiración lenta y profunda, centrada en la exhalación, que activa el sistema nervioso parasimpático.

Recomendación: antes de cada comida, respira lenta y profundamente cinco veces a través de la nariz. Inhala durante 3 segundos y exhala durante 4 o 5 segundos. Esto ayudará a activar tu sistema nervioso parasimpático y así absorberás los nutrientes de los alimentos de forma más eficaz.

2. DALE A LA BOCA LOS NUTRIENTES QUE NECESITA

Vitaminas solubles en grasas

Además de ayudar al cuerpo a usar y a distribuir el calcio, cada vitamina soluble en grasas tiene varias funciones concretas en el cuerpo y se encuentra en alimentos específicos en la naturaleza.

Vitamina D

La vitamina D es vital para la salud. Para empezar, el sistema digestivo la necesita para absorber el calcio de los alimentos que tomamos, el que el cuerpo usa para desarrollar y fortalecer los huesos y dientes; es fundamental para innumerables procesos y órganos, como el metabolismo, el sistema inmunitario y incluso para el funcionamiento del cerebro.

El cuerpo está diseñado para sintetizar la vitamina D a partir del sol, así que lo ideal es exponerse a él, al menos, durante media hora en las horas centrales del día. Es entonces cuando nos aporta rayos ultravioleta, que permiten que la piel convierta una prohormona (una especie de hormona desactivada) en vitamina D.

Si trabajas en un lugar cerrado o tienes problemas de salud que te impiden salir al aire libre, tal vez no estés sintetizando suficiente vitamina D a partir del sol. Si el lugar donde vives está situado a una latitud norte mayor de 37 grados o sur menor de 37 grados, probablemente, no recibirás suficientes rayos ultravioletas para que tu cuerpo produzca vitamina D, y no puedes influir en esto. Puesto que los entornos actuales no son los más adecuados para recibir la cantidad suficiente de vitamina D, la mayoría deberíamos tratar de obtenerla a través de la dieta.

Las mejores fuentes de vitamina D son productos animales como el pescado azul, el queso, el hígado, y las yemas de huevo. En los animales, se presenta de una forma que el organismo puede aprovechar más eficientemente. En cambio, al cuerpo le cuesta más procesar la vitamina D que contienen las plantas (vitamina D_2).

Vitamina A

La vitamina A es importante para que el cuerpo se desarrolle y se repare a sí mismo. Ayuda a tener un sistema inmunitario sano y a disfrutar de una buena visión. Tal vez ya sepas que las zanahorias son una buena fuente de vitamina A. Como la vitamina D, la vitamina A contenida en las plantas tiene que convertirse a su forma activa para que el cuerpo pueda absorberla. Los carotenoides (pigmentos que dan a las plantas su color rojo, amarillo y naranja) suelen confundirse con la vitamina A, pero, para poder utilizarlos, el cuerpo tiene que convertirlos en retinol, la forma activa de la vitamina A.

Hay muchas cosas que ayudan al cuerpo a convertir la vitamina A. Por ejemplo, es útil preparar las verduras y las frutas con grasa. No obstante, como regla general, los alimentos vegetales son una fuente de vitamina A más pobre que los alimentos de origen animal.

Recomiendo a casi todos mis pacientes que tomen aceite de hígado de bacalao después de la comida más copiosa del día. Es una fuente excelente de vitaminas D, A y de varios ácidos grasos esenciales. El aceite de hígado de bacalao los aporta en una sola toma que el cuerpo metaboliza sin problemas.

Asegúrate de leer las instrucciones de los envoltorios de los alimentos con vitamina A, donde se indica el límite diario máximo recomendado. Si no estás seguro de la cantidad que necesitas tomar, consulta a tu médico.

Vitamina K_2

La vitamina K_2 es fundamental para la salud de los huesos y los dientes. También es importante tomarla para que el calcio no se acumule en los vasos sanguíneos.

Cuando los animales consumen vitamina K_1, que se encuentra en la hierba y en los vegetales de hoja verde, su sistema digestivo la convierte en vitamina K_2. Esta es otra razón por la que los animales alimentados con pastos producen una carne más saludable que los que comen cereales.

Los huevos de gallinas camperas y la mantequilla de vacas criadas con pastos son buenas fuentes de menaquinona-4 (MK-4), una forma de la vitamina K_2. Lo mismo ocurre con la carne de las vísceras, el marisco y el aceite de emú.

La menaquinona-7 (MK-7) es otra forma de la vitamina K_2 que se forma mediante la fermentación de bacterias. Por tanto, los alimentos fermentados pueden ser una buena fuente de este tipo de vitamina K_2. Estos alimentos incluyen el *natto*, el chucrut y quesos como el gouda y el brie.

Si estás tomando warfarina, consulta con tu médico sobre tu ingesta de vitamina K porque puede alterar la actividad de la warfarina en el cuerpo.

3. MANTÉN TU MICROBIOMA EQUILIBRADO Y DIVERSO

En gran medida, tu salud general está vinculada con la salud del microbioma de la boca y los intestinos. Este necesita que exista un equilibrio entre las bacterias «buenas», de metabolización lenta y las bacterias «malas», de metabolización rápida.

Cuando te sientes a la mesa a comer, recuerda que estás alimentando a los billones de microbios que viven dentro de ti. La supervivencia de esos organismos florecientes dependen de la comida que te metas en la boca, así que el destino de ese equilibrio está en tus manos o, mejor dicho, en tu tenedor.

Para mantenerlos a todos felices, tienes que consumir de forma equilibrada alimentos que contengan probióticos y prebióticos.

Probióticos

Si hay algo que las sociedades tradicionales entendían mejor que nosotros es el vínculo entre los microbios de sus alimentos y los de sus cuerpos.

Estas sociedades tenían que buscar métodos para conservar sus productos frescos, y la fermentación era una forma muy eficaz de conseguirlo: los alimentos se trataban cuidadosamente añadiéndoles cultivos de microbios vivos que reponían y revitalizaban a las bacterias beneficiosas del intestino.

Cada comida debería alimentar y reponer a los microbios con el fin de que siguieran creciendo y mantuvieran su diversidad, lo que impediría que las especies nocivas de microorganismos tomasen el control. Puede sonar extraño, pero cuando comes, deberías preguntarte: «¿Estoy tomando microbios con esta comida?».

Prebióticos (fibra)

La palabra *prebióticos* se refiere a cualquier ingrediente que alimente a las bacterias del intestino. Como prueba de su importancia, la leche humana está cargada de prebióticos que son fundamentales para que se desarrolle la flora intestinal del recién nacido y pueda digerir la leche.

Los prebióticos se encuentran, sobre todo, en la fibra, que, en general, está formada por carbohidratos complejos que el sistema digestivo no puede digerir, pero que utiliza para alimentar a los microbios que viven en la boca y el resto del sistema digestivo. Solo las plantas pueden aportarnos fibra.

La ciencia clasifica a la fibra dietética en dos categorías: soluble y no soluble. La fibra soluble, como su nombre indica, se disuelve en agua, mientras que la no soluble no. Esta última es la que aporta volumen a las heces, pero es más probable que su verdadera función sea alimentar a los diversos tipos de microbios que viven en el sistema digestivo y que todavía no hemos logrado identificar.

El microbioma humano es tremendamente diverso y solo estamos empezando a descubrir el impacto que los distintos tipos de fibra tienen sobre él. Pero una cosa está clara: para tener un microbioma sano tienes que comer mucha fibra, y la verdad es que la mayoría no comemos suficiente.

4. TOMA ALIMENTOS CON MENSAJES EPIGENÉTICOS SALUDABLES

Cada uno de tus genes puede expresarse de un número de formas abrumador. Los mensajes epigenéticos determinan cómo se expresan los genes. Cuanto más sanos sean esos mensajes, más sanas estarán tus células, tus órganos y, en consecuencia, tus genes.

La comida que nos alimenta no solo contiene los nutrientes que absorbemos, sino mensajes epigenéticos colectivos que acaban conformando cómo será el microbioma intestinal, el sistema inmunitario, el metabolismo y las hormonas. A medida que digieres la comida, un montón de nutrientes y de bacterias transitan por tu cuerpo, interactúan unos con otros e inician mensajes epigenéticos que acaban llegando a tus genes.

En su nivel más simple, la presencia de un determinado nutriente metilará el ADN o activará ciertos genes, mientras que la ausencia de otros nutrientes desactivará a otros genes. Estos mensajes afectan a cómo funciona el cuerpo. La metilación, o su ausencia, puede dar como resultado, por ejemplo, el aumento de peso a largo plazo, de la resistencia a la insulina de una célula o afectar a ciertas funciones neurológicas.

Las vitaminas solubles en grasas son fundamentales para regular los genes y su presencia es uno de los mensajes epigenéticos más positivos y potentes que podemos darle al cuerpo. No obstante, los nutrientes por sí solos no influyen en nuestros mensajes epigenéticos.

Los alimentos que tomamos contienen sus propios microbiomas y su equilibrio bacteriano está íntimamente entrelazado con sus propios genes. Esta huella epigenética es consecuencia de cómo crece ese alimento, tanto si es un animal como una planta. Cuando comemos un alimento, su huella epigenética le habla a nuestro microbioma, que responde al mensaje que le comunica y acaba transmitiendo mensajes a nuestros propios genes. Es una conversación íntima y compleja.

Los investigadores solo están empezando a entender la relación entre los microbios y los genes. Un estudio reciente ha demostrado que los ácidos grasos de cadena corta pueden alterar directamente el ADN a través de la mensajería epigenética [1]. Recordarás que estos ácidos grasos los producen las bacterias del estómago cuando tomamos fibras fermentables, estableciendo una relación directa entre los alimentos, los microbios y tus genes.

En parte, tu salud es una respuesta a todos esos mensajes. Un mensaje erróneo puede dar como resultado una cavidad en un diente o iniciar una enfermedad autoinmunitaria. Las enfermedades crónicas son el resultado de tomar alimentos que arruinan nuestra huella epigenética; es importante recordar que cada comida que tomas es una oportunidad para que tu microbioma y tus genes reciban los mensajes epigenéticos adecuados de lo que comes.

Procedencia de tus alimentos

Cuando un animal no ve nunca la luz del sol, no pasta o está cargado de antibióticos, la composición de su cuerpo cambia. Esto quiere decir que los mensajes epigenéticos de sus células también cambian y, probablemente, no para mejor.

El perfil de ácidos grasos de las vacas criadas con cereales y no con pastos cambia de una proporción mayor en ácidos grasas omega-3 (antiinflamatorio) a otro mayor en ácidos grasos omega-6 (inflamatorio). Sin pastos ni hierba, su leche no contiene vitaminas solubles en grasas como las vitaminas D, A y K_2 que aparecen de forma natural en su sistema digestivo, y no convierten la luz del sol en vitamina D.

Es importante saber dónde vivió tu comida su vida. Puedes controlar directamente los mensajes epigenéticos que tu comida envía a tus genes comprando productos frescos cultivados en la zona donde vives por granjeros que entienden cómo la naturaleza nutre la salud.

Los productos animales deberían proceder de:

- Animales criados con pastos y ganado sin enjaular.
- Marisco capturado en aguas naturales (al igual que sus equivalentes terrestres, el pescado salvaje tiene perfiles de ácidos grasos que son diferentes de los de piscifactoría y que se han alimentado con cereales).
- Cultivos que no hayan sido rociados con pesticidas y antibióticos, que cambian el microbioma del suelo, además de sus propios genes.

¿EL ALIMENTO PERFECTO DE LA NATURALEZA?

Estoy convencido de que el cuerpo está adaptado para que podamos aprovechar los recursos y nutrientes que la naturaleza nos ofrece. El cuerpo nos dice, nos recuerda y nos da pistas constantemente de lo que es bueno para nosotros, nos educa sobre nuestra propia salud; solo tenemos que escucharlo.

Como hemos visto, la boca es un gran ejemplo de ello. Si hay un alimento que nos enseña qué comer para mantener la salud dental es la leche materna, que nos muestra qué nutrientes necesita un lactante en crecimiento para desarrollar un cuerpo y una boca sanos. A partir de ahí, podemos extrapolar lo que necesitamos para disfrutar de un cuerpo sano durante toda la vida. Además, el acto de amamantar nos muestra lo que debemos hacer para desarrollar y mantener unas mandíbulas y unas vías respiratorias sanas.

De hecho, la leche materna me sirvió como modelo para desarrollar *Boca sana, cuerpo sano*. Así es como respondemos a los principios de la buena nutrición dental y general que enumeré antes:

1. Mantén sanas y fuertes tu mandíbula, tu cara y tus vías respiratorias.

    La lactancia materna le proporciona al bebé ejercicio facial en una primera etapa de la vida. Lo que inicia la lactancia es el llamado reflejo de búsqueda u hociqueo, en el que participan los cinco nervios craneales. Los recién nacidos aprenden a usar los músculos de la lengua, algo que resulta útil para el desarrollo de las vías respiratorias. La posición de la lengua ayuda a desarrollar el sistema nervioso autónomo, en particular, el nervio vago, fundamental para el equilibrio digestivo del organismo[2].

    Con el fin de extraer la leche del pecho de su madre, los lactantes aprenden a usar la lengua para empujar el pezón contra el paladar, y eso estimula el desarrollo del maxilar superior y previene la malposición dental[3]. La lactancia también enseña a los bebés a respirar por la nariz. Esto es extraordinariamente importante, puesto que la respiración nasal permite que el aire que inhalamos se mezcle con óxido nitroso, que ayuda a que el cuerpo absorba mejor el oxígeno.

2. Dale a la boca los nutrientes que necesita (con especial atención al calcio y las vitaminas solubles en grasas).

    La leche materna está meticulosamente diseñada para proporcionar al bebé en crecimiento los nutrientes que necesita. El cuerpo de la madre calcula con cuidado cuántos nutrientes puede reponer. Cuando hay una cantidad determinada de un nutriente, se le

216 | BOCA SANA, CUERPO SANO

pasa al bebé a través de la leche. Si la cantidad es insuficiente, el bebé también puede padecer esa deficiencia.

Por ejemplo, si una mujer con una deficiencia de vitamina D amamanta a su bebé, es bastante probable que este también sufra esa deficiencia[4]. Probablemente, esto también ocurrirá con las vitaminas A y K_2. Muchas sociedades tradicionales se aseguran de que la dieta prenatal de la madre contenga abundantes alimentos ricos en vitaminas solubles en grasas. Así se aseguran de que la futura madre cuente con suficientes depósitos para ella y para su hijo o su hija.

3. Mantén un microbioma equilibrado y diverso.

La leche materna cumple una función excelente para establecer el microbioma del bebé. Durante mucho tiempo, se creyó que la leche humana era estéril, pero hace poco se ha descubierto que lleva bacterias de los intestinos de la madre al microbioma de la boca y el intestino de su hijo. Está llena de factores prebióticos y de microbios vivos que sirven como paquete de iniciación para los sistemas inmunitario y digestivo en desarrollo del recién nacido[5].

4. Toma alimentos con mensajes epigenéticos saludables.

La composición de la leche materna varía durante el período de lactancia, pero lo que cambia no es la composición de macronutrientes de las grasas, los carbohidratos ni las proteínas, sino los componentes bioactivos que incluyen a los factores inmunitarios y los ácidos grasos que envían mensajes epigenéticos. Esto sugiere que el cuerpo de la madre envía al niño diferentes señales epigenéticas y ambientales de crecimiento[6].

NUTRIENTES DE APOYO

Te habrás dado cuenta de que hay muchas vitaminas y minerales de los que no he hablado hasta ahora (por ejemplo, las vitaminas B y C). Podríamos dedicar todo este libro o, incluso, una colección entera a hablar de todos los nutrientes que necesitamos y a sus efectos sobre el organismo, pero *Boca sana, cuerpo sano* se centra en los alimentos que nos proporcionan el conjunto de nutrientes más específicos e importantes.

Las vitaminas solubles en grasas se obtienen de alimentos muy concretos que deben prepararse de una forma específica para obtener suficiente cantidad en la dieta. Cuando diseñamos una dieta basada en ellos y consumimos los ingredientes necesarios, la naturaleza nos aporta el resto de los nutrientes que necesitamos.

Además de las vitaminas D, A y K_2, hay un grupo de nutrientes de apoyo que, en general, completan el sistema soluble en grasas.

Calcio

Una de las funciones más importantes que debe cumplir el cuerpo es mantener sus estructuras esqueléticas duras. Los odontoblastos necesitan calcio para desarrollar y mantener los dientes, y los osteoblastos, para desarrollar los huesos.

El problema del calcio es que si se deposita en el lugar equivocado, puede provocar desde caries dental a enfermedades cardíacas. Para controlar el flujo de calcio y aprovecharlo, el cuerpo necesita vitaminas solubles en grasas. El estado de los dientes es un buen signo de si los estás obteniendo. Y, al mismo tiempo, es un buen indicador de tu salud general.

Uno de los malentendidos más frecuentes sobre el calcio es que, si los huesos de una persona se debilitan (como en el caso de la osteoporosis), esta necesitará más calcio. Ya he explicado que es más probable que esa persona tenga suficiente calcio, pero que carezca de las vitaminas solubles en grasas que permitirían a su cuerpo utilizarlo.

En algunos casos, se ha visto que los suplementos de calcio, sobre todo, en forma de carbonato de calcio tienen muy poco efecto sobre la densidad ósea y que, incluso, pueden ser nocivos para la salud. Es mejor consumir calcio en sus formas absorbibles biológicamente, incluidos los lácteos, los vegetales verdes (como las verduras de hoja verde oscuro), las almendras, el pescado entero y las sopas preparadas con carne y huesos.

Grasas y colesterol

Las grasas no son solubles en agua y, por eso, el sistema digestivo tiene estrategias muy concretas para desplazarla por el cuerpo. Y estos mecanismos dependen de la grasa misma. Para hacer llegar las vitaminas solubles en grasas y muchos otros nutrientes fundamentales a donde deben estar y, para que las células lo absorban, necesitamos tomar ciertas grasas.

En gran medida, el intestino delgado descompone las grasas. El hígado produce bilis, que se combina con una mezcla compleja de enzimas del páncreas, para descomponer las grasas y convertirlas en gotitas que el intestino delgado pueda absorber. El truco es que el principal ingrediente de la bilis es el colesterol, así que esta propia sustancia tiene una función clave en el procesamiento de las grasas. Tu cuerpo es capaz de producir su propio colesterol, pero también necesita obtenerlo de la dieta.

Una vez las grasas son absorbidas en el intestino delgado, se empaquetan y se convierten en lipoproteínas, sustancias enormemente importantes, que las distribuyen por todo el cuerpo junto con las vitaminas solubles en grasas y otros nutrientes. Ni que decir tiene que este es un proceso complejo en el que hay muchos compuestos diferentes con funciones importantísimas; no puedes permitirte prescindir de ninguno de ellos. El cuerpo necesita toda una gama de grasas dietéticas (y de ellas la mitad deben ser grasas saturadas) para absorber por completo las vitaminas y otros nutrientes solubles en grasas.

Para que esto ocurra, el cuerpo requiere todo tipo de grasas, entre ellas, las siguientes:

- *Saturadas:* carnes, sebo, manteca, mantequilla, queso.
- *Monoinsaturadas:* aceite de oliva, cacahuetes (manís), almendras, aguacates.
- *Poliinsaturadas:* pescado, nueces, semillas de lino.
- *Colesterol:* hígado, pescado, huevos, mantequilla.

Magnesio

Tal vez recuerdes el experimento que muchos de nosotros hacíamos en el laboratorio del instituto, que consistía en quemar magnesio para producir una luz blanca brillante. Esta es una buena representación de lo que el magnesio hace en el cuerpo. Este elemento es el catalizador de más de trescientas reacciones químicas, incluidas todas las que dependen del adenosin trifosfato (ATP), la «moneda de energía universal de las células»[7], algo así como una batería celular.

El magnesio es fundamental para las células, puesto que activa la enzima que hace copias del ADN y la enzima que produce el ARN, responsable de comunicar las instrucciones de nuestros genes a las células. Luego, estas las siguen para producir todas las proteínas del cuerpo, un proceso conocido como expresión genética. Las vitaminas A y D cumplen la mayor parte de su función durante el proceso de expresión genética, por tanto, también dependen directamente del magnesio para funcionar adecuadamente. Este también tiene un papel fundamental en los receptores y proteínas con los que interactúan las vitaminas A y D.

La interacción entre el magnesio, la vitamina D y el calcio es un buen ejemplo de la importancia del magnesio. El cuerpo convierte a la vitamina D en el compuesto activo calcitriol, que regula la expresión genética y estimula la absorción de calcio. Pero este proceso necesita magnesio para realizarse. Por tanto, las personas con déficit de magnesio tienen unas cifras bajas de calcitriol y calcio en la sangre, sin embargo, darles suplementos de vitamina D no necesariamente devuelve las cifras de calcio a valores normales[8]. Su cuerpo necesita cantidades suficientes de magnesio para que la vitamina D funcione de la forma que se espera. El magnesio también ayuda a las bombas celulares que mantienen la mayor parte del calcio alejado de los tejidos blandos y hacen que esté disponible para los huesos y dientes.

Los alimentos ricos en magnesio incluyen las espinacas, las semillas de calabaza, el aguacate, las alubias negras, el yogur, el chocolate negro y los plátanos.

Zinc

El zinc contribuye a la integridad estructural de las proteínas del cuerpo y, junto con el magnesio, ayuda a regular la expresión genética[9]. El zinc también tiene un papel fundamental en cómo el cuerpo procesa la vitamina A[10]. Dicha vitamina ayuda a los intestinos a absorber el zinc y, a su vez, al transporte de vitamina A y de otras vitaminas solubles en agua a través de la pared intestinal.

El zinc también es un componente estructural esencial de muchas proteínas vinculadas con la vitamina A, incluida la proteína principal que transporta la misma a través de la sangre y de las proteínas que permiten que influya en la expresión genética.

Algunos alimentos ricos en zinc son la carne de vacuno, el cordero, el pollo, las semillas de calabaza, las espinacas, los hongos, los anacardos y los garbanzos.

Gelatina

El colágeno es uno de los componentes estructurales cruciales de la piel, las articulaciones, las encías y de todos los tejidos conjuntivos. El cuerpo obtiene el colágeno a partir de los aminoácidos glicina y prolina. La glicina también es un factor en el crecimiento normal y el desarrollo porque contribuye a segregar hormona humana del crecimiento [11].

En ocasiones, el cuerpo es incapaz de reparar su propio tejido conjuntivo. Por ejemplo, en las personas con enfermedad de las encías, los procesos inflamatorios crónicos hacen que estos tejidos se descompongan. El cuerpo humano puede sintetizar (producir) la glicina y la prolina, pero sus innumerables funciones indican que deberíamos obtener más a través de los alimentos para reponer los depósitos cuando se agoten.

El colágeno dietético se obtiene en su estado natural, sobre todo, en el tejido conjuntivo animal. Por eso, los caldos y las sopas que se preparan con huesos, incluidos los codillos o rodillas y los cartílagos, son tan importantes para la salud. Se encuentran entre las pocas fuentes dietéticas de colágeno que, cuando se cocinan, se convierten en gelatina. Los caldos de carne también contienen calcio, magnesio y otras trazas de minerales liberadas por los codillos. Los caldos y los consomés han sido una parte fundamental de las dietas de las sociedades tradicionales, probablemente, por esa razón.

La conclusión es que una dieta saludable debe incluir necesariamente productos animales con piel rica en gelatina, tuétano, codillos o rodillas con colágeno y caldos y consomés cocidos a fuego lento.

EL PROGRAMA

Durante miles de años, los humanos no tuvimos que pensar en «recomendaciones dietéticas» o adaptar las comidas a planes de alimentación mensuales. Comer era sencillo. Tomábamos los alimentos que encontrábamos en el entorno.

Hoy tenemos el afortunado problema de estar rodeados de alimentos, pero, a su vez, esto significa que debemos ser capaces de discernir qué alimentos promueven la salud y cuáles no.

La boca es una gran referencia para mostrarnos qué alimentos son buenos para nosotros. Lo que es bueno para la salud bucodental también lo es para la salud general. Por eso, he establecido los objetivos dietéticos anteriores.

Para dirigirnos a esos objetivos, tenemos que identificar y eliminar los alimentos actuales que nos apartan de ellos y nos hacen enfermar. También necesitamos aprender a identificar cuáles de ellos nos aportan las vitaminas solubles en grasas que tanto necesitamos. Por último, debemos incorporar a la dieta alimentos que mejoren el microbioma, que es una entidad biológica y un órgano en sí mismo. El siguiente programa te mostrará cómo llevar todo esto a la práctica.

PASO 1: ELIMINA

El primer paso consiste en identificar y suprimir los alimentos perjudiciales que suelen llegar a tu plato. Tu estrategia general debería ser eliminar todos los alimentos envasados y refinados de tu dieta y hacer un seguimiento de las comidas que tomas cuando comes fuera de casa, asegurándote de que están preparadas de la forma adecuada con los ingredientes convenientes.

De un vistazo

* Aceites vegetales refinados: ninguno.
* Harina blanca: nada.
* Azúcar: ingerir cada semana como máximo 6 cucharaditas en el caso de las mujeres, 9 cucharaditas en el de los hombres (1 cucharadita = 4,2 g).

Recomendaciones

1. Suprime los aceites vegetales. La mala noticia es que hacerlo puede ser difícil porque están por todas partes. Se usan

para preparar casi todos los alimentos envasados, todo lo que podemos comprar en los supermercados y todos los platos de los restaurantes.

La buena noticia es que los aceites vegetales no añaden sabor alguno a los alimentos y, si lo hacen, es bastante soso, así que eliminarlos para tomar grasas más saludables a menudo hace que las comidas tengan mejor sabor y sean más saciantes.

Evita los siguientes aceites vegetales:

Aceite de canola o colza, de soja, de maíz, de girasol, de cártamo o alazor y de cacahuetes o manís.

Sustitúyelos por:

Aceite de coco; grasas animales, incluido el sebo y la manteca, la mantequilla y la mantequilla clarificada; el aceite de aguacate o de oliva.

2. Suprime las harinas blancas

Esto puede ser todo un reto si tienes costumbre de comer pan, pasta o arroz blanco. Y sí, me doy cuenta de que casi todos comemos estos ingredientes, pero vale la pena hacerlo. Eliminar la harina blanca de tu dieta puede tener efectos extraordinarios sobre tu salud.

Es aceptable sustituirla por versiones integrales, pero no deberías tomar más de dos o tres raciones semanales, incluso aunque sea integral. De hecho, te recomiendo eliminar todos los cereales de la dieta durante, al menos, dos semanas para que el cuerpo sienta cómo es vivir sin ellos. Así también tendrás una referencia objetiva para notar cómo te sientes cuando vuelvas a tomarlos.

Me gusta tomar cereales integrales de vez en cuando, pero creo que me siento mejor en general si los tomo dos o tres veces a la semana. Los cereales integrales son el arroz integral, la cebada, la avena, el mijo, la espelta y la quinoa.

Suprimir:
Harina, arroz, pasta, panes de todo tipo, galletas saladas y cereales envasados.

Sustituir por:
Zanahorias, alubias, lentejas y garbanzos.

3. **Elimina el azúcar**

El azúcar tiene un efecto adictivo en muchos de nosotros. Eliminarlo es, probablemente, la propuesta más difícil de este libro. Incluso cuando lo sustituyes por los alimentos adecuados, el cuerpo siempre pasa por un período de «síndrome de abstinencia». Algunos de mis pacientes han tenido dolores de cabeza, mareos, fatiga, dolores en todo el cuerpo, temblores, insomnio e, incluso, síntomas de gripe. Estos efectos no suelen superar los cinco días, aunque en algunos casos pueden durar más.

Te recomiendo eliminar todo el azúcar de la dieta durante, al menos, dos semanas, y eso incluye la fruta. Mi impresión es que mis pacientes parecen escapar de las garras de la adicción al azúcar solo si lo eliminan por completo durante dos semanas. Esto reajusta las papilas gustativas y el ciclo del hambre y permite que el cuerpo reconozca y ansíe los alimentos que en realidad son buenos para tu salud.

¿Voy a dejar el azúcar para siempre?

No estoy diciendo que tengas que dejar el azúcar para siempre. No obstante, creo que una vez le des a tu cuerpo el tiempo que necesita para recuperarse del exceso de azúcar, ya no lo anhelarás tanto. Descubrirás que añadir azúcar al café o al té o tomar aquella pasta cargada de azúcar ya no te apetece tanto como antes.

Ya no tendrás mono de azúcar por las tardes o te despertarás en mitad de la noche porque tu cuerpo entenderá que ya no lo necesita. También perderás peso. Y, por supuesto, la caries dental dejará de ser una de tus principales preocupaciones.

Suprime:

Alimentos envasados que tengan más de 5 a 6 g de azúcar por cada 100 g.

Evita:

- Bebidas embotelladas y con sabores añadidos, incluidas las deportivas. Sustitúyelas por agua.
- Zumos de frutas, que contienen todo el azúcar de las frutas y nada de fibra, que tan saludable es para los intestinos.
- Cereales, incluidas las marcas «saludables». Los cereales suelen llevar harinas blancas y azúcares. Es importante no tomar nada que se parezca a los cereales envasados que venden en el supermercado.
- Aliños preparados para ensaladas.
- Salsas.
- Alimentos o platos enlatados.

Otras fuentes de azúcar que hay que vigilar

Lácteos

Los lácteos contienen lactosa, una forma de azúcar que se descompone en galactosa y glucosa. Los productos lácteos sin desgrasar contienen de forma natural unos 4,7 g de lactosa o azúcar. Cualquier otro azúcar es añadido. Si puedes tolerarlo, está bien consumir lactosa, y no necesitas añadirla a tu cómputo diario de azúcares porque no se convierte en fructosa.

Fruta

Por lo general, recomiendo no comer más de dos o tres piezas de fruta al día. Y, en las semanas 2 y 3 del programa, la eliminamos completamente de la dieta «suprimir los azúcares». Acuérdate de reducir al máximo el consumo de zumos, que no son más que dosis concentradas de azúcares simples.

Alcohol

Bebe alcohol moderadamente. No recomiendo dejarlo del todo porque algunas bebidas fermentadas como el alcohol y la cerveza tienen muy poca fructosa. Las mayores trampas con el alcohol son las bebidas para preparar combinados y los vinos de postre.

Edulcorantes artificiales y «naturales»

Por lo general, es mejor evitar los edulcorantes artificiales e, incluso, los naturales como la estevia, porque no dejan que tu paladar disfrute de los sabores naturales de los alimentos ricos en nutrientes que aportan las vitaminas solubles en grasa. La clave para reducir el consumo de azúcar a largo plazo es cambiar tu paladar, por eso, recomiendo mantenerte lejos de cualquier alimento dulce que pueda afectar a ese proceso.

PASO 2: ESTABLECE

Una de las principales lecciones que me gustaría que te llevaras de este libro es que no tienes que preocuparte de comer la cantidad adecuada de alimentos, sino de tomar los alimentos propicios con una buena cantidad de los nutrientes que el cuerpo más necesita. Las vitaminas solubles en grasas alimentan y mantienen el equilibrio de minerales, al sistema inmunitario y digestivo y muchos otros sistemas del organismo.

Cada comida debe contener fuentes de vitaminas solubles en grasas A, D y K_2, así como los elementos de apoyo que trabajan coordinadamente con ellas en el cuerpo, incluidos el magnesio, el zinc y la grasa dietética.

Alimentos ricos en vitaminas A, D y K_2

- Productos animales sin procesar con toda su grasa, incluida la piel, como carne de vacuno, pollo, cordero y pato.
- Despojos (también llamadas vísceras, pancitas o menudos).
- Pescados y mariscos enteros.
- Leche, mantequilla, yogur y queso.
- Huevos.
- *Natto* (alubias de soja fermentadas).
- Alimentos de origen vegetal de colores vivos y ensaladas preparadas con grasas o aliñadas con ellas.

Elementos de soporte

- Magnesio: semillas de calabaza, verduras de hoja, chocolate negro sin azúcar.
- Zinc: alubias, semillas de lino, gambas.
- Calcio: lácteos, verduras de hoja, sopas y caldos.
- Grasa dietética: aceite de coco, aceite de oliva, sebo, manteca.
- Gelatina: piel, articulaciones, huesos.

PASO 3: EQUILIBRIO

Fibra: a montones

Eliminar de la dieta los carbohidratos simples refinados creará un caos microbiano en tu cuerpo y tendrás que reequilibrar a las poblaciones microbianas de la boca y el intestino. Para hacerlo, necesitarás un equilibrio de probióticos que aporten y repongan la flora «buena» de tus microbiomas y prebióticos para alimentar a esas bacterias beneficiosas. Basar cada comida en una buena cantidad de vegetales ayuda a aportar toda la gama de fibras solubles y no solubles que el microbioma necesita para funcionar adecuadamente.

Probióticos

Además de prebióticos, es importante añadir probióticos a tu dieta para equilibrar el microbioma. La tendencia actual de tomar probióticos en forma de suplementos es enorme. De todos modos, siempre les digo a mis pacientes que la mejor forma de obtener microbios beneficiosos es la propia comida.

Los microbios vivos que se encuentran en la comida fermentada reponen y revitalizan las bacterias beneficiosas del intestino. Cada comida debe prepararse cuidadosamente para mantener a los microbios «buenos» creciendo y evitar que los dañinos tomen el control.

Los probióticos están en los alimentos fermentados. Para mantener el microbioma sano, deberías tomar dos o tres dosis de alimentos fermentados al día. Basta con solo una cucharada llena de chucrut por comida. Otras fuentes de probióticos incluyen los vegetales encurtidos, el té de kombucha, el kimchi, el yogur con cultivos vivos, el queso, la mantequilla, el kéfir, el miso, las sidras y los vinagres.

Prebióticos (fibras fermentables)

Los distintos tipos de fibra se dividen en solubles y no solubles, pero una clasificación más útil puede ser fermentable y no fermentable.

Los prebióticos y las fibras solubles que consumen microbios concretos a través de la fermentación en el colon producen ácidos grasos de cadena corta. Aunque a estas fibras se las llama prebióticos, en realidad, el término se refiere solo a las fibras que sabemos que las bacterias pueden convertir en ácidos grasos de cadena corta. Hemos identificado dos de ellas: la inulina y los fructooligosacáridos, y es importante tomar muchos alimentos que los contengan. Entre ellos, están las alcachofas, las cebollas, los puerros, los plátanos, las cebolletas, la raíz de achicoria, el diente de león y el ajo.

Hay muchos tipos de fibras, pero lo cierto es que no sabemos bien cómo el cuerpo las procesa todas. Aun así, probablemente, muchas son beneficiosas para el microbioma, y por eso deberíamos consumir otros tipos de fibras procedentes de una gama de vegetales, legumbres, frutos secos y semillas. Aunque deberíamos centrarnos específicamente en las fibras de prebióticos, comer una amplia variedad de plantas es importante. Como en cualquier otro aspecto, aquí la diversidad es la clave.

EMPEZAR A ENTENDER CUÁLES SON LOS ALIMENTOS ADECUADOS

Hay un dicho que reza «dale un pescado a un hombre y comerá un día. Enséñale a pescar y comerá siempre». El principal objetivo de este libro no es que elimines algunos alimentos de tu dieta, sino que llegues a ver la comida de un modo distinto, de uno que te ayudará a comer de forma saludable de por vida.

A estas alturas, deberías ver los alimentos a través una lente nítida, curiosa y lógica. Sí, hay alimentos nocivos de los que conviene mantenerse lejos. Pero lo más importante es que necesitamos respetar los alimentos que el cuerpo verdaderamente necesita y respetar las formas más tradicionales de preparar esos alimentos.

En el siguiente capítulo, empezaremos a ver los grupos específicos de alimentos y los que encajan en la filosofía de *Boca sana, cuerpo sano*.

CAPÍTULO 10

EL MODELO DE LA DIETA PARA LA SALUD BUCODENTAL Y LA PIRÁMIDE ALIMENTARIA

COMO YA HE MENCIONADO, *Boca sana, cuerpo sano* parte de cuatro principios de la nutrición dental, que, a su vez, se basan en las dietas tradicionales y en los alimentos ricos en nutrientes:

1. Mantener la mandíbula, la cara y las vías respiratorias saludables y fuertes.
2. Proporcionar a la boca los nutrientes que necesita.
3. Mantener un microbioma equilibrado y diverso.
4. Tomar alimentos con mensajes epigenéticos saludables.

Estos principios son los que me han ayudado a desarrollar la pirámide alimentaria de *Boca sana, cuerpo sano*.

Esta presenta de forma resumida una guía de las proporciones relativas de cada uno de los alimentos que necesitamos para una buena salud bucodental. No se especifican las «raciones», es decir, las cantidades, por lo que no necesitas pesar o medir los alimentos. Come hasta que sientas el estómago satisfecho.

Antes de ponernos a ello, veamos la pirámide alimentaria que todos conocemos. Es la que ha predominado en las recomendaciones dietéticas durante la década de 1990. Hasta el día de hoy, las recomendaciones habituales se basan en ella en gran medida. Quiero que veamos esta pirámide antes de mostrarte la de la dieta para la salud bucodental porque, tanto si eres consciente de ello como si no, probablemente determina tu forma de ver la comida.

La pirámide clásica resumía cuántas raciones de alimentos de cada uno de los grupos alimentarios tenías que tomar cada día. En general, el Gobierno de Estados Unidos la diseñó para que respondiera a las inquietudes y principios de la moda de los alimentos desgrasados de las décadas de 1970, 1980 y 1990. Es fácil verlo.

De la vieja pirámide se deducía que la grasa era enemiga de una dieta saludable. En su base, se situaron los alimentos con bajo contenido en grasas. Eso quería decir que tenías que tomar mayor cantidad de ellos, y los que tenían más grasas, como los lácteos, la carne y los aceites ocupaban las zonas más altas y estrechas de la pirámide. Eso que quería decir que debías tomar menos cantidad de estos alimentos.

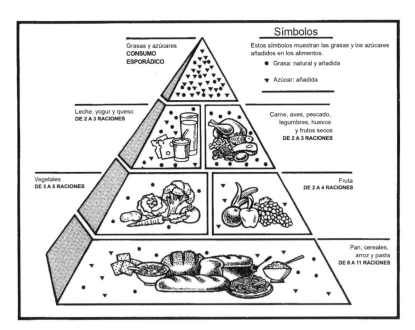

Fig. 23. Recomendaciones de la pirámide alimentaria original del Departamento de Agricultura del Gobierno de Estados Unidos para una alimentación saludable.

La pirámide mostraba una escasa preocupación por los azúcares simples, la harina blanca, los aceites vegetales poliinsaturados y los alimentos refinados y procesados industrialmente. De hecho, recomendaba estos alimentos, puesto que el pan, los cereales, el arroz y la pasta forman la base de dicha pirámide.

La pirámide no menciona ninguno de los principios de alimentación saludable que nuestros ancestros desarrollaron durante miles de años; no tomaba en consideración el microbioma, la procedencia de los alimentos o las vitaminas solubles en grasas que necesitamos para absorber tantos nutrientes distintos. Y huelga decir que tampoco tenía en cuenta los alimentos que son necesarios para mantener la salud bucodental.

LA PIRÁMIDE DE LA DIETA PARA LA SALUD BUCODENTAL

Para escribir *Boca sana, cuerpo sano,* empecé por analizar los alimentos que necesitamos tomar para mantener unos dientes y unas bocas sanas. Esto me condujo de forma natural hasta la importancia de los alimentos con vitaminas solubles en grasas, a las grasas que nos ayudan a procesarlas y a muchos otros nutrientes. Me llevó también a incluir los probióticos y los prebióticos que necesitamos para equilibrar el microbioma y me convenció de que prestara una atención prioritaria a los alimentos con mensajes epigenéticos naturales.

Comer para tener una boca sana también me inspiró a reconectar con los alimentos naturales que las sociedades tradicionales han tomado desde hace tanto tiempo para mantenerse sanos. Los alimentos que la gente comía antes de la Revolución Industrial no eran, sencillamente, los que tenían a su alcance, sino los que necesitaban para tener una buena salud. Quiero que esta pirámide cambie tu propia forma de ver la comida y que la veas como ellos la veían.

Esta pirámide no especifica las cantidades exactas que hay que tomar de cada alimento porque no creo que medir lo que comes te ayude de ninguna forma a saber qué tienes que comer. Nuestro mundo está lleno de alimentos que el cuerpo no reconoce, y mi principal objetivo con esta pirámide es ayudarte a mantenerte alejado de ellos y a centrar tu dieta en los que de verdad son buenos para ti. Una parte importante de este cambio es reconsiderar la forma en que vemos las grasas, que son necesarias para obtener energía, para realizar múltiples funciones celulares y para absorber las vitaminas solubles en grasas.

Si das prioridad a los alimentos que comes según los niveles de esta pirámide, tu boca y tu cuerpo empezarán a funcionar como están diseñados para hacer. Empezarán a rendir a su nivel máximo, por así decirlo. Si por alguna razón no puedes comer algunos de estos alimentos, no pasa nada siempre que los reemplaces siguiendo un criterio sensato. Por supuesto, no basta con tomar los alimentos adecuados; también es importante que se obtengan y se preparen de forma que, cuando lleguen a tu plato, conserven los nutrientes que necesitas de ellos. Mi modelo está diseñado alrededor de tres principios que protegen el valor nutricional de los alimentos que tomes:

1. **Es mejor tomar los alimentos completos.**

   Nuestros cuerpos están diseñados para procesar los alimentos tal y como se encuentran en la naturaleza, no para comerlos procesados, refinados y manipulados en fábricas de cualquier otro modo.

2. **Importan los alimentos que comes, pero también cómo los preparas.**

   Preparar los alimentos de distintas formas tiene un efecto sobre los diversos nutrientes que contienen. Por eso, la pirámide distribuye los ingredientes en grupos basados no solo en el tipo de alimento (p. ej., vegetales, carnes, lácteos), sino también en cómo se preparan. Por ejemplo, la col está en el grupo de los vegetales, pero también en el de los fermentados, al igual que el queso.

3. **El origen de los alimentos también es importante.** Como ya hemos dicho, la vida de una planta o de un animal (las condiciones en las que crece y los alimentos que consume) tienen un efecto sobre su microbioma y su epigenética, y todo lo anterior afecta a nuestra salud cuando nos comemos ese animal. Lo recomendable es tomar alimentos cultivados o criados en condiciones que aseguren que su microbioma y su epigenética sean sanos.

Esto significa comer productos animales de ganado criado con pastos siempre que sea posible. También implica tomar frutas y vegetales locales cultivados de forma natural siempre que puedas. Comprar tus alimentos en mercados agrícolas es una buena forma de conseguirlo. Así también conocerás a las personas que cultivan la comida que te alimenta, y profundizarás en tu propia relación con lo que hay en tu plato.

Seamos realistas...

Aunque es importante tomar todos los alimentos de la pirámide alimentaria de la dieta para la salud bucodental y tantos como puedas, sé que no siempre es posible. Además, la vida es una cuestión de equilibrio. El modelo de dieta que propongo en este libro te da margen de maniobra: si puedes tomar los alimentos de esta pirámide un 80 % del tiempo, o en cuatro de cada cinco comidas, estarás haciéndole un gran favor a la salud general de tu boca y tus dientes. Si limitas tu ingesta de alimentos modernos procesados a una de cada cinco comidas, tus otras comidas te proporcionarán los materiales que el cuerpo necesita para soportar un poco de comida moderna.

La pirámide de la dieta para la salud bucodental tiene cuatro niveles. Por lo general, deberías comer más alimentos del primer nivel (base), un poco menos del segundo, algo menos del tercero y, para acabar, prestar una especial atención a cuántos alimentos del cuarto nivel ingieres.

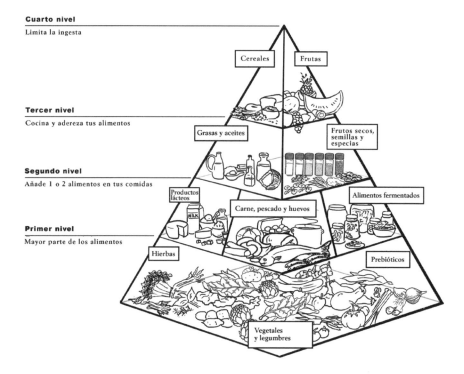

Fig. 24. Pirámide alimentaria de la dieta para la salud bucodental.

Nivel 1: la base está formada por alimentos de origen vegetal como verduras (incluidas las que contienen prebióticos fermentables), legumbres y hierbas. Estos alimentos deberían constituir la mayor parte de cada comida.

Nivel 2: incluye alimentos que contienen los nutrientes fundamentales que el cuerpo necesita. Este nivel debería incluir carnes, huevos, pescado, lácteos (si los toleras) y alimentos fermentados.

Nivel 3: incluye alimentos con los que puedes cocinar o que puedes agregar a tus platos para añadir sabor, como grasas y aceites, frutos secos, semillas y especias. Estos ingredientes son una excelente adición a las comidas y puedes utilizarlos en las cantidades que necesites.

Nivel 4: este nivel esta formado por los alimentos cuya cantidad deberías limitar, en general, porque contienen muchos azúcares simples (cereales y frutas).

NIVEL 1

BASE: PLANTAS, VEGETALES, LEGUMBRES, HIERBAS Y PREBIÓTICOS

Una dieta saludable se basa, sobre todo, en productos de origen vegetal o vegetales (uso las dos denominaciones de forma indistinta). Los vegetales son el alimento más abundante en la naturaleza y nuestros cuerpos están diseñados para obtener ventajas de ese hecho. Esta es la razón por la que las verduras, las legumbres, las hierbas y los prebióticos forman la base de la pirámide alimentaria de la dieta para la salud bucodental. Deberías tomar dos o tres alimentos de este grupo en cada comida. Y, a ser posible, tendrían que cumplir tres condiciones: ser de temporada, haberse cultivado en la zona donde vives y ser orgánicos.

Es importante que tu dieta contenga un surtido variado de estos alimentos. Puedes obtener abundantes nutrientes de las plantas, pero tienes que comer sus distintas partes (es decir, las hojas, los tallos, las semillas, etc.).

Alimentos de origen vegetal

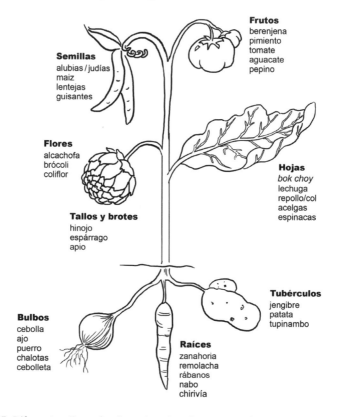

Frutos
berenjena
pimiento
tomate
aguacate
pepino

Semillas
alubias / judías
maiz
lentejas
guisantes

Flores
alcachofa
brócoli
coliflor

Hojas
bok choy
lechuga
repollo/col
acelgas
espinacas

Tallos y brotes
hinojo
espárrago
apio

Tubérculos
jengibre
patata
tupinambo

Bulbos
cebolla
ajo
puerro
chalotas
cebolleta

Raíces
zanahoria
remolacha
rábanos
nabo
chirivía

Fig. 25. Diferentes tipos de alimentos de origen vegetal.

Frutos: son las partes carnosas y ricas en nutrientes de la planta. Hay que puntualizar que son «frutas» desde un punto de vista biológico. No deberíamos confundirlos con otros alimentos a los que llamamos fruta, como las manzanas, las naranjas y las uvas, que contienen grandes cantidades de azúcares naturales.

Semillas: son el depósito de energía rico en fibra de los vegetales. Contienen una gran cantidad de fibra soluble que ralentiza la digestión y nos ayuda a absorber los nutrientes.

Flores: proporcionan una mezcla excelente de fibra y nutrientes.

Tallos y brotes: nos aportan una mezcla de fibra soluble y no soluble que añade volumen a las heces.

Hojas: los vegetales de hoja verde son ricos en fitonutrientes, que aportan numerosos beneficios a la salud de todo el cuerpo.

Tubérculos y raíces: tradicionalmente, se han usado como alimentos básicos debido a su naturaleza saciante y rica en carbohidratos.

Bulbos: son una fuente excelente de fibras prebióticas solubles que son utilizadas por las bacterias beneficiosas del sistema digestivo.

Cuantas más especies y colores haya en tu plato, mucho mejor. También deberías tratar de mezclar vegetales crudos y cocinados.

Legumbres

Las legumbres son vegetales que se presentan en forma de semillas en el interior de una vaina. Son ricas en fibras fermentables, proteínas y otros nutrientes. Algunas de ellas pueden resultar de difícil digestión para algunas personas. Aun así, muchas culturas han consumido legumbres crudas durante siglos, si no durante milenios.

Algunos ejemplos de legumbres son:

- Alfalfa
- Alubias
- Cacahuetes o manís
- Garbanzos
- Guisantes o arvejas
- Lentejas

Cómo deben comerse las legumbres

Para facilitar la digestibilidad de las legumbres, es mejor remojarlas antes de cocerlas o comerlas.

Para las alubias de riñón: añade agua y bicarbonato a una olla grande junto con las alubias y déjalas en remojo durante 12 a 24 horas antes de cocerlas.

Para otros tipos de alubias (como las negras): remójalas en agua y una cucharada de vinagre de sidra o zumo de limón por cada taza de alubias secas.

Hierbas

Las hierbas son plantas que usamos como alimentos, condimentos o medicinas. Por lo general, se distinguen de otros productos vegetales en que los consumimos en pequeñas cantidades debido a la intensidad de su aroma o su sabor, que son resultado de su rico contenido en fitoquímicos. Estos compuestos se encuentran de forma natural en las plantas y ofrecen múltiples beneficios saludables. Por esa razón, las hierbas se han utilizado para cocinar y como medicinas durante la historia humana. No solo tienen un sabor excelente, sino que son muy beneficiosas para la salud.

Algunos ejemplos de hierbas son:

* Albahaca
* Eneldo
* Hinojo
* Lavanda
* Menta
* Orégano
* Perejil
* Salvia
* Tomillo

Cómo tomar las hierbas

Añade hierbas frescas a todos los platos, tanto cocinados como crudos, y también puedes usarlas secas.

Prebióticos

Son plantas que contienen fibra solubles fermentables por los microbios de tu intestino. Deberías asegurarte de incluir un vegetal prebiótico en cada comida para mantener equilibrado tu microbioma.

Algunos ejemplos de prebióticos son:

- Ajo
- Cebolla
- Diente de león

- Espárragos
- Plátanos
- Puerros

Formas sabrosas de incorporar ingredientes vegetales a tu dieta

Comprendo que a muchas personas les aburre comer muchos vegetales. No hay que desanimarse por eso. Si tienes acceso a los ingredientes habituales y aprendes las técnicas y las formas correctas de prepararlos, puedes convertirlos en comidas deliciosas y muy nutritivas.

Recomendación: añade siempre alguna grasa cuando cocines o prepares un plato de verduras. Sí, siempre. Tanto si les agregas un aliño frío, como aceite de oliva o mantequilla, como si los cocinas en aceite de coco, manteca o grasa de pato, no solo estarán más buenas, sino que sus nutrientes se absorberán mucho más eficientemente.

Opciones para preparar los ingredientes vegetales

Para que tus platos a base de vegetales no acaben aburriéndote, puedes prepararlos de diversas formas:

Horneados

Corta diferentes tipos de vegetales, añádeles una grasa como aceite de coco o mantequilla, mantequilla clarificada o manteca. Luego, agrega sal, hierbas y especias, y hornéalos a 190 °C hasta que se doren. Por lo general, basta con 20 minutos.

Al vapor

Corta los vegetales, ponlos en una vaporera y deja que se cuezan durante 20 minutos. Sírvelos con sal, pimienta y mantequilla.

Salteados

Corta vegetales variados de distintos colores y saltéalos en un *wok* o en una cazuela esmaltada con tres cucharadas de aceite de coco, mantequilla clarificada o manteca. Cocínalos a temperatura alta y remuévelos hasta que se doren. Suelen bastar unos 10 minutos.

Sofritos

Esta técnica se parece a freír. Usa una pequeña cantidad de grasa que aguante bien las temperaturas altas, como el aceite de coco, la mantequilla clarificada o la manteca para preparar los vegetales de una vez, removiéndolos en la cazuela. Si añades poca grasa evitarás que se frían y, en su lugar, se dorarán ligeramente y conservarán su textura crujiente.

Asados o a la parrilla

Si prefieres un color más oscuro y un sabor más ahumado, usa aceite de coco para asar o hacer los vegetales la parrilla.

Crudos

Corta las verduras y rocíalas con sal, pimienta, aceite de oliva y vinagre para tomarlas como ensalada.

En sopa o guisos

Pon los vegetales en una olla con agua, hiérvelos vuelve a bajar el fuego y deja que se cuezan durante 30 a 45 minutos.

Otras formas de añadir más cantidad de vegetales a tus comidas: haz pasta de vegetales, arroz de verduras y vegetales fritos. Con creatividad, los vegetales pueden servirte como sustituto de los carbohidratos simples como la pasta a base de harina, el arroz blanco y el pan.

Pasta a base de vegetales

La pasta vegetal que sirve para sustituir a los fideos hechos de harina es sorprendentemente sabrosa y mucho más nutritiva. Usa un pelador de verduras corriente para obtener tiras finas de los vegetales, que se parecerán a los espaguetis o a otras pastas finas. Si prefieres una versión más sofisticada, compra un rallador espiral de verduras para que tus fideos vegetales sean más elegantes.

Casi cualquier vegetal sirve para hacer pasta, pero los siguientes son más fáciles:

- Boniatos
- Calabacines
- Zanahorias

Para tomarlos calientes: añádeles un poco de grasa y unas pocas especias y hornéalos, saltéalos, hazlos al vapor o fríelos hasta que se ablanden un poco. Luego, sírvelos con otros alimentos calientes.

Para tomarlos fríos: usa la pasta como base. Sírvela con otros vegetales y con aceite de oliva o de aguacate y tendrás una ensalada coloreada y crujiente.

PESTO

El pesto es una forma sabrosa de añadir hierbas a cualquier comida. Sirve para preparar una pasta deliciosa, pero también es delicioso con salmón, carne o ensalada.

Ingredientes

2 a 3 puñados de hojas verdes frescas (la albahaca es la más habitual, pero puedes usar cualquier hierba que te guste)

½ taza de queso parmesano rallado u otra variedad de queso curado

½ taza de piñones o cualquier otro fruto seco

1 cucharadita de sal

1 a 2 dientes de ajo

¼ a ½ taza de aceite de oliva extravirgen

Instrucciones

1. Añade a una batidora la mitad de las hierbas, los piñones, el queso, la sal y el ajo, y tritúralos. Luego, agrega el resto. Sigue triturándolos hasta que la mezcla se convierta en una pasta uniforme. Ve rebañando los lados del vaso de la batidora.

2. Agrega un poco de aceite de oliva para humedecer el pesto. Si quieres que tenga la consistencia de una pasta para untar, usa menos aceite. Si prefieres la consistencia de una salsa, añade más.

3. Condimenta con sal al gusto.

4. Puedes servir el pesto al momento de prepararlo o guardarlo. Suele mantenerse fresco durante varios días. Si vas a guardarlo, consérvalo en el recipiente más pequeño posible, presionándolo bien para eliminar las bolsas de aire. Luego, añádele un poco de aceite de oliva por encima y guárdalo en la nevera. Debería mantenerse fresco durante una semana. Si lo congelas, se conservará bien durante 3 meses.

ARROZ DE COLIFLOR

Ingredientes

Coliflor

Equipo necesario

Rallador o procesador de alimentos

Instrucciones

1. Precalienta el horno a 204 °C.

2. Elimina las hojas de la coliflor, corta la cabeza en cuartos y retira la mayor parte del tallo de cada cuarto. Luego divide cada uno de ellos en dos o tres trozos y ponlos en la batidora. Tritúralos durante 30 segundos más o menos hasta que la coliflor quede como el arroz o el cuscús. Si no tienes procesador de alimentos puedes rallar la coliflor con un rallador grueso. Obtendrás trozos más grandes, que le darán al arroz una textura más grumosa.

3. Hornéala durante 12 minutos o saltéala con alguna grasa. Añade hierbas y especias a tu gusto, y ya tienes una base deliciosa y saludable para cualquier comida.

VEGETALES FRITOS

Los vegetales fritos sirven para preparar sabrosos tentempiés o guarniciones.

Ingredientes

Patatas, boniatos, kale o pepino.

Instrucciones

1. Precalienta el horno a 218 °C.

2. Corta los vegetales en bastones y ponlos en una bandeja sobre papel de hornear.

3. Rocíalos con mantequilla, aceite de coco o aceite de oliva y añádeles sal. Hornéalos durante 10 a 15 minutos o hasta que estén crujientes.

4. Sírvelos templados o guárdalos como tentempié.

NIVEL 2

CARNES, HUEVOS Y PESCADO; ALIMENTOS FERMENTADOS Y LÁCTEOS

Siempre que puedas, deberías comer productos obtenidos de animales criados en granjas orgánicas y de pescado que haya vivido libre y expuesto al sol. Deberíamos comer carne de distintas partes del animal, incluyendo los huevos y los despojos. De nuevo, es una cuestión de variedad.

Grupo 1: Carnes, huevo y pescado

Carnes magras

La carne de pecho, un tipo de carne de músculo, y otros cortes magros son las partes menos nutritivas del animal porque carecen de vitaminas solubles en grasas. Los cortes magros de carne son estupendos para tomar entre comidas, pero, en gran medida, los que deberías tomar son los que tienen grasas.

Piel y codillos

Cuando cocines jamón, paletilla y pecho, déjale la piel. Come tanta carne como puedas, incluyendo la piel y las partes cartilaginosas. Usa los codillos más grandes para las sopas y caldos que prepares.

Pescado y marisco

Intenta comer solo pescado y marisco capturado en el océano. El pescado de piscifactoría que no crece en su entorno natural, igual que ocurre con el ganado criado con cereales, tiene un perfil nutricional distinto. Cómete todas las partes del pescado, incluidos la cabeza, la piel y los órganos. Una forma sencilla de comerte todas las partes es comprar las variedades pequeñas, de las que pueden comerse enteros.

Vísceras, pancitas o menudos

También se les llama despojos y son, con diferencia, la parte más nutritiva del animal. Ahí es donde se almacenan la mayoría de las vitaminas solubles en grasas.

Nota: si tomas carne de vísceras dos veces a la semana, obtendrás de ellos los nutrientes que necesitas. Intenta comerlas como máximo cuatro o cinco veces por semana para evitar un exceso de vitamina A.

Recomendación: el hígado está muy cerca de aportar gran parte de los nutrientes que tu cuerpo necesita. Es una fuente abundante de vitamina C y de las vitaminas solubles A, D y K_2, y también de B_6, B_{12}, folato, colina, biotina, magnesio y zinc. Un filete de hígado a la semana en la dieta cubre, en gran medida, muchos de los nutrientes y vitaminas que tu cuerpo necesita.

Cómo preparar las vísceras

Las vísceras o menudos, entre ellos, el hígado, los riñones, las tripas o callos, el corazón y los sesos, solo por nombrar algunos, pueden cocinarse de muchas formas y hay innumerables recetas sabrosas de casquería. En mi opinión, el hígado es la víscera más versátil y el que suele gustar más a la gente que no está acostumbrada a comer este tipo de carnes.

Salteadas

Saltéalas en manteca, mantequilla clarificada o aceite de coco, como harías con otros filetes. Hazlos a baja temperatura porque si se cocinan demasiado, la carne queda seca y dura.

Curadas

Las salchichas curadas y especiadas pueden prepararse con panceta de cerdo. Fríelas y sírvelas con diferentes platos.

Revueltas

Corta la carne en dados pequeños y añádela a un revuelto de verduras.

Picadas

La carne picada de vísceras es excelente para preparar una salsa boloñesa o un guisado. Mezcla una pequeña cantidad de carne de vísceras con cortes de carne normales, luego condiméntala y cocínala en la salsa y tendrás un plato de pasta completo y delicioso.

PATÉ

Una de las formas más flexibles y deliciosas de tomar un hígado supernutritivo es en los patés. Puedes variar el sabor del paté usando distintos tipos de hígado, como de pollo, pato o cordero, y añadiéndoles hierbas y especias. Es una forma estupenda de averiguar qué te gusta más y de introducir más variedad en tu dieta.

Ingredientes

500 g de hígados de pollo, pato o cordero

1 cebolla en rodajas finas

1 diente de ajo

1 manojo de cualquier hierba picada

3 cucharadas de jerez para cocinar

185 g de mantequilla a temperatura ambiente

¼ cucharadita de sal marina o sal de roca rosa

¼ cucharadita de pimienta negra molida

⅛ cucharadita de nuez moscada molida

Instrucciones

1. Hierve el hígado y la cebolla a fuego fuerte en una cazuela con 2 o 3 tazas de agua. Luego, baja el fuego y deja que se hagan durante unos 20 minutos o hasta que la carne esté tierna.

2. Saca la cebolla, escúrrela y descarta los trozos de hígado que se hayan endurecido.

3. Pon el hígado en una batidora o un procesador de alimentos y tritúralo hasta que quede fino. Añade el ajo y las hierbas picadas, el jerez, la mantequilla, la sal, la pimienta, la nuez moscada y otras especias. Tritúralos durante poco tiempo parando de vez en cuando para comprobar la consistencia de la mezcla.

4. Engrásate un poco las manos con aceite de oliva o mantequilla y haz un montón con el paté. Ponlo en la nevera durante 1 hora antes de servirlo frío.

Sopas y caldos

La costumbre de tomar caldo de pollo cuando estamos resfriados tiene una razón. Cuando se cocinan lentamente con su hueso, las carnes tienen propiedades sanadoras que las culturas tradicionales han aprovechado durante miles de años.

Para extraer de las carnes la gelatina rica en nutrientes y otros materiales colagenosos y minerales, es necesario hacer caldo con ellas hirviéndolas y dejando que cuezan en agua a fuego lento.

Si preparas tu propio caldo fresco, conoces su calidad, pero si compras caldo preparado, puedes cerciorarte de su calidad fácilmente. El buen caldo tiene mucha gelatina que adopta la textura de la jalea cuando se enfría.

Los caldos necesitan mucho tiempo de cocción, pero se conservan bien en la nevera o el congelador, así que basta con que lo prepares cada dos a cuatro semanas.

CALDO DE POLLO

Equipo necesario

Olla de cocción lenta u olla sopera

Bol grande

Colador de malla

Ingredientes

1 pollo entero o 2 carcasas de pollo con las 2 patas

2 tallos de apio picados en trozos

2 zanahorias picadas en trozos

1 cebolla picada

2 a 3 dientes de ajo picados

2 cucharadas de vinagre de sidra de manzana

2 hojas de laurel o un puñado de romero o cualquier otra hierba

Sal y pimienta al gusto

Instrucciones

1. Pon el pollo o las carcasas de pollo en una olla de cocción lenta o en la olla sopera y cúbrelas con el apio, las zanahorias, la cebolla y el ajo. Añade el vinagre de sidra de manzana, las hojas de laurel y las patas de pollo, si utilizas.

2. Añade suficiente agua para cubrir todos los ingredientes.

3. Pon la olla de cocción lenta a máxima potencia o la olla sopera en el fogón a fuego fuerte hasta que la mezcla empiece a hervir. Luego baja la temperatura y déjalo cocer de 12 a 24 horas.

4. Cuela el caldo y ponlo en un bol grande o una olla, separando los sólidos de los líquidos.

5. Puedes conservar el pollo y los vegetales por separado y tomarlos con el caldo. Sin embargo, el pollo y las verduras solos estarán sosos y blandos debido al tiempo prolongado de cocción.

6. Sirve el caldo que vayas a tomar inmediatamente. Deja que el resto se enfríe en la olla. Cuando esté frío, guárdalo en la nevera en contenedores más pequeños durante 4 a 5 días o en el congelador de 4 a 6 meses.

CALDO DE TERNERA

Equipo necesario

Olla de cocción lenta u olla sopera

Tarros de vidrio

Cazuela para rustir

Colador de malla

Ingredientes

2,75 kg de huesos de ternera (huesos de tuétano, hueso manzano, codillos y cuello o costillas con carne, suficiente para llenar aproximadamente ¾ partes de la olla)

Aceite de oliva

¼ taza de vinagre o de vinagre de sidra de manzana

3 cebollas picadas

3 zanahorias picadas

3 tallos de apio picados

Sal marina al gusto

2 hojas de laurel

1 manojo tomillo

1 manojo de perejil

Instrucciones

1. Precalienta el horno a 176 °C.

2. Pon los huesos en una bandeja para hornear y embadúrnalos con aceite de oliva (frótalos con las manos limpias). Ásalos en la bandeja hasta que se doren (30 a 60 minutos).

3. Añade cebollas, zanahorias y tallos de apio a la olla de cocción lenta o a la olla sopera mientras los huesos se están cocinando.

4. Añade los huesos dorados a la olla. Agrega agua caliente a la bandeja de asar y vierte el liquido en la olla. Remueve hasta que los ingredientes dorados estén mezclados. Añade más agua para cubrir los huesos.

5. Llévalo todo a hervor a fuego medio o alto, y ve retirando la película de espuma que aparece en la superficie.

6. Reduce a fuego bajo. Cubre la olla y deja que hierva durante, al menos, 12 horas hasta un máximo de 72 horas. Cuanto más cocines el caldo, más materiales gelatinosos soltarán los codillos.

7. Durante la última media hora, añade sal, hojas de laurel, tomillo y perejil.

8. Cuela el caldo con un colador de malla fina. Si vas a añadirlo a algún plato, viértelo directamente antes de servirlo. Enfría el que vayas a conservar en agua con hielo en el seno de la cocina.

9. Guárdalo en tarros de vidrio en la nevera durante 4 a 5 días, o congélalos de 4 a 6 meses.

Grupo 2: alimentos fermentados

La lactofermentación es un sistema de conservación de alimentos frescos crudos. El proceso de elaboración consiste en añadir a los alimentos una comunidad de microbios beneficiosos que digieren algunas partes de ellos y que aportan nutrientes que estimulan el desarrollo de colonias microbianas equilibradas. Los elementos fermentados también son una buena fuente de vitamina K_2, que es producida por los microbios beneficiosos.

Añadir un alimento fermentado como el chucrut, la kombucha, el kéfir, la mantequilla o el queso a tu dieta habitual le dará a tu microbioma justo el equilibrio y la ayuda que necesita.

Preparar los alimentos fermentados en casa es bastante fácil y mucho más barato que comprarlos preparados. No obstante, si optas por comprarlos, asegúrate de que se han conservado en frío, de que no han sido pasteurizados y de que no se les ha añadido azúcar. Ahora te explico cómo puedes preparar tres de los fermentados más sencillos: el kéfir, la kombucha y el chukrut.

KÉFIR DE LECHE

El kéfir de leche es un producto lácteo cuajado espeso preparado con leche fermentada y granos de cultivo. Es un añadido genial para comidas saladas y una buena base para un desayuno saludable. También puedes beberlo directamente de un vaso.

Equipo necesario

Un tarro de cristal

Un paño, papel de cocina o un filtro de café de los de papel

Una goma elástica para cerrar el tarro

Un utensilio para remover que no sea metálico

Un colador de malla para colar los granos de kéfir

Ingredientes

1 o 2 cucharaditas de granos de kéfir para leche (puedes comprarlos en tiendas de comida saludable o pedirlos en alguna tienda en línea)

1 l de leche de vaca, cabra o leche de coco (mejor no homogeneizada)

Instrucciones

1. Añade los granos de kéfir a la leche. Viértelos en un tarro.

2. Cubre el tarro con un paño y fíjalo con una goma elástica.

3. Deja la mezcla en un lugar cálido hasta que se espese un poco y desprenda un olor agradable, por lo general, 24 horas. Es el período que las bacterias necesitan para descomponer los azúcares simples de la leche. Mientras están activos y fermentando la leche, los granos flotarán en la superficie de la leche. Utiliza una cucharada no metálica para remover la mezcla y mantenerla uniforme.

4. Una vez que el cultivo esté listo, cuélalo para separar los granos de kéfir de la bebida. Los puedes utilizar para volver a preparar una nueva remesa de kéfir.

5. Guarda la bebida de kéfir en la nevera.

KOMBUCHA

Uno de mis fermentos favoritos es un vaso de té kombucha frío. Contiene una mezcla de microbios fantástica. Me gusta recomendarlo a mis pacientes porque es una bebida ácida, fría y con burbujas que sustituye muy bien a los refrescos. Lo mejor de todo es que el té de kombucha frío puedes prepararlo en casa.

Equipo necesario

Olla sopera

Un tarro limpio con tapa hermética (más o menos de un litro) o botellas de vidrio más pequeñas

Ingredientes

4 a 5 bolsas de té negro

4 a 5 cucharadas de azúcar blanco orgánico

2 cucharadas de vinagre de sidra

Hongo para preparar kombucha (también conocido como SCOBY, acrónimo en inglés de colonia simbiótica de bacteria y levaduras). Es un bloque fino y gelatinoso.

Instrucciones

Nota: asegúrate de utilizar tarros limpios y menaje que no sea de metal. Estás trabajando con un cultivo vivo y con levaduras, es importantísimo evitar que se contaminen.

Paso 1: prepara el té

1. Prepara una olla sopera de té y déjala reposar durante 15 a 20 minutos con las bolsitas dentro. También puedes añadirlas a una cacerola de agua y dejar que hiervan a fuego lento 5 minutos.

2. Añade el azúcar y remuévelo hasta que se disuelva. Luego, agrega agua fría para enfriar el té. Puedes añadir la misma cantidad de agua que se haya evaporado durante la cocción.

Nota: el té caliente puede matar a los microbios del cultivo. Antes de añadirle el cultivo, asegúrate de que el té no supera la temperatura del cuerpo.

Paso 2: prepara la mezcla

1. Vierte el té frío en un bol. Añade el vinagre de sidra y el cultivo de kombucha. Puedes comprarlo en internet, en una tienda de productos sanos de tu zona o pedírselo a algún amigo que tenga.

2. Pon una servilleta sobre el bol y fíjala con una goma elástica. Esto mantendrá la contaminación y los insectos lejos de tu cultivo.

3. Pon el bol en un lugar cálido y oscuro y déjalo fermentar.

Paso 3: controla la mezcla

1. El proceso de fermentación requiere de 5 a 14 días, dependiendo de la temperatura. En los climas cálidos, basta con 14 días. En los más fríos, tal vez necesites de 3 a 4 semanas. Si vigilas la mezcla cada 2 o 3 días, notarás que en la superficie se forma una película. Esa es la primera membrana fina de tu cultivo de SCOBY, las bacterias que han crecido en tu kombucha.

2. Empieza a probar la mezcla después de 4 o 5 días. Debería tener un sabor ácido o amargo. Cuanto más tiempo dejes el cultivo en la mezcla, más azúcar se comerán los microbios. Por tanto, si aún está dulce, ya sabes que todavía no está listo.

Paso 4: embotéllalo

1. Cuando el té kombucha esté listo, se habrá formado un segundo SCOBY sobre el líquido. Retira con cuidado el cultivo madre y su derivado, y ponlos en un plato limpio. Debes tener las manos limpias para evitar contaminar los cultivos cuando los toques.

2. Cuela la kombucha y ponla en un vaso o en botellas, y reserva una taza para preparar la próxima remesa.

3. Ahora, llena un tarro o las botellas limpias con la kombucha y ciérralos con tapas en envases herméticos. Puedes conservarlos en la nevera en esos mismos envases.

4. Usa uno de los SCOBYS para preparar la próxima remesa. Ahora tienes suficiente cantidad para el doble de té o puedes darle el cultivo a un amigo. Se conserva a temperatura ambiente en un poco de té, con cuidado de evitar que se seque. Notarás que se espesa y que adopta un color opaco, en lugar de transparente.

CHUCRUT

El chucrut es un vegetal fermentado clásico que sirve de acompañamiento a muchas comidas y que también te ayudará a controlar el ansia por tomar dulces. Para ello, cómete una cucharada de chucrut y verás cómo el deseo desaparece rápidamente.

Ingredientes

1 col verde o lombarda

1 cucharada de sal marina

Si necesitas más salmuera:

1 cucharada de extra de sal marina

4 tazas de agua sin cloro

Instrucciones

1. Lava la col y quítale las hojas exteriores estropeadas.

2. Elimina el corazón y corta la col en tiras uniformes.

3. Coloca las tiras de col en un bol grande y espolvoréala con sal marina.

4. Déjala reposar durante 15 minutos, más o menos, y luego empieza a trabajarla con las manos o con un mazo. El objetivo es que la col suelte los jugos que contienen las hojas. Amásala durante unos 5 o 10 minutos. Verás que, en el fondo del recipiente, aparece un líquido salado procedente de la col.

5. Coloca un par de puñados de col en el tarro y aplástala bien con una cuchara de madera, eliminando tantas burbujas de aire como puedas. Repite la operación hasta llenar el tarro de col, apretándola bien hasta que esté casi lleno. Deja aproximadamente 5 cm de espacio sin llenar en la parte superior.

Nota: deberías obtener suficiente liquido de la col para que esta quede cubierta en el tarro. Si te falta jugo, prepara una solución de salmuera al 2 % para llenar el recipiente. Si la col no está completamente sumergida en líquido, se estropeará.

Cómo preparar salmuera al 2 %:

1. Disuelve una cucharada de sal marina en cuatro tazas de agua sin cloro. Nota: la sal fina tiende a disolverse más rápido. Si no usas toda la salmuera en esta receta, puedes guardarla en la nevera sin límite de tiempo.

2. Cubre la col que haya quedado al aire con el jugo de la col o la salmuera, sumergiendo todas las hojas que sobresalgan y dejando 2,5 cm de espacio de cabeza encima de la col.

3. Pon la tapa sobre el tarro y enróscala muy suavemente, haciendo fuerza solo con los dedos, no con la muñeca. Déjala en un lugar apartado de la luz directa del sol a temperatura ambiente, al menos, durante una semana.

Recomendación: es mejor dejar el tarro sobre un plato pequeño o una bandeja, porque el líquido tiende filtrarse y a rebosar. De hecho, es útil retirar la tapa cada día para que se liberen los gases que se van acumulando en el tarro durante el proceso de fermentación.

Grupo 3: lácteos

Como ya hemos visto, los lácteos han sido un alimento básico durante mucho tiempo en las dietas de culturas de todo el mundo. La gente ha consumido leche, queso y mantequilla de las vacas, las cabras, las ovejas, los camellos y otros animales durante miles de años.

En cambio, los lácteos que tenemos a nuestro alcance hoy en día son muy diferentes de los que nuestros ancestros bebían y usaban para cocinar.

Intolerancia a la lactosa

Las personas que carecen de la enzima llamada lactasa (que nos permite digerir la lactosa que la leche contiene de forma natural) tienen intolerancia a la lactosa. Dos horas después de consumirla, empiezan a sufrir síntomas como dolor abdominal, hinchazón o calambres, diarrea, gases o náuseas [1].

Si eres una de esas personas, tendrás que evitar todos los lácteos que contengan lactosa.

Intolerancia a la caseína

Además del suero, la caseína es una de las principales proteínas que se encuentran en la leche de forma natural. Los diferentes tipos de lácteos contienen distintos tipos de caseínas, y algunas personas tienen problemas para digerirlas.

Los síntomas de la intolerancia a la caseína incluyen:

- Diarrea, estreñimiento, gases e hinchazón.
- Dolores de cabeza y migrañas.
- Dermatitis, alergias en la piel y eccema.
- Senos nasales bloqueados y asma.

La intolerancia a la caseína puede deberse a la homogeneización y a la pasteurización a las que son sometidos los productos lácteos. Estos procesos industriales pueden eliminar, de estos productos, las enzimas que las bacterias intestinales necesitan para digerir la caseína. Cuando las personas intolerantes a la caseína equilibran su microbioma y consumen lácteos orgánicos no procesados, pueden descubrir que la caseína ha dejado de ser un problema.

Si sufres alguno de los síntomas anteriores después de tomar lácteos, deberías pasar un periodo sin tomar ninguno de estos productos. Opta por otros alimentos de este nivel (carnes, pescado y fermentados) para asegurarte de obtener suficientes vitaminas A, D y K_2. Si los síntomas persisten, tal vez tengas una intolerancia a la caseína.

Si quieres volver a introducir los lácteos en tu dieta es importante que entiendas los diferentes tipos de lácteos y sus distintos contenidos de lactosa y de caseína.

Leche

La leche contiene, de forma natural, las proteínas lactosa y caseína: 250 ml de leche aportan unos 15 g de lactosa.

Yogur y kéfir

Tanto el yogur como el kéfir se elaboran añadiendo colonias bacterianas a la leche. Los microbios digieren parte de la lactosa de la leche y, gracias a ello, estos productos se digieren más fácilmente.

El yogur tiene unos 9,6 g de lactosa por cada 200 ml y un contenido elevado de caseína.

El kéfir contiene un 4 % de lactosa, pero puede tener menos cantidad según su proceso de fermentación.

Queso

Los quesos suelen tener un contenido de lactosa muy bajo (0,4 %, pero la cuajada del queso se forma por la coagulación de la proteína caseína, así que las personas con intolerancia a esta proteína pueden tener problemas con algunas variedades de queso.

Grasas lácteas

Si tienes problemas con la lactosa y la caseína, es mejor consumir las grasas de la leche en lugar de leche porque son los lácteos que contienen menos lactosa y caseína.

Mantequilla clarificada: se prepara hirviendo a fuego lento la mantequilla para clarificarla, separando las proteínas y el azúcar de la pura grasa de la mantequilla, lo que le da el nivel de caseína más bajo de todos.

Mantequilla: tiene un poco más de lactosa y caseína que la mantequilla clarificada.

Crema agria: puesto que se fermenta, la crema agria tiene menos lactosa que la nata.

Nata: la nata es la grasa láctea con más lactosa y caseína de todas.

Si has suprimido los lácteos de tu dieta y quieres volver a incorporarlos deberías empezar por la mantequilla clarificada. Luego reintroduce la mantequilla, la nata, el queso, el yogur y la leche, en este orden.

MANTEQUILLA CLARIFICADA CASERA

La mantequilla clarificada se elabora clarificando la mantequilla para eliminar los sólidos de la leche y obtener solo la grasa pura de la leche.

Utensilios

Cacerola

Colador de malla fina de acero inoxidable

Estopilla o paño para hacer queso

Cuchara

Taza de medidora de 473 ml o taza de medidora más grande

Tarro de vidrio

Ingredientes

473 ml de mantequilla obtenida de vacas alimentadas con pastos y cortada en dados

Instrucciones

1. Derrite la mantequilla en una cacerola a fuego medio.

2. Hiérvela a fuego lento.

3. Déjala cocinarse durante 10 a 15 minutos. Vigílala con atención: comenzará a aparecer espuma en la superficie; luego, burbujas; a continuación, casi dejará de burbujear y, de nuevo, aparecerá espuma. En este punto, la mantequilla debería ser de un color dorado fuerte, con sólidos rojizos al fondo de la cazuela. Esto querrá decir que está lista.

4. Déjala enfriar y luego viértela a través del colador con varias capas de estopilla. Los pequeños fragmentos de proteína de leche se suelen descartar (aunque un amigo me dijo que su abuela los aprovechaba mezclándolos con harina, o harina de almendras, y un poco de miel para preparar una especie de golosinas sabrosas parecidas al caramelo).

5. La mantequilla clarificada dura hasta un mes a temperatura ambiente, pero es mejor conservarla en la nevera.

NIVEL 3

GRASAS Y ACEITES. FRUTOS SECOS, SEMILLAS Y ESPECIAS

Grupo 1: Grasas y aceites

Cada comida, independientemente de cómo se haya preparado, debería contener algo de grasa.

Aunque se las conoce como grasas saturadas, las siguientes opciones, en realidad, contienen proporciones más elevadas de grasas monoinsaturadas (excepto la manteca, que tiene un porcentaje más elevado de grasas saturadas). Las grasas animales son excelentes para todos los tipos de cocina. Entre ellas se incluyen:

Grasas animales (sólidas a temperatura ambiente)

- Grasa de pollo
- Manteca de cerdo
- Grasa de pato o de ganso
- Manteca de vaca

Aceites (líquidos a temperatura ambiente)

- Aceite de aguacate: adecuado para cocinar por sus propiedades de resistencia al calor o como aliño para las ensaladas.
- Aceite de coco: con un contenido elevado en grasas saturadas y excelente para cocinar. Toma unas 3 o 4 cucharadas diarias.
- Aceite de lino: consérvalo en frío y no lo calientes nunca. Toma 1 o 2 cucharaditas diarias como máximo.
- Aceite de oliva: elígelo extravirgen y obtenido mediante presión en frío. Es mejor tomarlo frío.
- Aceite de palma: usa el aceite de palma rojo sin procesar.
- Aceite de sésamo: con alto contenido en ácidos grasos omega-6. Por tanto, toma solo 1 o 2 cucharaditas al día.

Grasas de lácteos

- Mantequilla: excelente para añadir sabor
- Mantequilla clarificada: excelente para cocinar

SALSA DE JUGO DE CARNE

Lo bueno de añadir grasas a tu dieta es que no desperdiciarás nada de lo que cocines. Por ejemplo, una forma muy sabrosa de consumir las grasas naturales es aprovechar el pringue y las partes grumosas de los productos de origen animal que cocines y convertirlos en una salsa elaborada con jugo de carne.

Equipo necesario

Batidora

Ingredientes

3 tazas de pringue fresco

¼ a ½ taza de nata o de leche de coco sin azúcares añadidos

2 cucharadas arrurruz en polvo o de harina de tapioca

Sal marina o sal de roca al gusto

Pimienta negra molida

Un puñado de salvia u otra variedad de hierba de tu elección

Instrucciones

1. Añade el pringue a una cacerola y caliéntalo. Agrega la nata, el arrurruz en polvo, la sal, la pimienta y la salvia.

2. Pon la mezcla en una batidora y tritúrala hasta obtener una pasta fina.

3. Devuélvela a la cacerola y caliéntala a fuego lento mientras remueves la salsa obtenida hasta que se espese. No debe hervir, pues la grasa podría separarse. Condiméntala al gusto.

4. Si la salsa está demasiado líquida, añade un poco de arrurruz a la mezcla caliente en el fuego muy lentamente, utilizando un colador de malla fina y removiéndola enérgicamente con una batidora de alambre manual para evitar que se formen grumos. Si queda demasiado espesa, añade un poco más de pringue o de nata. Sírvela inmediatamente.

Grupo 2: Frutos secos, semillas y especias

Añade un puñado o espolvorea frutos secos, semillas y especias a tus comidas, o toma frutos secos y semillas como aperitivo.

Frutos secos

- Almendras
- Anacardos
- Nueces
- Nueces del Brasil
- Pecanas
- Piñones

Semillas

Las semillas son una gran fuente de zinc, magnesio, grasas y muchos otros fitoquímicos.

- Calabaza
- Chía
- Girasol
- Lino
- Sésamo

Especias

Las especias son ricas en fitonutrientes. Cada comida es una oportunidad para añadir especias, durante la preparación o al servirla.

- Canela
- Cardamomo
- Cayena

- Clavo
- Cúrcuma
- Jengibre
- Nuez moscada
- Pimienta
- Sal marina o sal rosa (evita la sal fina de mesa)

NIVEL 4

FRUTAS Y CEREALES

Frutas

El cuerpo está diseñado para consumir la fructosa contenida en 2 o 3 piezas de fruta al día. El problema es que la mayoría de la gente toma azúcar de muchas otras fuentes. Evita los jugos de frutas, no son más que azúcar concentrado y limita la cantidad de fruta que añades a tus batidos.

Frutas con bajo contenido en fructosa que puedes tomar más a menudo

- Aguacate
- Arándanos y frambuesas
- Coco
- Kiwis
- Limones/limas
- Melón de piel lisa
- Peras
- Pomelo

Frutas con alto contenido en fructosa que puedes tomar de vez en cuando

- Cerezas
- Ciruelas
- Dátiles
- El resto de las frutas deshidratadas
- Piña
- Sandía
- Uvas pasas
- Uvas

Cereales

Limítalos a 2 o 3 raciones semanales, y opta por las variedades sin procesar que se han fermentado, germinado o remojado, como:

- Arroz integral/blanco
- Avena
- Cebada
- Masa fermentada
- Mijo
- Pan de centeno
- Pan esenio
- Trigo sarraceno

ACUÉRDATE DE DISFRUTAR DE TU COMIDA

Si sigues estas recomendaciones y consumes los alimentos que he mencionado, tu boca, tus dientes y todo tu cuerpo se mantendrán sanos. Esto no sucederá de la noche a la mañana, pero si persistes, lo conseguirás.

Y recuerda que comer saludablemente es cuestión de tomar los alimentos adecuados, y no depende tanto de tomar la cantidad correcta de ellos. Es importante intentar ceñirse a las cantidades que he recomendado, pero tu prioridad debería ser tomar una rica variedad de alimentos procedentes de un lugar adecuado, bien preparados y de todos los grupos que he mencionado.

Después de que hayas cocinado y comido estos alimentos más a menudo y de que llegues a saber de dónde proceden, todo esto se convertirá algo natural para ti. Y si sigues con fidelidad los grupos alimentarios, tus porciones se convertirán en tu segunda naturaleza.

Adquirir seguridad lleva un poco de tiempo, pero notarás la diferencia en cómo te sientes más pronto que tarde. Y antes de que te des cuenta, comer siguiendo los principios de la dieta para la salud bucodental hará que tus visitas al dentista sean las menos dolorosas de tu vida.

CAPÍTULO 11

EL PLAN DE COMIDAS DE 40 DÍAS DE LA DIETA PARA LA SALUD BUCODENTAL

CUANDO EMPECÉ A ADOPTAR la dieta para la salud bucodental, me parecía que todo lo que había comido antes era insalubre. A veces, ese pensamiento me resultaba agobiante. Cuando me sentía así, me recordaba a mí mismo que, por lo general, cuando quieres hacer un cambio importante en tu vida no hay atajos. Esta dieta no es una excepción.

Al mismo tiempo, me sentía como si estuviera renaciendo. Descubrí todo un mundo de alimentos nuevos más frescos, y mis papilas gustativas despertaron. Redescubrí los sabores de alimentos que había dejado de comer durante gran parte de mi vida, probé nuevas formas de cocinar y experimenté el anhelo de comer nuevos alimentos más sanos. Distintos alimentos empezaron a saberme bien cuando los tomaba juntos. Era emocionante. No siempre fue sencillo, pero, desde luego, fue provechoso.

Para descubrir cuál es la mejor dieta que una persona puede tomar, tuve que buscar y crear montones de platos y de recetas. Todas ellas tenían que cumplir los requerimientos de la buena nutrición dental y, al mismo tiempo, ser sabrosos. Quería aprovechar las técnicas de cocina tradicionales, pero las recetas debían ser prácticas y poderse preparar en poco tiempo. De lo contrario, nadie seguiría la dieta. Tuve que experimentar mucho, pero después de algún tiempo aprendí qué platos necesitan un poco más de tiempo y dedicación, y cuáles pueden prepararse fácilmente y en poco tiempo.

Cuando estuve «listo», recomendé la dieta a mi familia y a mis amigos. Las reacciones fueron buenas y, al final, tras un análisis dietético, la llevé a mi consulta de odontología. Los pacientes que siguieron el nuevo plan notaron muy rápidamente mejoras en su salud dental y general. Las mayores dificultades por las que pasaron fueron eliminar el azúcar de su dieta y aprender técnicas de preparación de alimentos que, aunque tenían siglos de antigüedad, eran nuevas para ellos.

He compuesto el siguiente plan de comidas de 40 días para que no tengas que hacer ninguna averiguación. Está diseñado para que tengas la seguridad de que tu cuerpo obtiene la cantidad precisa de nutrientes, microbios y otros factores dietéticos de los que hemos hablado en los capítulos anteriores. También te ayudará a que comprar y preparar los alimentos te resulte mucho más fácil. Puedes empezar rápidamente con la dieta y disfrutarla. Pronto habrás adquirido hábitos de alimentación saludables que podrás mantener durante toda tu vida.

Comprendo que habrá personas que no podrán seguir todas las propuestas en este plan. No pasa nada. Haz lo que puedas, sabiendo que cuanto más sigas los principios de esta dieta, más sanos estarán tu boca y tu cuerpo.

PRESENTACIÓN

Semana 1
Elimina los alimentos procesados industrialmente

Durante la primera semana, vas a abordar el primero de los tres grandes pasos del programa: eliminarás de tu dieta los alimentos envasados, procesados y refinados. Y, además, te darás cuenta de que puedes vivir sin ellos.

Semanas 2 y 3

Deja y el azúcar y resiste

Durante la primera semana, has eliminado todo el azúcar de los alimentos procesados. En las semanas 2 y 3, dejarás de comer fruta y así suprimirás todo el azúcar de tu dieta. Le darás a tu cuerpo la oportunidad de equilibrar por completo las comunidades microbianas de la boca y el intestino y aliviarás a tu hígado de la carga metabólica de la fructosa.

No será fácil, pero liberarte de las garras del azúcar vale la pena. Al final de estas dos semanas, notarás que tu paladar ha cambiado significativamente, y cualquier pequeña cantidad de azúcar te sabrá excesivamente dulce (y, tal vez, también innecesaria).

Semana 4

Reintroduce la fruta y añade el ayuno

Después de haber establecido un microbioma fuerte y un metabolismo que ya no dependa del azúcar, puedes reintroducir las frutas enteras en tu dieta. Cuando no necesitas la gratificación constante de los carbohidratos simples, te resulta más facil ayunar durante dos o tres comidas a la semana (te recomiendo el desayuno), y eso permitirá que tu microbioma y tu metabolismo se sanen todavía más.

Semanas 5 y 6

Reintroduce las comidas de restaurantes y tu nueva normalidad

En la vida, nada debería ser demasiado rígido, y eso incluye a la dieta. En el período final del programa, puedes empezar a reintroducir las comidas de restaurante aunque, desde luego, no es obligatorio. Además, si la dieta para la salud bucodental no permitiera algunos caprichos de vez en cuando, sería mucho menos probable que la siguieras y yo no quiero que nadie abandone su vida social, ¡incluyéndome a mí! De momento, ya habrás adoptado una nueva forma de ver la comida y los nuevos métodos de cocina que has aprendido.

EL PROGRAMA

Suplementos dietéticos

A medida que te adentres en el programa es importante que te asegures de que tu cuerpo cuenta con las tres principales vitaminas solubles en grasas (A, D y K_2) y con los nutrientes de apoyo. Ayudarán a sanar tu boca y tu salud general. Si tomas los siguientes alimentos suplementarios, ten la seguridad de que obtendrás suficiente cantidad de estos nutrientes.

Vitamina A

Aceite de hígado de bacalao extravirgen: tómalo a diario como se indique en el envase.

Advertencia: para prevenir una sobredosis de vitamina A, lee siempre las etiquetas y toma las dosis recomendadas.

Vitamina D

Luz solar: el cuerpo sintetiza la vitamina D a partir de la luz del sol, así que el mejor suplemento de vitamina D es pasar 30 minutos al día al sol siempre que puedas. El aceite de hígado de bacalao es la mejor fuente natural alternativa. Algunas personas pueden necesitar, además, un suplemento de vitamina D. Antes de empezar a tomarlo, debes hablar con tu médico y hacer que se analicen tus cifras de vitamina en sangre, de modo que tomes una dosis que satisfaga tus necesidades específicas.

Vitamina K_2

Aceite de emú o aceite de mantequilla alto en vitaminas: para asegurarte de que estás obteniendo suficiente cantidad de la importantísima vitamina K_2, puedes tomar aceite de mantequilla alto en vitaminas o aceite de emú en cápsulas (tal como se indique en el envase), o 1 cucharadita al día, después de la comida más abundante del día. Si vas a tomar un suplemento, puedes optar por 150 a 200 mg de vitamina K_2 MK-7.

Advertencia: si estás en tratamiento con warfarina, debes consultar a tu médico antes de tomar estos suplementos o de cambiar tu dosis de vitaminas K_1 o K_2.

Gelatina

Si no tienes tiempo de preparar tu propio caldo de huesos, puedes comprar colágeno en polvo. Asegúrate de que se ha obtenido de animales criados con pastos. Mézclalo con sopa o agua caliente.

Vinagre de sidra de manzana

Es uno de los alimentos fermentados que puedes obtener más fácilmente, ya que puedes comprarlo en casi cualquier tienda de alimentación. Añádelo frío a las ensaladas o agrega una cucharada a un vaso de agua. Toma una «dosis» al día para facilitar la digestión.

Preparación de alimentos

Caldo casero de pollo o vacuno

Añade este caldo a las comidas cuando puedas. Una taza al día es una buena cantidad. Encontrarás las recetas para prepararlo en el capítulo 10.

Recomendación: si no puedes preparar caldo de vacuno, añade colágeno en polvo a las sopas o al agua caliente.

Alimentos fermentados que puedes preparar en casa

Toma dos o tres raciones pequeñas al día de chucrut, kéfir o kombucha. Encontrarás las recetas para prepararlos en el capítulo 10.

Intolerancia a los lácteos

Si tienes síntomas de intolerancia a la lactosa, sustituye los lácteos por leche de almendras o de coco, o por yogur o kéfir de coco, siempre que puedas.

Ideas para tentempiés

El plan de alimentación de 40 días te dejará con sensación de saciedad, sin ansia por comer un determinado alimento y sin bajones de energía. Recuerda que no vas a contar las calorías, así que si tienes hambre entre comidas, el único requisito es que evites los alimentos azucarados y refinados que provocan subidas de azúcar y caries dental. Las siguientes opciones son formas estupendas de llenar ese vacío y de tener a tu estómago contento. Limita los tentempiés que contienen azúcares naturales, como la fruta, a uno por día. Puedes tomar tantos aperitivos sin azúcar como te apetezca.

Opciones de aperitivos sin azúcar:

- Aguacate con sal
- *Chips* de coco
- Frutos secos
- Huevo cocido
- Hummus con zanahorias o apio
- Queso y paté
- Zanahorias o apio crudo

Alimentos que contienen azúcar:

- Bayas
- Fruta

SEMANA 1: ELIMINA LOS ALIMENTOS PROCESADOS

El cuerpo no está diseñado para usar los carbohidratos simples y los compuestos artificiales que suelen contener los alimentos procesados industrialmente. Por tanto, si los eliminas de tu dieta, ayudarás a tu cuerpo a funcionar mejor de forma automática.

Cómo te sentirás

Lo habitual es que esta semana notes que tienes más energía. Al suprimir los alimentos procesados industrialmente, librarás a tu cuerpo de la carga de tener que procesarlos. Además, sentirás una diferencia instantánea al obtener la cantidad adecuada de vitaminas solubles en grasas. Algunas personas se sienten culpables de comer alimentos sabrosos y con todas sus grasas, pero recuerda que son alimentos necesarios para el cuerpo, a diferencia de lo que habías creído hasta ahora, así que disfrútalos.

En esta etapa, también vas a reemplazar los azúcares procesados por los naturales, lo que te ayudará a mitigar los ataques de ansia por el azúcar y el «síndrome de abstinencia» durante la siguiente fase del programa.

Antes de comer, respira

El objetivo principal de la dieta para la salud bucodental es que tu cuerpo reciba los nutrientes que más necesita. No podemos olvidar que el oxígeno es el primero de la lista porque es el que tu cuerpo más necesita. Cada semana harás ejercicios de respiración, con la lengua y con la voz para que te ayuden a fortalecer la boca y las vías respiratorias. Además, mejorarás tus hábitos respiratorios, optimizando así la oxigenación de tu cuerpo. Con estos sencillos ejercicios de 2 a 3 minutos, tus hábitos respiratorios mejorarán y, además, podrás mantenerlos durante toda tu vida.

Ejercicio respiratorio para hacer antes de comer

Nota: cada apartado de ejercicios para antes de comer te beneficiará al máximo si lo haces antes de las comidas, porque ayudará a tu sistema digestivo a prepararse para aprovechar al máximo los nutrientes que tomes. Pero de verdad, estos ejercicios son estupendos a cualquier hora del día o de la noche.

Ejercicios de respiración diafragmática (una vez antes de cada comida)

Las respiraciones más lentas y profundas permiten que tu cuerpo obtenga más oxígeno del aire. También activan tu sistema nervioso parasimpático, lo que ayuda a tu sistema digestivo a funcionar óptimamente.

Este ejercicio está diseñado para que utilices tus músculos diafragmáticos al respirar. La barriga debería hincharse, en lugar de tu pecho. Cuando inspiras con la barriga contrayendo el diafragma, maximizas el espacio para que los pulmones se expandan y tomen aire.

1. Siéntate con la espalda recta y la boca cerrada. Ponte una mano sobre la barriga y relaja los hombros, la mandíbula y el cuello.

2. Inspira durante 3 segundos permitiendo que tu vientre se hinche. Cuando inhales, deberías sentir cómo la mano se mueve hacia arriba cuando la barriga la empuja.

3. Luego espira durante 4 segundos, soltando el aire a través de la nariz. La mano que tienes sobre el vientre debería moverse de nuevo hacia a ti mientras este se acerca de nuevo a la columna vertebral. Repite el ciclo 20 veces (3 segundos de inspiración, 5 de espiración).
   Aunque tengas dificultades, sigue practicando. Aprender a usar estos grupos musculares al respirar de esta forma lleva algún tiempo.

PROGRAMA DE ALIMENTACIÓN

Día 1

Desayuno: un plátano y una cucharada de aceite de coco con semillas de chía remojadas, almendras y un cucharón de yogur de leche de oveja cubierto de canela. Sírvelo con kéfir.

Comida: huevos revueltos con pimientos rojos, cúrcuma y queso feta. Sírvelos con una guarnición de chucrut.

Cena:

ROSBIF CON MANTEQUILLA ROJA

4 raciones

Ingredientes

4 cucharadas de mantequilla derretida

2 cebollas medianas picadas

1 brécol entero cortado

1 diente de ajo picado

2 zanahorias cortadas

1 puñado de tomillo fresco picado

3 cucharadas de sal marina

1 cucharada de pimienta de cayena

1 cucharada de pimentón

1,5 kg de lomo de vacuno

Instrucciones

1. Precalienta el horno a 246 °C.

2. Pon las cebollas, el brécol, el ajo, las zanahorias y el tomillo en el centro de una bandeja grande para asar.

3. Mezcla la mantequilla con la sal, la cayena y el pimentón en un recipiente pequeño.

4. Salpica la carne con tres cuartas partes de la mezcla de mantequilla y añade los vegetales.

5. Pon el horno a 204 °C y coloca el asado dentro. Cada 20 minutos unta la carne y los vegetales con la mantequilla sobrante para evitar que se sequen. Ásalos durante 60 minutos hasta que estén medio hechos. Si prefieres la carne poco cocida, acorta el tiempo de horneado a 10 a 15 minutos. Si te gusta bien hecha, ásala de 10 a 15 minutos más.

6. Conserva las sobras en la nevera para tomarlas como aperitivo o como desayuno salado.

Postre: 1 pieza de fruta.

Día 2

Desayuno: yogur con bayas y nueces con té o café.

Comida: calabaza asada, hinojo y ensalada de quinoa con tomillo, orégano, aceite de oliva y mantequilla. Sírvela acompañada de kéfir.

Cena:

SOPA DE CABEZA DE SALMÓN

2 raciones

Ingredientes

2 zanahorias cortadas	1 puñado de eneldo
2 tallos de apio picados	2 hojas de laurel
1 cebolla	2 cabezas de salmón

Instrucciones

1. Añade todos los ingredientes a una olla grande y cúbrelos solo un poco con agua filtrada. Agrega un pellizco de sal marina y vinagre blanco para darles sabor.

2. Cuécelos durante 20 minutos y luego saca las cabezas de pescado.

3. Retira la carne cocida de las cabezas y sírvela por separado o añádela a la sopa.

4. La sopa sobrante se conserva bien en la nevera durante 2 o 3 días.

Postre: aceite de coco tibio con frutos secos picados, bayas, canela y un poquito de sal.

Día 3

Desayuno: huevos revueltos con cebolletas, kale y parmesano preparados en mantequilla y con guarnición de chucrut.

Comida: paté de pato o de pollo con tabla de quesos curados. Sírvelos con una mezcla de hojas para ensalada variadas aliñadas con aceite de oliva.

Cena:

MUSLITOS DE POLLO A LA ITALIANA

3 a 4 raciones

Ingredientes

Aceite de oliva	4 tomates cortados
6 a 8 muslos de pollo	1 pimiento verde picado
2 a 3 dientes de ajo picados	½ taza de olivas verdes
Pimentón	3 a 4 cucharadas de orégano
Sal marina	fresco
Pimienta	1 taza de pasta de garbanzos

Instrucciones

1. Precalienta el horno a 190 °C.

2. Unta una bandeja para hornear con aceite de oliva. Añade el pollo y los ajos picados y condiméntalos con pimentón, sal marina y pimienta.

3. Hornea el pollo durante 20 minutos hasta que se dore.

4. Saca el pollo del horno, dale la vuelta y agrega tomates, pimiento verde, olivas, orégano y más sal y pimienta.

5. Hornéalo otra media hora hasta que esté bien cocido.

6. Sácalo del horno para añadir la salsa.

7. Hierve agua salada en una olla. Añade la pasta de garbanzos y hiérvela durante 20 minutos.

8. Sirve el pollo sobre la pasta y acompáñalo de un vino tinto orgánico y de las sobras de la sopa de la noche anterior.

Postre: unas cuantas onzas de chocolate negro (con un 85 a 90 % de contenido en cacao) con almendras.

Día 4

Desayuno: coco rallado con yogur, nueces y daditos de manzana cubiertos con canela. Puedes tomar también un café o un té.

Comida: ensalada de atún, huevo duro y aguacate con espinacas *baby* y cebollas encurtidas con un poco de aceite de oliva.

Cena:

FILETE DE HÍGADO DE VACUNO

2 raciones

Ingredientes

1 boniato

2 cucharadas de mantequilla clarificada, mantequilla, aceite de coco, manteca derretida o sebo

3 cucharaditas de sal

1 a 2 filetes de hígado de vacuno

1 puñado de orégano fresco

1 cucharada de jengibre fresco picado

1 ají rojo picado

1 lima

Instrucciones

1. Precalienta el horno a 204 °C.

2. Corta el boniato en tiras. Ponlo en una cazuela de asar, añadiendo 1 cucharada de mantequilla clarificada y sal.

3. Ásalo en el horno durante 30 minutos o hasta que se ablande.

4. Pon el resto de la mantequilla clarificada en una sartén de freír con el fuego medio.

5. Añade el hígado, el orégano, el jengibre, el ají y la lima y cocínalos hasta que estén tiernos. Ten cuidado de no hacerlos demasiado o quedarán duros.

6. Sirve el filete de hígado y el boniato asado con los jugos de la cazuela y con kombucha para beber.

Día 5

Desayuno: huevo y beicon fritos en manteca o aceite de coco, con rodajitas de aguacate y acompañado de kéfir.

Comida: ensalada de berros y pasta de pepino con aceite de oliva y chucrut.

Cena:

CALDO DE POLLO

4 raciones

Ingredientes

1 pollo

2 zanahorias cortadas

1 cebolla

2 tallos de apio cortados

2 cucharadas de vinagre

1 cucharadita de pimienta en grano

1 puñado de tomillo fresco

2 a 3 cucharaditas de sal marina

Instrucciones

1. Sigue las instrucciones del caldo de pollo del capítulo 10 (página 209).

2. Llévalo a hervor y luego baja el fuego dejando que hierva a fuego lento de 2 a 6 horas.

3. Escúrrelo, enfríalo y sírvelo. Cómete el pollo sobrante con caldo y guarda el que sobre en la nevera o el congelador.

4. Sírvelo con té de jengibre.

Postre: yogur con alguna variedad de bayas.

Día 6

Desayuno: kéfir con semillas de lino (remojadas 2 minutos en 1 cucharada de aceite de coco tibio), plátano, almendras y canela.

Comida: revuelto de carne picada con cebollas, ajo, hongos y brécol. Sírvelos con una taza del caldo de la noche anterior.

Cena: algún pescado de agua fría a la plancha (por ejemplo, atún, arenque o salmón), acompañado de chucrut, espárragos al vapor y un vaso de vino tinto opcional.

Postre: manzanas cortadas en rodajas y fritas en aceite de coco y cubiertas con canela.

Día 7

Desayuno: huevos con beicon y patatas asadas servidas con nata por encima y un té verde.

Comida: ensalada cruda de verduras picadas que lleve col, zanahorias y apio aliñados con aceite de oliva y vinagre balsámico. Acompáñala de kéfir.

Cena:

REVUELTO MEXICANO DE TERNERA

4 raciones

Ingredientes

1 cucharada de sebo, manteca o mantequilla clarificada

2 dientes de ajo picados

1 cucharadita de comino

1 cucharadita de orégano

450 g de lomo cortado en tiras finas

1 cebolla picada

1 pimiento morrón rojo cortado en tiras finas

1 o 2 pimientos jalapeños sin semillas y cortados finos

285 g de queso brie, cortado y sin corteza

2 aguacates

1 lima

3 tazas de lechuga iceberg cortada en tiras

Instrucciones

1. Calienta la manteca en una cazuela a fuego medio. Añade el ajo, el comino, el orégano y las tiras de ternera y cocínalos hasta que estén dorados.

2. Añade la cebolla, el pimiento morrón y el jalapeño a la cazuela.

3. Cuando la cebolla esté dorada, añade el brie a la cazuela y caliéntalo hasta que se funda.

4. Corta y machaca los aguacates, exprime las limas y sírvelos con lechuga acompañando la carne especiada y la mezcla de queso.

Postre: un vaso pequeño de vino orgánico o de cerveza sin pasteurizar.

SEMANA 2: DEJA EL AZÚCAR

En la semana 1, redujiste drásticamente tu ingesta de azúcar. Sin embargo, al mismo tiempo, has estado tomando azúcar natural principalmente con la fruta. Las dos siguientes semanas del plan están diseñadas para llevarte al siguiente nivel y dejar el azúcar.

Cómo te sentirás

Esta es la parte más difícil del programa. En la mayoría de los casos, la gente pasa por una montaña rusa de «monos» de azúcar o por otras sensaciones desagradables. En algunos casos, esto durará tres o cuatro días, pero en otros puede durar dos semanas. Tal vez resulte duro, pero vale la pena hacerlo. Después de estas dos semanas, tu cuerpo reconocerá los alimentos que necesita en lugar de anhelar los alimentos azucarados a los que se ha acostumbrado.

Regla: no tomes azúcar refinado u otras fuentes naturales de azúcar como la fruta. Muchas dietas recomiendan eliminar solo el azúcar refinado, pero, durante estas dos semanas, vamos a excluir todos los edulcorantes artificiales y naturales de la dieta.

Asegúrate de eliminar todos los aditivos azucarados durante las semanas 2 y 3, incluidos:

- Azúcar de coco
- Azúcar moreno
- Edulcorante de maíz
- Estevia
- Fruta
- Jarabe de ágave
- Jarabe de arce
- Melaza
- Miel

Cómo superar el ansia por comer alimentos con azúcar

Si te enfrentas a un ataque de ansia por comer algo dulce, prueba uno de los siguientes antídotos para evitar comerte una golosina cargada de azúcar.

- Tómate una cucharada de aceite de coco: los triglicéridos de cadena media del aceite de coco se absorberán rápidamente y pasarán al torrente sanguíneo, y esto suele detener el ansia por el azúcar.
- Tómate una cucharada de mantequilla derretida: mejor si es mantequilla al viejo estilo. Te ayudará a sentir el estómago satisfecho con una dosis de grasa rica en vitaminas.
- Tómate una cucharada de chucrut: aunque no es muy dulce, el chucrut ayuda a aliviar el ansia por tomar azúcar.
- Cómete un puñado de frutos secos, preferiblemente, de nueces del Brasil, que tienen un contenido elevado en selenio, un elemento que reduce la ansiedad por el dulce.

- Cómete un puñado de chips de coco.
- Date una ducha caliente o fría: al cambiar la temperatura corporal, suele interrumpirse el ciclo del ansia por el dulce.
- Haz ejercicio: ve a caminar, a correr o haz 10 flexiones, saltos de tijera o sentadillas.
- Tómate un té verde o un té de menta.
- Haz ejercicios de respiración diafragmática (desde la semana 1).

Preparación de comida para la semana

La mayor parte de las ocasiones en que optamos por comer alimentos insalubres es porque no tenemos una opción mejor. Preparar los alimentos con anticipación para toda la semana es una forma estupenda de evitar este problema. Así sabremos que siempre tendremos a mano algo sano que comer.

Aquí tienes algunas recetas excelentes para reemplazar cualquier alimento azucarado que te venga a la cabeza:

PAN DE FRUTOS SECOS

Equipo necesario

1 molde de pan de 10 x 20 cm

Ingredientes

4 a 5 tazas de una mezcla de nueces, almendras y pecanas

2 tazas de una mezcla de semillas (calabaza, girasol, chía y lino)

5 huevos

¼ taza de aceite de oliva

1 cucharadita de sal marina

Instrucciones

1. Precalienta el horno a 160 °C.

2. Pica los frutos secos y las semillas o ponlos en una batidora o procesador de alimentos, y pícalos solo un poco. Luego colócalos en un bol.

3. Añade el huevo, el aceite y la sal a un bol distinto. Una vez combinados mézclalos con los frutos secos y las semillas.

4. Engrasa el molde de pan con aceite de oliva y luego distribuye regularmente la masa por el molde.

5. Hornea la masa durante 60 minutos o hasta que el pan esté firme. Déjalo enfriar y, solo entonces, córtalo en rebanadas.

JENGIBRE ENCURTIDO

Equipo necesario

Un tarro de boca ancha

Ingredientes

Un trozo de raíz de jengibre de 7 a 10 cm, pelado y cortado en rodajas finas

2 cucharadas de sal marina

Instrucciones

1. Pon el jengibre en un bol y aplástalo con algún utensilio redondeado para que suelte el jugo. Ponlo en un tarro con tapa.

2. Añade sal y suficiente agua para cubrir el jengibre, dejando 2,5 cm en la parte superior del tarro.

3. Enrosca la tapa y mantén el jengibre de 3 a 4 días a temperatura ambiente para dejar que fermente antes de guardarlo en la nevera para que se conserve.

Antes de comer: ejercicios con la lengua (una vez antes de cada comida)

Este ejercicio te ayudará a que la lengua esté en la parte superior de la boca mientras descansas, y a mantener los músculos activos durante la noche. También es beneficioso para la respiración y la digestión.

Mantén la lengua justo detrás de tus dientes posteriores, por detrás de las dos grietas del paladar. Cierra los labios, respira por la nariz y presiona hacia arriba con la lengua, también con la parte trasera de esta. Aguanta así durante 3 minutos.

Día 8

Desayuno: huevos revueltos con espinacas, patatas y orégano fresco cocinado en aceite de coco o mantequilla clarificada y servido con pan de frutos secos y kéfir.

Comida: jengibre encurtido y ensalada de lima, atún y rúcula cubierta con menta fresca y aceite de oliva. Sírvela con kombucha.

Cena:

CORDERO MARROQUÍ

4 raciones

Ingredientes

Grasa o manteca	1 cucharadita de cúrcuma
Paletilla de cordero	1 cucharadita de jengibre
1 cebolla picada	1 cucharadita de comino
2 pimientos rojos o verdes picados	1 cucharadita de pimentón
	1 cucharadita de chile en polvo

2 tomates picados	1 taza de caldo de vacuno
1 cucharada de pasta de tomate	Sal marina al gusto
1 taza de garbanzos	Pimienta al gusto

Instrucciones

1. Coloca la grasa en una cazuela a fuego medio.

2. Cocina la paletilla de cordero en la cazuela hasta que esté dorada. Retírala del fuego y resérvala.

3. Añade la cebolla y los pimientos a la misma cazuela y cocínalos hasta que queden blandos. Agrega la cúrcuma, el jengibre, el comino, el pimentón y el chili en polvo y remuévelos hasta que empiecen a desprender su aroma.

4. Agrega los tomates, la pasta de tomate y los garbanzos a la cazuela. Cocínalos durante 1 minuto antes de devolver el cordero a la cazuela. Añade caldo de ternera, cocínalo y remuévelo todo a fuego lento durante 10 a 15 minutos. Condiméntalo con sal y pimienta al gusto, y sírvelo en cuencos.

Postre: frutos secos recubiertos de canela y extracto de vainilla (asegúrate de que no lleva azúcares añadidos) en aceite de coco tibio.

Día 9

Desayuno: aguacate, queso feta y cilantro untados en pan de frutos secos con aceite de oliva. Sírvelo con kéfir.

Comida: paté de hígado de pollo con un plato de queso curado.

Cena: ternera, cerdo o salchichas de cerdo fritas en la sartén con manteca y servidas con una salsa del jugo de la carne, boniato y *chips* de zanahoria hechos en mantequilla. Añade un vaso de kombucha.

Día 10

Desayuno:

GRANOLA CASERA

6 raciones

Ingredientes

½ taza de almendras picadas

½ taza de semillas de girasol

½ taza de semillas de calabaza

½ taza de coco en tiras

1 cucharadita de canela molida

1 cucharadita de sal marina

1 cucharadita de extracto de vainilla

2 cucharadas de aceite de coco

Instrucciones

1. Precalienta el horno a 150 °C.

2. Mezcla todos los ingredientes en un bol con las manos limpias y ponlos en una bandeja de hornear.

3. Hornéalos durante 10 a 15 minutos hasta que estén dorados. Sírvelos con yogur sin desnatar.

4. Guarda las sobras en un recipiente hermético.

Comida: ensalada cruda picadita con apio, zanahorias y un huevo pasado por agua, condimentada con aceite de oliva y sal. Sírvela con té de kombucha.

Cena:

ALITAS PICANTES Y ÁCIDAS CON GUACAMOLE Y CHIPS DE BONIATO

2 a 3 raciones

Ingredientes

2 cucharadas de ralladura de limón (de 3 a 4 limones)

1 cucharadita de sal o al gusto

1 cucharada de pimienta negra recién molida

900 g de alas de pollo

¼ taza de mantequilla clarificada derretida

1 boniato cortado en dados

2 aguacates deshuesados, pelados y picados

1 cucharada de zumo de limón

Instrucciones

1. Precalienta el horno a 190 °C.

2. Mezcla la ralladura de limón, la sal, la pimienta, y la mitad de la mantequilla clarificada en un bol. Condimenta las alas de pollo con la mitad de la mezcla y ponlas en una bandeja de asar.

3. Añade boniato cortado en dados y cúbrelo con la otra mitad de mantequilla clarificada y sal.

4. Añade el aguacate y el zumo de limón. Remuévelo para que quede bien mezclado.

5. Hornea el pollo durante 30 minutos, hasta que quede bien cocido.

6. Sírvelo caliente con guarnición de guacamole.

Tentempié sin azúcar:

FRUTOS SECOS ESPECIADOS

Equipo
Bandeja para el horno

Ingredientes

2 tazas de frutos secos (elige de una mezcla de almendras, anacardos, nueces, pecanas y semillas de calabaza)

3 cucharadas de aceite de coco

1 cucharadita de mezcla de especias a tu gusto

1 cucharadita de canela

Instrucciones

1. Precalienta el horno a 150 °C.

2. Coloca los frutos secos en la bandeja y cúbrelo con aceite de coco y especias.

3. Hornéalos de 10 a 15 minutos hasta que se doren.

4. Guárdalos en un tarro de vidrio con tapa.

Día 11

Desayuno:

FRITTATA VERDE

2 raciones

Ingredientes

3 cebollas verdes

2 calabacines

1 manojo de espinacas *baby*

1 manojo de albahaca picada

1 manojo de perejil picado

2 dientes de ajo picados

1 puñado de pepitas

2 cucharadas de aceite de coco o manteca

6 huevos

½ taza de nata

2 cucharadas aceite de oliva extravirgen

Instrucciones

1. Pica cebollas verdes, calabacines y espinacas en trozos pequeños y del mismo tamaño.

2. Cocina la albahaca, el perejil, las cebollas verdes, el calabacín, las espinacas, el ajo y las pepitas en aceite de coco o manteca en una sartén de tamaño mediano durante 5 minutos, hasta que se ablanden un poco.

3. Bate un huevo y cocínalo durante 2 a 3 minutos por los dos lados hasta que quede dorado. Añade nata y aceite de oliva, y viértelos sobre los vegetales cocinados. Condiméntalo con especias al gusto.

Comida: salmón frito en la sartén y kale condimentado con mantequilla con guarnición de chucrut.

Cena:

ESTOFADO DE HINOJO Y PUERRO

3 a 4 raciones

Ingredientes

1 cucharada de manteca, aceite de coco o mantequilla clarificada

2 puerros picados

2 tallos de apio picados

2 cebollas blancas picadas

1 bulbo de hinojo picado

3 tazas de caldo de pollo o de ternera

2 cucharadas de sal

1 manojo de cilantro picado

2 ramitas de tomillo fresco picado

Instrucciones

1. Calienta la manteca en una cazuela a fuego alto.

2. Cocina los puerros, el apio, las cebollas y el hinojo en la cazuela, removiéndolos de vez en cuando, hasta que se doren, unos 8 a 10 minutos.

3. Añade el caldo a la cazuela y agrega sal, cilantro, tomillo y otras especias al gusto.

4. Sírvelo con mantequilla y un pan de frutos secos.

Día 12

Desayuno: coles de Bruselas salteadas y hongos con crema agria y cebolletas.

Comida: pasta de guacamole para untar con un huevo frito servido sobre una rodaja de pan de frutos secos.

Cena: filete de pescado blanco al horno con *bok choy* acompañado de un vaso de kombucha.

Postre:

MOUSSE DE AGUACATE

Ingredientes

2 aguacates maduros
½ taza de nata
½ taza de cacao crudo en polvo

1 cucharadita de extracto de vainilla
1 cucharadita de canela
Una pizca de sal

Instrucciones

1. Pon los ingredientes en una batidora y procésalos hasta obtener una mezcla de textura fina.

2. Sirve la *mousse* fría en un bol junto con la nata o untada sobre el pan de frutos secos.

Día 13

Desayuno: huevo pasado por agua con cebollas, daditos de tomate, salvia y pimienta de cayena.

Comida: pollo frito en la sartén con chili picado, servido con una ensalada fría de judías verdes y patatas.

Cena:

ALBÓNDIGAS DE MENUDOS CON PASTA DE PEPINOS

4 raciones

Ingredientes

1 libra de la carne picada que prefieras (incluye 2 filetes de carne de hígado picados)

1 taza de pasta vegetal (página 203)

1 huevo

1 manojo de perejil

3 dientes de ajo

1 puñado de albahaca

1 tomate cortado en dados

1 manojo de orégano

1 manojo de menta

1 cucharada de sal marina

Pimienta al gusto

Instrucciones

1. Precalienta el horno a 175 °C.

2. Pon todos los ingredientes en un bol y combínalos bien hasta que quede una mezcla consistente. Dale forma de albóndigas.

3. Ponlas en una bandeja para el horno forrada con papel y hornéalas durante 20 o 25 minutos.

4. Pon 2 o 3 albóndigas sobre la pasta de pepinos y sirve el plato caliente. Guarda las sobras para tomarlas como desayuno rápido y sencillo y para una comida esa misma semana.

Día 14

Desayuno:

HUEVOS A LA ISRAELÍ

2 raciones

Ingredientes

1 cebolla picada

1 pimiento morrón picado

1 taza de pasta de tomate

1 manojo de perejil

4 huevos

Instrucciones

1. Saltea la cebolla picada, el pimiento morrón, la pasta de tomate y el perejil, en una sartén, durante 5 a 7 minutos.

2. Añade un huevo a la sartén, cúbrelo y cocínalo durante 5 a 10 minutos a fuego medio.

3. Ponle perejil fresco y sírvelo en la sartén caliente.

Comida: San Choy Bau (hojas de lechuga iceberg cubiertas con las sobras de las albóndigas y pimiento rallado con zanahoria).

Cena: trucha frita en la sartén acompañada de brécol y caldo de pollo o de ternera.

Semana 3: resiste

Estás en la mitad de tu período sin azúcar. ¡Mantente firme! Has superado la parte más difícil del programa de 40 días de la dieta para la salud bucodental. ¡Felicidades! Es hora de celebrarlo con un chupito de aceite de hígado de bacalao.

Cómo te sentirás

Los primeros siete días de eliminar todo el azúcar de la dieta son toda una experiencia de aprendizaje para tu cuerpo. Puede que en la segunda semana te hayas librado del ansia por comer dulces o tal vez no y aún estés deseando tomar azúcar, pero, al final de esta semana, los síntomas deberían remitir. Tu cuerpo se sentirá mucho más estable y ya no pasarás por esos violentos ataques de apetito o bajones de energía.

Antes de comer: ejercicio de alternancia entre orificios nasales (una vez antes de cada comida)

Este ejercicio hará que aumente tu comodidad con la respiración nasal.

1. Siéntate con la espalda recta y los hombros hacia atrás.
2. Tápate el orificio nasal derecho e inspira profundamente a través del izquierdo durante 3 segundos.
3. Destápate el orificio derecho, tápate el izquierdo y espira durante 4 segundos por el primero.
4. Inspira durante 3 segundos a través del orificio derecho.
5. Destapa el orificio derecho e inspira por el izquierdo.
6. Continúa el ciclo durante 20 respiraciones (o durante unos 3 minutos).

Postre sin azúcar:

BROWNIES DE CHOCOLATE CON DULCE DE FRUTOS SECOS

4 raciones

Ingredientes

1 taza de boniato machacado

½ taza de mantequilla de frutos secos templada u otra pasta de frutos secos para untar

½ taza de cacao crudo en polvo (si prefieres un sabor más rico y fuerte puedes añadir más cacao)

1 cucharadita de extracto de vainilla (que no lleve azúcares añadidos)

1 cucharadita de canela

2 cucharadas de mantequilla

Instrucciones

1. Precalienta el horno a 176 °C.

2. Engrasa un molde para pan con mantequilla.

3. Pon todos los ingredientes en una batidora de alta velocidad o un procesador de alimentos. Procésalos hasta que queden mezclados.

4. Pon la masa en el molde y hornéala durante 12 a 15 minutos. Deja que los *brownies* se enfríen en el molde por completo antes de cortarlos en forma de barritas.

5. Sírvelos cubiertos de nata sin descremar.

Día 15

Desayuno: huevo pasado por agua con jengibre fresco cortado, cebollas verdes y acompañado de kéfir.

Comida: ensalada variada de alubias (soja verde, albahaca fresca, pimiento rojo, tomate, cebolla y zanahoria cortada) cubierta con romero fresco, aceite de oliva y sal.

Cena: costillas de cordero fritas con manteca en la sartén y calabaza, tomates *baby* y caldo.

Día 16

Desayuno: espárragos envueltos en beicon fritos en grasa de pato, servidos con chukrut.

Comida: aguacates condimentados con semillas de sésamo y chía tostadas en el horno y ensalada de hojas verdes aliñada con aceite de oliva, acompañada de kombucha.

Cena:

PATÉ CREMOSO DE HÍGADO DE POLLO

2 raciones

Ingredientes

½ taza de mantequilla clarificada o mantequilla

1 cebolla picada

450 g de hígados de pollo

½ taza de nata

3 dientes de ajo picado

1 clavo molido

5 semillas cilantro molidas

Sal marina

1 cucharada de coñac

1 pepino cortado en rodajas

Instrucciones

1. Derrite la mantequilla clarificada en una sartén a fuego medio o alto.

2. Añade la cebolla y cocínala, removiéndola hasta que quede blanda.

3. Agrega los hígados y saltéalos a fuego alto durante 2 minutos hasta que se doren por fuera.

4. Pon los hígados, el jugo de la sartén, la nata, las especias, la sal y el coñac en una batidora. Tritúralos hasta que queden finos.

5. Pon la mezcla en un bol y enfríalo en la nevera durante 2 o 3 horas.

6. Cubre cada rodaja de pepino con paté y sírvelo en una fuente.

Día 17

Desayuno: huevo con hierbas cocinado en mantequilla, servido sobre pasta de calabacines.

Comida: sardinas fritas con ensalada de rúcula, parmesano y alcaparras.

Cena: pierna de cordero asada en el horno con caldo acompañada de *bok choy*, zanahorias, y cebollas.

Postre: *brownies* de chocolate con dulce de frutos secos.

Día 18

Desayuno: hongos rellenos de chips de beicon crujiente fritos en mantequilla.

Comida: bandeja de carne curada con alcachofas y tomates secados al sol.

Cena:

BOCADILLO GRATINADO DE QUESO Y COLIFLOR

Ingredientes

1 coliflor cortada en floretes pequeños sin tallos

2 huevos grandes

½ taza de queso parmesano en tiras

Sal marina

1 cucharada de orégano o de otras especias al gusto

480 g de queso gouda en lonchas

Manteca o mantequilla

Instrucciones

1. Precalienta el horno a 232 °C.

2. Tritura la coliflor en la batidora hasta conseguir una consistencia parecida a la del arroz.

3. Ponla en un bol grande y cocínala en el microondas durante 5 minutos al máximo, removiéndola de vez en cuando para que quede suelta. Repite esta operación una vez la coliflor esté ligeramente jugosa y grumosa. Déjala enfriar unos minutos.

4. Añade huevo, parmesano y sal. Remuévelos hasta que la mezcla tenga una consistencia pastosa.

5. Coloca la mezcla sobre una bandeja de hornear forrada de papel formando cuadrados aplanados. Hornéala durante 15 minutos hasta que los cuadrados estén dorados.

6. Engrasa una sartén con manteca. Coloca las lonchas de queso entre dos capas de coliflor para montar un bocadillo y cocínalo en la sartén durante 5 a 10 minutos, hasta que el queso se funda.

Día 19

Desayuno:

BARQUITOS DE HUEVO Y AGUACATE

2 raciones

Ingredientes

2 aguacates cortados por la mitad

4 huevos

Cebolletas

Pimienta de cayena

Instrucciones

1. Precalienta el horno a 215 °C.

2. Coloca los aguacates en una bandeja de asar. Vierte un huevo en el hueco del hueso.

3. Hornéalos durante 15 a 20 minutos. Sácalos del horno y condiméntalos con cebolletas y cayena.

4. Sírvelos con chucrut.

Comida:

ENSALADA DE COL

2 raciones

Ingredientes

2 tazas de col verde y lombarda cortadas en tiras finas

2 tazas de zanahoria rallada

¼ taza de vinagre blanco o de vinagre de sidra de manzana

2 dientes de ajo

½ cucharadita de sal marina

½ cucharadita de pimienta negra

½ cucharadita de mostaza seca

½ cucharadita de semillas de apio

½ taza de mayonesa

Instrucciones

1. Mezcla la col y la zanahoria en un bol.
2. En una taza para mezclar, combina el resto de los ingredientes y remuévelos.
3. Agrega la mezcla de mayonesa a la col y combínalas bien. Condimenta al gusto. Sírvela con salmón ahumado.

Cena: hamburguesa de cordero o vacuno cubierta con mayonesa, encurtidos y tomate, envuelta en lechuga.

Día 20

Desayuno: huevo pochado con queso ricotta y pepitas.

Comida: medallones de carne con semillas de sésamo y guarnición de *chips* de calabacín.

Cena:

SANCOCHO DE ALMEJAS Y COLIFLOR

4 raciones

Ingredientes

2 cucharadas de mantequilla

2 dientes de ajo picado

1 cebolla picado

2 zanahorias ralladas

1 cabeza de coliflor cortada

4 lonchas de beicon

½ taza de nata sin descremar o 1 taza de leche

1 taza de caldo de pollo

280 a 340 g de almejas frescas o enlatadas

1 manojo de perejil fresco picado

1 hoja de laurel

½ cucharadita de cúrcuma

1 cucharadita de comino

Sal marina y pimienta recién molida

Instrucciones

1. Derrite la mantequilla en una cazuela grande a fuego medio. Agrega el ajo, la cebolla y las zanahorias y cocínalas hasta que estén tiernas.

2. Añade la coliflor y el beicon y cocínalos unos 5 minutos.

3. Agrega la nata, el caldo de pollo, las almejas, el perejil, el laurel y las especias. Remuévelos.

4. Llévalos a hervor, baja el fuego y deja que hierva a fuego lento durante 15 minutos, hasta que los vegetales estén tiernos. Condimenta al gusto.

Día 21

Desayuno: espinacas, kale, semillas de girasol y huevo revuelto con mantequilla.

Comida: filete de atún frío con ensalada de rúcula, calabaza y jengibre.

Cena:

MUSLOS DE POLLO AL HORNO CON CURRY Y GUARNICIÓN DE BONIATO Y BRÉCOL

4 raciones

Ingredientes

1 y ½ cucharaditas de cúrcuma

1 cucharada de aceite de oliva

6 a 8 muslos de pollo

½ boniato picado

1 brécol cortado

1 cucharadita de sal marina

1 cucharadita de pimienta

2 cucharadas de mantequilla, aceite de coco o grasa animal derretida

Instrucciones

1. Precalienta el horno a 204 °C.

2. Mezcla la cúrcuma y el aceite de oliva en un bol. Baña los muslos de pollo en esta mezcla y ponlos en una cazuela.

3. Agrega el boniato y el brécol a la cazuela y añade sal, pimienta y mantequilla.

4. Hornéalos durante 35 a 40 minutos o hasta que se doren.

5. Condiméntalos al gusto y sírvelos con el jugo que quede en la cazuela.

SEMANA 4: REINTRODUCE LA FRUTA Y AÑADE EL AYUNO

¡Ya llevas tres semanas sin tomar azúcar! En este punto, tus ansias por el dulce tendrían que ser cosa del pasado y tus niveles de energía deberían haberse estabilizado. Ahora, vamos a reintroducir la fruta y a incorporar periodos de ayuno de 12 a 14 horas, en los que simplemente te saltarás el desayuno dos o tres veces a la semana para permitir que tu cuerpo descanse de la digestión.

Cómo te sentirás

Tus ciclos de hambre y de energía deberían estar mucho más equilibrados. También tendrías que dormir mejor. Cuando tengas ansia de dulces, ya sabrás qué alimento tomar para mantenerte lejos de las golosinas.

Antes de comer: ejercicios para estirar la lengua (una vez antes de cada comida)

Estos ejercicios harán que notes cansados los músculos que hay a los lados de la lengua y la garganta. Eso es bueno porque quiere decir que los estás ejercitando para masticar y respirar adecuadamente.

1. Da golpecitos con la lengua detrás de los dientes posteriores (detrás del pliegue del paladar) haciendo un sonido como «tut-tut» o «tsk». Repítelo durante 1 minuto.
2. Mueve la lengua, manteniéndola en el paladar y, luego, muévela hacia el fondo de la boca hasta donde llegue. Mantén la punta de la lengua en la parte posterior del paladar durante 1 minuto.
3. Usa la lengua para aguantar una cuchara o el palito de un helado en la parte superior de la boca. Empuja hacia arriba, manteniéndola rígida contra el techo de la boca. Mantenla ahí durante 1 minuto por lo menos y más si puedes.

Día 22

Desayuno:

PUDIN DE CHÍA Y ARÁNDANOS AZULES

1 ración

Ingredientes

2 tazas de leche o de leche de coco

½ taza de semillas de chía

2 cucharadas de aceite de coco

½ cucharadita de canela

½ taza de arándanos

Instrucciones

Combina todos los ingredientes en una batidora. Sírvelos fríos.

Comida: pepitas tostadas, ensalada de calabaza y quinoa con queso feta y aceite de oliva.

Cena: col y beicon pasados por la sartén y servidos con caldo de ternera o de pollo.

Día 23

Desayuno: ayuno.

Comida: huevo revuelto con menta fresca cocinado en nata con calabacines cortados.

Cena: higaditos de pollo revueltos con beicon crujiente y verduras surtidas, servidos con kombucha.

Día 24

Desayuno: huevo pochado con tomates fritos y kéfir.

Comida: queso haloumi frito en la sartén con nueces, canela y manzana cortada.

Cena:

ROLLITOS DE PAVO Y PEPINO

2 a 3 raciones

Equipo necesario

Palillos de dientes.

Ingredientes

3 cucharadas de queso cremoso

2 jalapeños picados

1 puñado de cilantro

Sal marina

2 pepinos enteros pelados

225 g de pavo picado al horno

1 zanahoria rallada

1 cebolla picada fina

Instrucciones

1. Usa la batidora para mezclar el queso cremoso, los jalapeños, el cilantro y la sal. Ponlos en un bol.

2. Con un pelador de verduras, corta los pepinos a lo largo en rodajas largas y finas. Ponlas planas unas al lado de las otras sobre papel de hornear.

3. Extiende la mezcla de queso cremoso sobre las rodajas de pepino.

4. Pon encima una capa de pavo.

5. Añade zanahoria y cebolla a una de las rodajas en una línea fina al lado del pavo.

6. Enrolla el papel a lo largo para formar un rollo largo de tiras de pepino. Córtalo en rollos más pequeños.

7. Inserta palillos de dientes en los rollos y sírvelos.

Día 25

Desayuno: ayunar.

Comida:

TABULÉ DE COLIFLOR CON AGUACATE

2 raciones

Ingredientes

1 coliflor mediana sin el tallo y picada

6 cebollas verdes picadas

2 tomates grandes sin semillas y cortados

1 pepino sin semillas y cortado

1 manojo grande de perejil de hoja plana picado

1 puñado abundante de hojas de menta picadas

2 limones exprimidos

¼ taza de aceite de oliva extravirgen

1 cucharadita de sal marina

1 cucharadita de pimienta negra

½ berenjena cortada

1 aguacate cortado

Instrucciones

1. Pica la coliflor en un procesador de alimentos hasta obtener trozos pequeños del tamaño de granos. Sácala del procesador y resérvala.

2. Tritura las cebollas, los tomates, el pepino, el perejil y la menta por separado. Cuando consigas una consistencia esponjosa y ligera, pon la mezcla en un bol y combínala con la coliflor.

3. Agrega el zumo de limón, el aceite de oliva, la sal y la pimienta al gusto.

4. Fríe la berenjena hasta que quede dorada y sírvela con el tabulé de coliflor y el aguacate cortado.

Cena:

MUSLOS DE POLLO CON CÚRCUMA

2 raciones

Ingredientes

1 cucharada de aceite de oliva extravirgen

1 y ½ cucharaditas de cúrcuma

3 o 4 muslos de pollo

2 a 3 cucharadas de mantequilla

3 a 4 dientes de ajo picados

1 manojo de romero fresco

1 taza de espinacas

1 cucharadita de sal marina

1 cucharadita de pimienta negra

Instrucciones

1. Precalienta el horno a 204 °C.

2. Mezcla el aceite de oliva y la cúrcuma en un bol. Unta el pollo con la mezcla y ponlo en una bandeja de hornear.

3. Cúbrelo con la mitad de la mantequilla y, luego, añade ajo y romero. Hornéalo durante 30 a 35 minutos hasta que se dore.

4. Mientras el pollo se está haciendo, calienta el resto de la mantequilla en una cazuela. Agrega las espinacas y cocínalas hasta que se ablanden.

5. Condiméntalas a tu gusto. Sirve el pollo y las espinacas con los jugos de la sartén del horno.

Día 26

Desayuno: aguacate machacado con huevo y hongos con cúrcuma.

Comida: surtido de paté y queso curado.

Cena:

PESCADO RELLENO DE AVELLANA, ZANAHORIA Y CEBOLLA

2 raciones

Ingredientes

1 cebolla picada

1 zanahoria cortada

2 cucharadas de mantequilla clarificada o de otra grasa animal

55 g de avellanas picadas

1 manojo de perejil picado

1 huevo

1 limón exprimido

1 lubina o un pargo

1 cucharada de aceite de oliva

Instrucciones

1. Precalienta el horno a 190 °C.

2. Fríe la cebolla y la zanahoria en mantequilla clarificada hasta que quede blanda.

3. Añade avellanas y perejil. Cocínalos durante 2 minutos hasta que se doren.

4. Agrega el huevo y saltéalo hasta que la mezcla quede bien cocinada.

4. Añádeles zumo de limón.

5. Pon en medio el pescado entero (sin vísceras), rocíalo con aceite de oliva y hornéalo durante 20 a 30 minutos o hasta que esté crujiente o se descame con facilidad.

Día 27

Desayuno: ayunar.

Comida: garbanzos, rábanos y ensalada de col servidas con un vaso de kéfir.

Cena: filete de carne frito servido con mantequilla de ajo y brécol.

Día 28

Desayuno: plátanos machos con albahaca fritos en grasa de pato y acompañados de nueces.

Comida: ensalada de hojas verdes, semillas de calabaza, nueces y queso parmesano, aliñada con aceite de oliva.

Cena: muslos de pollo al horno con lentejas, orégano, zanahorias picadas, calabacines y cebollas.

SEMANA 5: REINTRODUCIR LAS COMIDAS DE RESTAURANTE

Durante las primeras cuatro semanas, has aprendido a suprimir por completo de tu dieta los alimentos envasados y a preparar comidas rápidas, sabrosas y nutritivas en tu propia cocina. Aun así, la realidad de la vida moderna es que resulta muy difícil preparar en casa todas las comidas. En la semana 5, aprenderás a incorporar las comidas de restaurante con moderación. Sigue la regla del 80/20: deberías prepararte en casa cuatro de cada cinco comidas.

Cuando comas fuera de casa, asegúrate de preguntar al camarero qué aceites y edulcorantes han utilizado para preparar la comida. Trata de pedir platos que se ajusten todo lo posible a lo que hemos hablado. Por lo general, esto significa pedir comidas sin salsas, platos sencillos o ensaladas. No tomes más de nueve cucharaditas de azúcar al día. Si te comes un postre o un tentempié dulce, evita el azúcar añadido durante los siguientes dos días.

**Antes de comer: ejercicio de voz
(una vez antes de cada comida)**

Ejercita la voz y los músculos de la garganta canturreando o tarareando.

Cierra los ojos y haz una inspiración diafragmática profunda durante 3 segundos. Luego, deja salir un tarareo profundo; debe ser profundo, pero en cada caso es distinto. Imagínate el tarareo empezando en tu estómago y moviéndose como el arco de un violín que tocara tus cuerdas vocales. Haz esto durante dos minutos.

Después, tócate el paladar con la lengua. Deberías notar el tarareo haciéndose más alto y el maxilar superior vibrando. Tararea así sobre tu mandíbula superior durante otros dos minutos.

Día 29

Desayuno: granola casera con yogur.

Comida: huevo con pesto de albahaca (ver página 204 para la receta del pesto).

Cena:

BOL DE TERNERA CON CHILI Y MANTEQUILLA

4 raciones

Ingredientes

1 cebolla picada

1 pimiento rojo morrón picado

1 a 2 cucharadas de aceite de coco o grasa de cerdo

2 a 3 tazas de carne de vacuno picada

2 cucharaditas de sal

3 cucharadas de mantequilla clarificada o mantequilla

2 tomates cortados

2 tallos de apio picados

1 a 2 ajís rojos picados

¼ taza de pasta de tomate

1 y ½ cucharaditas de comino

1 taza de agua

280 gramos de queso cheddar rallado

Instrucciones

1. Prepara las cebollas y el pimiento en una cazuela grande con aceite de coco a fuego medio o alto hasta que se doren un poco.

2. Añade la ternera y condiméntala con sal.

3. Agrega a la cazuela la mantequilla clarificada, los tomates, el apio, los chilis, la pasta de tomate, el comino y 1 taza de agua.

4. Llévalos a hervor y reduce a fuego bajo o medio, dejando que hiervan a fuego lento durante 1 a 2 horas, y removiéndolos cada 30 minutos más o menos.

5. Sírvelos en un cuenco grande espolvoreados con queso cheddar.

Día 30

Desayuno: ayunar.

Comida:

SOPA DE AGUACATE

2 raciones

Ingredientes

1 cucharada de mantequilla clarificada o mantequilla

4 tazas de caldo de pollo o de vacuno

2 aguacates maduros pelados y machacados

½ taza de cebolla picada fina

1 diente de ajo

2 tazas de nata

1 cucharadita de zumo de lima

¼ cucharadita de comino en polvo

Sal y pimienta

1 puñado de cilantro fresco

Instrucciones

1. Calienta la mantequilla clarificada en una olla grande a temperatura media.

2. Agrega el caldo, los aguacates, la cebolla, el ajo, la nata y el zumo de lima, y llévalos a hervor.

3. Si te apetece así, pon los ingredientes en una batidora y tritúralos hasta que queden finos; luego, devuélvelos a la olla. Condiméntalos con el comino, la sal y el pimiento.

   Nota: triturar alimentos calientes para hacer purés o cremas puede causar quemaduras. Para evitarlo, tienes que retirar la tapa o el tapón de la batidora, y no llenes el vaso por encima de la mitad de su capacidad. Pon la cubierta de la batidora y, en lugar de enroscar el tapón, cubre el orificio con un paño grueso. Sujétalo y comienza a triturar los ingredientes a baja velocidad.

4. Cocínalos a fuego medio durante 5 minutos y luego sírvelos en un cuenco y condiméntalos con cilantro fresco.

5. Sírvelos con kombucha.

Cena: salmón frito en la sartén con pasta de miso acompañado de kale y cebollas de primavera.

Día 31

Desayuno: huevo hervido con hummus y bastones de apio.

Comida: atún, aceite de oliva y espinacas *baby* con aliño de chili y guarnición de chucrut.

Cena:

MUSLOS DE POLLO AL HORNO CON *CHIPS* DE BONIATO

4 raciones

Ingredientes

½ taza de aceite de oliva

Sal marina

Pimienta

2 a 3 dientes de ajo picados

6 a 8 muslos de pollo

1 boniato cortado en rodajas

1 puñado de romero fresco picado

200 g de berros frescos

Instrucciones

1. Precalienta el horno a 190 °C.

2. Mezcla ¼ de taza de aceite de oliva con la sal, la pimienta y el ajo. Unta el pollo con la mezcla.

3. Embadurna una bandeja para el horno con 1 cucharada de aceite de oliva. Pon el boniato en la bandeja y cúbrelo con una capa ligera de aceite de oliva, reservando una pequeña cantidad para volver a glasearlo. Pon el pollo encima del boniato.

4. Hornéalos durante 20 minutos hasta que el pollo esté dorado

5. Sácalos del horno, dale la vuelta al pollo y vuelve a glasear la mezcla con el aceite de oliva que has reservado. Añade el romero.

6. Horéalos otra media hora hasta que el pollo esté bien cocido. Adórnalos con berros.

Día 32

Desayuno: ayunar.

Comida: huevo revuelto con cúrcuma, col y pimientos rojos.

Cena:

SOPA DE MARISCO ORIENTAL CON FIDEOS DE CALABACÍN Y ZANAHORIA

4 raciones

Ingredientes

225 g de ternera cortada en filetes finos

Aceite de coco o manteca

2 zanahorias

4 calabacines medianos

2 tazas de caldo (o colágeno en polvo disuelto en agua)

2 dientes de ajo picados

¼ cucharadita de jengibre picado

2 tazas de brotes de soja

¼ taza de cebolletas picadas (opcional)

1 huevo pasado por agua

2 cucharadas de salsa de ostras

2 cucharadas de vinagre de sidra de manzana

Sal

Pimienta

Instrucciones

1. En una sartén, sella los filetes en aceite de coco y resérvalos.

2. Usa un pelador de verduras para hacer tiras finas de zanahoria y calabacín.

3. Mezcla el caldo, el ajo y el jengibre en una olla grande y llévalos a hervor.

4. Agrega al caldo las tiras de zanahoria, los brotes de soja y las cebolletas. Cuécelos durante unos 5 minutos.

5. Agrega los calabacines y las zanahorias y cuécelos hasta que estén blandos.

6. Incorpora a la sopa la ternera, el huevo, la salsa de ostras y el vinagre de sidra de manzana, y condiméntala con sal y pimienta al gusto. Sírvela caliente.

Día 33

Desayuno: yogur con bayas y aceite de coco, canela y cardamomo.

Comida: pescado a la plancha con limón y pimienta, cebollas y tiras de zanahoria.

Cena: salchicha *liverwurst* con caldo de pollo o ternera (páginas 209 y 210), brécol al horno y patatas.

Nota: las salchichas *liverwurst* pueden encontrarse en muchas carnicerías y supermercados.

Día 34

Desayuno: ayunar.

Comida: huevo revuelto con espinacas.

Cena:

SOPA DE GUISANTES

2 raciones

Ingredientes

2 cucharadas de aceite de coco o de grasa animal

1 cebolla picada

3 dientes de ajo picados

3 tazas de caldo de pollo o de vacuno

2 ramitas de tomillo picadas

1 taza de guisantes a la inglesa

1 cucharada de vinagre de sidra de manzana

Sal y pimienta

1 puñado de perejil picado

Instrucciones

1. Calienta a fuego medio aceite de coco en una cazuela. Agrega la cebolla, el ajo y el tomillo, y cocínalos durante 5 minutos.

2. Agrega el caldo, los guisantes, el vinagre, la sal y la pimienta. Llévalos a hervor.

3. Baja el fuego y agrega perejil. Tapa la cazuela y deja cocer el caldo de 5 a 10 minutos.

4. Retíralo del fuego y sírvelo caliente.

Día 35

Desayuno:

BATIDO VERDE CREMOSO DE COLÁGENO

1 ración

Ingredientes

2 tazas de espinacas	2 cucharadas de nata
½ aguacate	2 cucharada de semillas de chía
½ banana	2 cucharadas de semillas de lino
1 cucharada de aceite de coco	1 cucharada de gelatina en polvo

Instrucciones

Pon todos los ingredientes en una batidora y tritúralos hasta conseguir una textura de batido cremoso.

Comida: ensalada variada de hojas verdes y hierbas con berros, col, perejil y albahaca.

Cena:

PESCADO HORNEADO CON JENGIBRE Y CITRONELA CON CALDO Y ARROZ DE PEPINO

2 a 3 raciones

Ingredientes

1 pargo entero u otro tipo de pescado

1 pepino cortado

½ taza de aceite de oliva extravirgen

1 trozo de jengibre fresco

1 tallo de citronela

Ralladura de un limón

1 lima

1 puñado de cilantro

1 cucharadita de ajís en copos

2 ajís sin semillas cortados en rodajitas

1 cucharadita de pimienta

1 cucharadita de sal marina

1 taza de caldo de pollo o de vacuno

Instrucciones

1. Precalienta el horno a 93 °C.

2. Coloca papel de aluminio sobre la superficie de trabajo y pon el pescado encima.

3. Rodea el pescado de pepino.

4. Mezcla en un bol el aceite de oliva con el resto de los ingredientes y el caldo.

5. Frota el pescado con la mezcla anterior. Envuélvelo en el papel de aluminio, ponlo sobre la bandeja del horno y ásalo de 30 a 35 minutos.

6. Calienta el caldo y sírvelo en un cuenco con el pescado o por separado.

7. Condiméntalo a tu gusto.

SEMANA 6: TU NUEVA NORMALIDAD

En las cinco semanas que te han traído hasta aquí, has reentrenado tu boca y tu cuerpo para que coma y digiera de la forma en que está diseñado para hacer. En mi caso, después de seis semanas así, sabía que no podía volver a comer como antes. Siempre supe que mi nueva dieta beneficiaría enormemente a mi cuerpo. Sin embargo, en este punto no lo sabía, lo sentía. Y yo me hallaba mejor que nunca.

La semana 6 es la primera semana del resto de una vida nutritiva. Ahora que has vuelto a satisfacer las necesidades de tu cuerpo es aceptable que, de vez en cuando, tomes algún alimento que no esté incluido en la dieta, pero posiblemente te des cuenta de que ya no tienes la misma ansia que antes por tomar alimentos azucarados de mala calidad nutricional; te resultará más fácil darle a tu cuerpo los alimentos que de verdad necesita. Y tu peso, tu piel y tu claridad mental seguirán agradeciéndotelo.

Antes de comer: moverte y respirar
(una vez antes de cada comida)

Aprender a respirar a través de la nariz mientras te mueves ayudará a que respires por la nariz día y noche.

1. Planifica un paseo de 10 minutos.
2. Antes de empezar, coloca la lengua en el techo de la boca y respira profundamente por la nariz 10 veces.
3. Camina a un ritmo estable, centrándote en mantener los labios cerrados, e inspirando en 3 segundos y espirando en 4.
4. Si notas que te quedas sin aliento, baja el ritmo.
5. A medida que practiques, mejorarás y podrás moverte más rápido y durante periodos más prolongados.

Día 36

Desayuno: plátano y nueces tostadas.

Comida: tabla de quesos con guacamole y boniato frito.

Cena:

ALITAS DE POLLO ESPECIADAS CON AJO Y PIMENTÓN CON CALABACINES FRITOS

4 raciones

Ingredientes

2 calabacines enteros cortados en rodajas

3 cucharadas de mantequilla derretida

Sal marina

1 cucharada de pimentón

4 dientes de ajo machacados

Pimienta

900 g de alas de pollo

½ taza de crema agria

Instrucciones

1. Precalienta el horno a 190 °C.

2. Agrega calabacines al fondo de una bandeja de hornear y cúbrelos con mantequilla y sal.

3. Mezcla el pimentón, el ajo y la pimienta en un bol. Condimenta las alas de pollo con esta mezcla. Luego añádelas a la bandeja.

4. Hornéalo todo durante 30 minutos, hasta que el pollo esté bien asado.

5. Sírvelo caliente, con crema agria de acompañamiento.

Día 37

Desayuno: ayunar.

Comida: rodajas de berenjenas asadas con tomates especiados con orégano y hongos cubiertos con queso feta y aceite de oliva.

Cena:

SOPA PICANTE DE CALABAZA

2 raciones

Ingredientes

2 cucharadas de aceite de coco, mantequilla clarificada o manteca

1 cebolla mediana picada

2 zanahorias picadas

2 ajís picados

2 tazas de caldo de pollo o de ternera

1 calabaza cortada

2 a 3 hojas de salvia

1 manzana mediana, sin el corazón y cortada

½ taza de leche de coco

2 cucharaditas de zumo de lima o al gusto

Sal marina al gusto

Instrucciones

1. En una cazuela grande, calienta aceite de coco a fuego medio y agrega la cebolla, las zanahorias y los ajís. Saltéalos hasta que queden dorados y tiernos.

2. Agrega el caldo, la calabaza y las hojas de salvia. Hiérvelos a fuego lento durante 15 a 20 minutos, y retira las hojas de salvia.

3. Añade el resto de los ingredientes. Caliéntalos poco a poco y corrige el condimento al gusto.

Día 38

Desayuno: huevo sobre arroz de coliflor con mantequilla.

Comida: espárragos fritos con chips de zanahoria horneadas en aceite de coco.

Cena:

ENSALADA DE GAMBAS CON CHILI Y MANTEQUILLA

2 raciones

Ingredientes

3 cucharadas de mantequilla derretida

1 puñado de perejil picado

1 ají rojo picado

1 cucharadita de cúrcuma

1 mango cortado en dados

2 aguacates cortados en dados

450 g de gambas cocinadas

2 limas exprimidas

Sal marina

1 lechuga

Instrucciones

1. Mezcla la mantequilla, el perejil y el ají en un bol. Agrega la cúrcuma y mézclalos hasta que quede una combinación con cuerpo.

2. Agrega el mango y los aguacates a otro bol grande con las gambas y combínalos bien.

3. Vierte la mezcla de mantequilla sobre la ensalada y remuévela. Exprime el zumo de lima y añádelo junto a sal marina al gusto. Sírvela sobre hojas de lechuga.

Día 39

Desayuno: rodajas de pera pasadas por la sartén y ensalada de nueces con yogur.

Comida:

SALSA AGRIA PARA MOJAR CON PATATAS RÚSTICAS ASADAS

1 a 2 raciones

Ingredientes

4 patatas grandes al horno

4 cucharadas de mantequilla derretida

1 cebolla picada

2 tazas (225 g) de queso cheddar rallado

4 dientes de ajo machacados

1 puñado de perejil fresco rallado

8 lonchas de beicon

1 cucharada de queso parmesano rallado

½ cucharadita de sal

½ cucharadita de pimienta

½ taza de crema agria

Instrucciones

1. Precalienta el horno a 246 °C.

2. Corta las patatas por la mitad y extrae la carne, dejando las pieles intactas. Pon las carcasas de patata en una bandeja de hornear.

3. Mezcla la mantequilla con la cebolla, el queso cheddar, el ajo y el perejil, y rellena las patatas con la mezcla.

4. Hornéalas durante 8 minutos. Luego dales la vuelta y ásalas 10 minutos más.

5. Fríe el beicon en una sartén hasta que esté crujiente y córtalo en cuadraditos.

6. Espolvorea el beicon encima de las patatas rellenas, junto con el queso parmesano.

7. Condiméntalas con sal y pimienta, y sírvelas con crema agria.

Cena: revuelto de hígado, cebolla y beicon con cúrcuma y albahaca fresca.

Día 40

Desayuno: huevo frito y queso haloumi con chucrut.

Comida:

ROLLOS DE COL Y POLLO CON CÚRCUMA

2 a 3 raciones

Ingredientes

1 col	Sal
450 g de pollo picado	Pimienta
1 cebolla picada	½ taza de pasta de tomate
1 huevo	2 a 3 cucharadas de aceite de coco
1 cucharada de cúrcuma	o de grasa de cerdo
	1 taza de agua

Instrucciones

1. Hierve agua salada en una cazuela poco profunda. Separa de 6 a 8 hojas de col y cuécelas de 2 a 4 minutos, hasta que se ablanden.

2. Agrega a un bol el pollo, la cebolla, el huevo, la cúrcuma, la sal y la pimienta al gusto y mézclalos.

3. Añade un poco de la mezcla de pollo al centro de cada hoja de col, enróllala apretando bien el relleno y si quieres, puedes cerrar los paquetitos con un palillo.

4. Agrega aceite de coco o manteca a una sartén. Pon los rollitos de col y añade una taza de agua. Llévalos a hervor, luego reduce el fuego y deja que hiervan a fuego lento durante 40 minutos. Remueve las coles y báñalas en el líquido cada 10 minutos.

5. Sirve los rollitos calientes.

Cena: filete frito con almendras picadas, queso azul y brécol.

Día 41

Desayuno: ayunar.

Comida: ensalada de aguacate, hinojo y perejil con aliño de aceite de oliva.

Cena: filete de salmón al horno con zanahorias y tomatitos.

Día 42

Desayuno: huevos revueltos con espárragos y nata.

Comida: ensalada de judías verdes y lentejas con queso feta.

Cena:

ASADO DE HONGOS MASALA

4 raciones

Ingredientes

Aceite de coco o grasa de cerdo

3 tallos de apio picados

1 cebolla picada

360 g de hongos silvestres picados

1 brécol cortado

4 huevos batidos

1 taza de caldo

¼ taza de leche

1 taza de nata con alto contenido en materia grasa

4 cucharadas mantequilla

1 cucharada de cardamomo

1 cucharada de cúrcuma   2 tazas de queso gouda rallado

1 cucharada de clavo

Instrucciones

1. Precalienta el horno a 176 °C.

2. Calienta aceite de coco en una sartén. Agrega apio y cebolla y cocínalos hasta que estén tiernos.

3. Agrega los hongos y el brécol y remuévelos hasta que se doren y estén tiernos.

4. Agrega el huevo y mézclalo bien. Luego, añade el caldo, remueve bien hasta que el huevo quede cocido. Aparta la sartén del fuego y resérvalo.

5. En un bol pequeño, mezcla la leche, la nata, la mantequilla, el cardamomo, la cúrcuma y el clavo.

6. Agrega la mezcla de hongos y la leche especiada a una bandeja de hornear. Espolvorea el queso por encima.

7. Cúbrelos con papel de aluminio y hornéalos 30 minutos. Retira el papel de aluminio y sigue horneándolos 40 minutos más hasta que la parte superior esté crujiente y dorada.

8. Sírvelos calientes.

CONCLUSIÓN
UN FUTURO LLENO DE SONRISAS

ME ENORGULLECE COMPARTIR contigo *Boca sana, cuerpo sano*. Espero que te inspire al igual que el trabajo de Price me inspiró a mí y que, a partir de ahora, valores más la comida.

Los conceptos que hemos explorado en este libro son nuevos y viejos a la vez. La realidad es que apenas estamos empezando a comprender la relación entre la nutrición y el cuerpo; la ciencia evolutiva, el equilibrio mineral, el microbioma y la epigenética aún son campos emergentes.

Nuestros cuerpos son un complejo reflejo de la salud ancestral, de los microbios que viven en él y de los genes. La epigenética nos ha enseñado que la salud es más maleable de lo que habíamos creído. Cada pedacito de comida que comemos envía un mensaje muy concreto a los genes, que están siempre a la escucha, e inicia una reacción en cadena que comienza en la boca y viaja a través de todo el cuerpo.

Uno de los descubrimientos recientes más importantes sobre este sistema es en qué medida depende de un equilibrio perfecto entre las vitaminas solubles en grasas, el calcio, los prebióticos y los probióticos.

Aunque todavía tenemos mucho que aprender, hemos llegado a entender que el cuerpo tiene el poder natural de sanarse y que ese poder puede sernos de ayuda para mantenernos lejos del sillón del dentista o de la consulta del médico. Asimismo, sabemos que el cuerpo necesita la chispa adecuada para activar ese poder: la dieta tiene una importancia extraordinaria para la salud.

Espero que con este libro recuperes la sensación de control, que te permitirá no solo mantener la salud de tu boca y tu cuerpo, sino fortalecer tus dientes y hacer que estén más sanos que nunca.

Tal vez pienses: «Espera un momento, no has hablado de este mineral, esta otra vitamina o esta dolencia». *Boca sana, cuerpo sano* sigue el principio de que la boca es la referencia de la salud. Cuando consumes los nutrientes de los alimentos que benefician tu salud dental, el resto se pone en su sitio.

La gente con enfermedades crónicas más graves puede necesitar un análisis dietético más profundo para ver qué le hace falta a su cuerpo; pero primero tienen que seguir los principios que determinan una buena salud bucodental.

Ciertamente, el azúcar y los alimentos procesados industrialmente, además de cepillarse los dientes solo de vez en cuando, son obstáculos para la salud dental. No obstante, en realidad, son síntomas de un obstáculo mucho más básico, una sensación de impotencia para mantener la salud de la boca.

Muchos de nosotros tenemos esa sensación desde niños. Nos enseñaron a cepillarnos los dientes cada mañana y cada noche, y nos dijeron que el azúcar podía provocarnos caries y esa es la esencia de toda nuestra educación dental. Incluso si nos cepillamos los dientes y nos pasamos el hilo dental, si evitamos el azúcar y vamos al dentista con regularidad, no tenemos garantizada la salud dental; aún es posible que tengan que curarnos alguna caries. Aún puede que tengan que matarnos algún nervio, por no mencionar los tratamientos de ortodoncia completos a los que muchos de nosotros tuvimos que someternos cuando éramos más jóvenes.

Todo ello ha alimentado la sensación de que, sin importar lo que hiciéramos, la boca y los dientes iban a tener problemas inevitablemente y que lo mejor que podíamos hacer era resolverlos cuando aparecieran. Creíamos que la gente que no tenía caries o no necesitaba ortodoncia, simplemente, había tenido suerte: tenían una «buena dentadura». Tanto si estabas en un lado como en el otro, eso era todo.

Espero haberte demostrado que hay muchos otros factores que influyen en la salud bucodental. Puedes controlar la salud y el bienestar de tu boca, tus dientes y de todo tu cuerpo, y ese poder está en lo que comes.

Para asegurarte de conseguirlo, es importante que evites algunos alimentos. Esa es la razón por la que he puesto ejemplos que explican por qué hay que evitar el azúcar refinado, los carbohidratos y los alimentos procesados. Sin embargo, saber lo que no podemos hacer no nos devuelve la sensación de control, incluso, puede que nos sintamos impotentes. Después de todo, siempre nos han dicho que evitáramos el azúcar, pero no nos dijeron con qué sustituirlo.

Ese es el quid de la cuestión: saber lo que podemos hacer para sentir que recuperamos el control. Por eso, en este libro se habla más de los alimentos y los nutrientes que te conviene poner en tu plato que de los que tienes que evitar.

Cuando mis pacientes salen de mi consulta convencidos de que pueden tener una actitud verdaderamente proactiva respecto a su salud dental, en su cara, hay un gesto muy distinto del que tenían cuando entraron. Se sienten confiados y en paz. Si sigues el plan que presento en *Boca sana, cuerpo sano*, también llegarás a ese punto y te enorgullecerá mostrar tu sonrisa nueva y mejorada.

La práctica lo es todo y seguir esta dieta te resultará un poco más fácil cada día. A medida que seas más consciente de lo que comes y de dónde procede, empezarás a disfrutar del sabor de otros alimentos. Tus papilas gustativas despertarán del coma en el que han vivido a causa del azúcar. Antes de que puedas darte cuenta, los alimentos ricos en nutrientes se convertirán en tu segunda naturaleza y empezarás a sentirte bien gracias a ellos. Tus dientes y tu boca estarán genial. Pasarás menos tiempo en la consulta del dentista y necesitarás menos tratamientos.

Por supuesto, los beneficios de este tipo de alimentación no se limitan a la boca: los problemas digestivos que hayas podido tener empezarán a desaparecer, te acercarás más a un peso saludable, tendrás más energía, tu mente estará más clara… Resumiendo: tu boca, tu cuerpo y tu mente empezarán a funcionar como están diseñados para hacer.

Ahora, todo depende de ti. Ya no podrás decir que te sientes impotente o que tu problema es que tienes «una mala dentadura». Las respuestas a los problemas dentales están en tu comida. Es así de simple.

Así que ¡adelante! Espero que disfrutes este tránsito hacia una buena salud dental y hacia una vida larga y saludable. Por el camino, espero que llegues a darte cuenta de eso que los humanos hemos olvidado durante tantos años: que los alimentos son la mejor medicina.

REFERENCIAS

Capítulo 1

1. Petersen, Poul Erik. «Challenges to improvement of oral health in the 21st century-the approach of the WHO Global Oral Health Programme». International Dental Journal 54, n.º S6 (2004): 329-343.

2. National Institutes of Health. «Dental caries (tooth decay) in children (age 2 to 11)». U. S. Department of Health and Human Services, 2014. Web. 13 diciembre 2016. <http://www.nidcr.nih.gov/DataStatistics/FindDatabyTopic/DentalCaries/DentalCariesChildren2to11.htm>.

3. Templeton, Sarah-Kate. «Rotten Teeth Put 26,000 Children in Hospital». The Times & The Sunday Times, 13 de julio de 2014. www.thetimes.co.uk/article/rottenteeth-put-26000-children-in-hospital-br5zzzpnfz0. Último acceso:13 de mayo de 2016.

4. Thomsen, Michael. «Braces, Pointless and Essential». The Atlantic. Atlantic Media Company, 9 de julio de 2015. Web. https://www.theatlantic.com/health/archive/2015/07/braces-dentures-history/397934/. Último acceso: 26 de mayo 2016.

5. Mascarelli, Amanda Leigh. «Braces are for grown-ups too». Los Angeles Times. 4 de julio de 2011. Web. 13 de diciembre de 2016. <http://articles.latimes.com/2011/jul/04/health/la-he-adult-braces-20110704>.

6. Friedman, Jay W. «The prophylactic extraction of third molars: a public health hazard». American Journal of Public Health 97, n.º 9 (2007): 1554-1559.

7. «Dentists in the US: market research report». Ibisworld. 2016. Web. 13 de diciembre de 2016. http://www.ibisworld.com/industry/default.aspx?indid=1557.

8. Forshaw, R. J. «Dental health and disease in ancient Egypt». British Dental Journal 206, n.º 8 (2009): 421-424.

9. Gibbons, A. «An evolutionary theory of dentistry». Science 336.6084 (2012): 973-975.

10. Corruccini, Robert S. «Australian aboriginal tooth succession, interproximal attrition, and Bhuevo's theory». American Journal of Orthodontics and Dentofacial Orthopedics 97, n.º 4 (1990): 349-357.

11. Corruccini, Robert S. «An epidemiologic transition in dental occlusion in world populations». American Journal of Orthodontics 86, n.º 5 (1984): 419-426.

12. Solow, Beni, and Sonnesen Liselotte. «Head posture and malocclusions». European Journal of Orthodontics 20, n.º 6 (1998): 685-693.

13. Centers for Disease Control and Prevention. «National diabetes statistics report: estimates of diabetes and its burden in the United States, 2014». Atlanta, Georgia: U.S. Department of Health and Human services, 2014.

14. Rysdal, Kai. «Processed Foods Make Up 70 Percent of the U.S. Diet». Marketplace, 12 de marzo de 2013, Web. <www.marketplace.org/2013/03/12/life/big-book/processed-foods-make-70-percent-us-diet>. Último acceso: 5 de mayo de 2016.

15. Powell, Nick, Benedict Huntley, Thomas Beech, William Knight, Hannah Knight, y Christopher J. Corrigan. «Increased prevalence of gastrointestinal symptoms in patients with allergic disease». Postgraduate Medical Journal 83, n.º 977 (2007): 182-186.

16. Cooper, Glinda S., Milele L. K. Bynum, and Emily C. Somers. «Recent insights in the epidemiology of autoimmune diseases: improved prevalence estimates and understanding of clustering of diseases». Journal of Autoimmunity 33, n.º 3 (2009): 197-207.

17. Brown, Rebecca C., Alan H. Lockwood, and Babasaheb R. Sonawane. «Neurodegenerative diseases: an overview of environmental risk factors». Environmental Health Perspectives 113.9 (2005): 1250-1256.

Capítulo 2

1. Price, A. Weston. Nutrition and Physical Degeneration. Lemon Grove, California: Price Pottenger Foundation, 1945.

2. *Ibid.*

3. *Ibid.*

4. *Ibid.*

5. *Ibid.*

6. Rasmussen, Morten, Xiaosen Guo, Yong Wang, Kirk E. Lohmueller, Simon Rasmussen, Anders Albrechtsen, Line Skotte, et al. «An aboriginal Australian genome reveals separate human dispersals into Asia». Science 334, n.º 6052 (2011): 94-98.

Capítulo 3

1. Song, F., Susan O'Meara, P. Wilson, S. Golder, and J. Kleijnen. «The effectiveness and cost-effectiveness of prophylactic removal of wisdom teeth». Health Technol Assess. 4, n.º 15 (2000): 1-55.

2. Friedman, Jay W. «The prophylactic extraction of third molars: a public health hazard». American Journal of Public Health 97, n.º 9 (2007): 1554-1559.

3. Rabin, Roni Caryn. «Wisdom of having that tooth removed», New York Times, 5 de septiembre de 2011. http://www.nytimes.com/2011/09/06/health/06consumer.html?_r=0. Último acceso: 25 de mayo de 2015.

4. Preuss, Todd M. «The human brain: rewired and running hot». Annals of the New York Academy of Sciences 1225, n.º S1 (2011): E182-E191.

5. Aiello, Leslie C., and Peter Wheeler. «The expensive-tissue hypothesis: the brain and the digestive system in human and primate evolution». Current Anthropology 36, n.º 2 (1995): 199-221.

6. Price, A. Weston. Nutrition and Physical Degeneration. Lemon Grove, California: Price Pottenger Foundation, 1945.

7. Corruccinni, Robert S., y L. Darrell Whitley. «Occlusal variation in a rural Kentucky community». American Journal of Orthodontics 79, n.º 3 (1981): 250-262.

8. Corruccini, Robert S. «An epidemiologic transition in dental occlusion in world populations». American Journal of Orthodontics 86.5 (1984): 419-426.

9. Norton N. S., Netter's head and neck anatomy for dentistry, 3.ª ed. Milton, Ontario: Elsevier/Saunders, 2012.

10. Lundberg, Jon O. «Nitric oxide and the paranasal sinuses». Anatomical Record 291.11 (2008): 1479-1484.

11. Behbehani, Faraj, Jonrtun, and Lukman Thalib. «Prediction of mandibular third-molar impaction in adolescent orthodontic patients». American

Journal of Orthodontics and Dentofacial Orthopedics 130, n.º 1 (2006): 47-55.

12. Guimarães, Kátia C., Drager, Luciano F., Genta, Pedro R., Marcondes, Bianca F., and Lorenzi-Filho, Geraldo. «Effects of oropharyngeal exercises on patients with moderate obstructive sleep apnea syndrome». American Journal of Respiratory and Critical Care Medicine 179, n.º 10 (2009): 962-966.

13. Patil, Susheel P., Hartmut Schneider, Alan R. Schwartz, and Philip L. Smith. «Adult obstructive sleep apnea: pathophysiology and diagnosis». Chest Journal 132, n.º 1 (2007): 325-337.

14. Samuels, Curtis A., Mantequillaworth George, Roberts Tony, Graupner Lida, and Hole Graham. «Facial aesthetics: babies prefer attractiveness to symmetry». Perception 23, n.º 7 (1994): 823-831.

15. Peres, Karen Glazer, Morales Cascaes, Andreia, Peres, Marco Aurelio, Demarco, Flavio Fernando, Silva Santos, Iná, Matijasevich, Alicia and Barros, Aluisio J. D. «Exclusive breastfeeding and risk of dental malocclusion». Pediatrics 136, n.º 1 (2015): e60-e67.

16. Boyd, K., et al. «Human malocclusion and changed feeding practices since the Industrial Revolution». Presented at the International Society for Evolution, Medicine & Public Health Annual Meeting 2015.

17. Enlow, Donald H., and G. Hans, Mark. Essentials of facial growth. Philadelphia: Saunders, 1996.

18. Gungor, Ahmet Yalcin, and Hakan Turkkahraman. «Effects of airway problems on maxillary growth: a review». European Journal of Dentistry 3, n.º 3 (2009): 250.

19. Holmberg, Hans, and Sten Linder-Aronson. «Cephalometric radiographs as a means of evaluating the capacity of the nasal and nasopharyngeal airway». American Journal of Orthodontics 76, n.º 5 (1979): 479-490.

20. Hu, Zhiai, et al. «The effect of teeth extraction for orthodontic treatment on the upper airway: a systematic review». Sleep and Breathing 19.2 (2015): 441-451.

21. Mew, John. «Facial changes in identical twins treated by different orthodontic techniques». World Journal of Orthodontics 8, n.º 2 (2007): 174.

22. He, Junyun, Hung Hsuchou, Yi He, Abba J. Kastin, Yuping Wang, and Weihong Pan. «Sleep restriction impairs blood-brain barrier function». Journal of Neuroscience 34, n.º 44 (2014): 14697-14706.

23. Ting, Leon, and Atul Malhotra. «Disorders of sleep: an overview». Primary care 32.2 (2005): 305.

24. Eckert, Danny J., *et al.* «Central sleep apnea: pathophysiology and treatment». Chest Journal 131.2 (2007): 595-607.

25. Macey, Paul M., Rajesh Kumar, Jennifer A., Ogren, Mary A., Woo, and Ronald M. Harper. «Global brain blood-oxygen level responses to autonomic challenges in obstructive sleep apnea». PloS One 9, n.º 8 (2014): e105261.

26. Colten, H. R., and B. M. Altevogt, Committee on Sleep Medicine and Research; «Extent and health consequences of chronic sleep loss and sleep disorders». Ch. 3 in Institute of Medicine (U.S.) editors. Sleep disorders and sleep deprivation: an unmet public health problem. Washington, D.C.: National. Academies Press, 2006.

27. Punjabi, Naresh M. «The epidemiology of adult obstructive sleep apnea». Proceedings of the American Thoracic Society 5, n.º 2 (2008): 136-143.

28. Macey, Paul M., *et al.* «Brain structural changes in obstructive sleep apnea». Sleep 31.7 (2008): 967.

29. Kumar, Rajesh, *et al.* «Altered global and regional brain mean diffusivity in patients with obstructive sleep apnea». Journal of Neuroscience Research 90.10 (2012): 2043-2052.

30. Guilleminault, Christian, *et al.* «A cause of excessive díatime sleepiness: the upper airway resistance syndrome». Chest 104.3 (1993): 781-787.

31. Park, Y. Steven. «Upper airway resistance syndrome». Doctor Steven Y. Park MD (New York, NY) Integrative Solutions for Obstructive Sleep Apnea, Upper Airway Resistance Syndrome and Snoring. N.p., July 2016. http://doctorstevenpark.com/sleep-apnea-basics/upper-airway-resistance-syndrome (accessed July 2016).

32. de Godoy, Luciana B. M., *et al.* «Treatment of upper airway resistance syndrome in adults: Where do we stand?». Sleep science 8.1 (2015): 42-48.

33. Guilleminault, Christian, Faul, John L. and Stoohs, Riccardo. «Sleep-disordered breathing and hypotension». American Journal of Respiratory and Critical Care Medicine 164, n.º 7 (2001): 1242-1247.

34. Kunter, Erdogan, Ozkan Yetkin, and Hakan Gunen. «UARS presenting with the symptoms of anxiety and depression». Central European Journal of Medicine 5.6 (2010): 712-715.

35. de Godoy, Luciana Balester Mello, Gabriela Pontes Luz, Luciana Oliveira Palombini, Luciana Oliveira e Silva, Wilson Hoshino, Thais Moura Guimaraes, Sergio Tufik, Lia Bittencourt, and Sonia Maria Togeiro. «Upper Airway Resistance Syndrome Patients Have Worse Sleep Quality

Compared to Mild Obstructive Sleep Apnea». PLoS ONE 11, n.º 5 (2016): e0156244-e0156244.

36. El Shakankiry, Hanan M. «Sleep physiology and sleep disorders in childhood». Nature and science of sleep 3 (2011): 101.

37. Gozal, David. «Obstructive sleep apnea in children: implications for the developing central nervous system». Seminars in Pediatric Neurology 15, n.º 2. W. B. Saunders, 2008.

38. Scott, Nicola, *et al.* «Sleep patterns in children with ADHD: a population based cohort study from birth to 11 years». Journal of Sleep Research 22.2 (2013): 121-128.

39. Iftikhar, Imran H., Christopher E. Kline, and Shawn D. Youngstedt. «Effects of exercise training on sleep apnea: a meta-analysis». Lung 192.1 (2014): 175-184.

40. Puhan, Milo A., *et al.* «Didgeridoo playing as alternative treatment for obstructive sleep apnoea syndrome: randomised controlled trial». BMJ 332.7536 (2006): 266-270.

Capítulo 4

1. Farges, Jean-Christophe, Bellanger Aurélie, Ducret Maxime, Aubert-Foucher Elisabeth, Richard Béatrice, Alliot-Licht Brigitte, Bleicher Françoise, and Carrouel Florence. «Human odontoblast-like cells produce nitric oxide with antibacterial activity upon TLR2 activation». Frontiers in physiology 6, June (2015): 185.

2. Hu, B., *et al.* «Bone marrow cells can give rise to ameloblast-like cells». Journal of Dental Research 85.5 (2006): 416-421.

3. Takayanagi, Hiroshi. «Osteoimmunology: shared mechanisms and crosstalk between the immune and bone systems». Nature Reviews Immunology 7.4 (2007): 292-304.

4. Arana-Chavez, Victor E., and Massa Luciana F. «Odontoblasts: the cells forming and maintaining dentine». International Journal of Biochemistry & Cell Biology 36, n.º 8 (2004): 1367-1373.

5. Nagaoka, Shigetaka, Miyazaki Youichi, Liu Hong-Jih, Iwamoto Yuko, Kitano Motoo, and Kawagoe Masataka. «Bacterial invasion into dentinal tubules of human vital and nonvital teeth». Journal of Endodontics 21, n.º 2 (1995): 70-73.

6. Berdal, A., Papagerakis P., Hotton D., Bailleul-Forestier I., and Davideau J. L. «Ameloblasts and odontoblasts, target-cells for 1, 25-dihydroxyvitamin D3: a review». International Journal of Developmental Biology 39, n.º 1 (2003): 257-262.

7. Lemire, Jacques M., J. S. Adams, R. Sakai, and S. C. Jordan. «1 alpha, 25-dihydroxyvitamin D3 suppresses proliferation and immunoglobulin production by normal human peripheral blood mononuclear cells». Journal of Clinical Investigation 74, n.º 2 (1984): 657.

8. Tang, Jun, Ru Zhou, Dror Luger, Wei Zhu, Phyllis B. Silver, Rafael S. Grajewski, Shao-Bo Su, Chi-Chao Chan, Luciano Adorini, and Rachel R. Caspi. «Calcitriol suppresses antiretinal autoimmunity through inhibitory effects on the Th17 effector response». Journal of Immunology 182, n.º 8 (2009): 4624-4632.

9. Papagerakis, P., M. MacDougall, D. Hotton, I. Bailleul-Forestier, M. Oboeuf, and A. Berdal. «Expression of amelogenin in odontoblasts». Bone 32, n.º 3 (2003): 228-240.

10. Schroth, R. J., R. Rabbani, G. Loewen, and M. E. Moffatt. «Vitamin D and dental caries in children». Journal of Dental Research 95, n.º 2 (2016): 173-179.

11. Hildebolt, Charles F. «Effect of vitamin D and calcium on periodontitis». Journal of Periodontology 76, n.º 9 (2005): 1576-1587.

12. Heaney, Robert P. «Vitamin D and calcium interactions: functional outcomes». American Journal of Clinical Nutrition 88, n.º 2 (2008): 541S-544S.

13. Guimarães, Gustavo Narvaes, Lopes Rodrigues, Thaisângela, de Souza, Ana Paula, Line, Sergio Roberto and Rocha Marques, Marcelo. «Parathyroid hormone (1-34) modulates odontoblast proliferation and apoptosis via PKA and PKC-dependent pathways». Calcified Tissue International 95, n.º 3 (2014): 275-281.

14. Ramagopalan, Sreeram V., Andreas Heger, Antonio J. Berlanga, Narelle J. Maugeri, Matthew R. Lincoln, Amy Burrell, Lahiru Handunnetthi, et al. «A ChIP-seq defined genome-wide map of vitamin D receptor binding: associations with disease and evolution». Genome Research 20, n.º 10 (2010): 1352-1360.

15. Nair, Rathish, and Arun Maseeh. «Vitamin D: the 'sunshine' vitamin». Journal of Pharmacology and Pharmacotherapeutics 3, n.º 2 (2012): 118.

16. Garland, Cedric F., Frank C. Garland, Edward D. Gorham, Martin Lipkin, Harold Newmark, Sharif B. Mohr, and Michael F. Holick. «The role

of vitamin D in cancer prevention». American Journal of Public Health 96, n.º 2 (2006): 252-261.

17. Littlejohns, Thomas J., William E. Henley, Iain A. Lang, Cedric Annweiler, Olivier Beauchet, Paulo H. M. Chaves, Linda Fried, et al. «Vitamin D and the risk of dementia and Alzheimer disease». Neurology 83, n.º 10 (2014): 920-928.

18. Pierrot-Deseilligny, Charles, and Souberbielle, Jean-Claude. «Contribution of vitamin D insufficiency to the pathogenesis of multiple sclerosis». Therapeutic Advances in Neurological Disorders 6, n.º2 (2013): 81-116.

19. Xu, Qun, Christine G. Parks, Lisa A. DeRoo, Richard M. Cawthon, Dale P. Sandler, and Honglei Chen. «Multivitamin use and telomere length in women». American Journal of Clinical 89 (2009): 1857-63.

20. Vimaleswaran, Karani S., Diane J. Berry, Chen Lu, Emmi Tikkanen, Stefan Pilz, Linda T. Hiraki, Jason D. Cooper, et al. «Causal relationship between obesity and vitamin D status: bi-directional Mendelian randomization analysis of multiple cohorts». PLoS Med 10, n.º 2 (2013): 1-13.

21. Khayyat, Yasir, and Attar, Suzan. «Vitamin D deficiency in patients with irritable bowel syndrome: does it exist?» Oman Medical Journal 30, n.º 2 (2015): 115.

22. Tavakkoli, Anna, DiGiacomo, Daniel, Green, Peter H., and Lebwohl, Benjamin. «Vitamin D status and concomitant autoimmunity in celiac disease». Journal of Clinical Gastroenterology 47, n.º 6 (2013): 515.

23. Blanck, Stacey, and Faten Aberra. «Vitamin D deficiency is associated with ulcerative colitis disease activity». Digestive Diseases and Sciences 58, n.º 6 (2013): 1698-1702.

24. Ham, Maggie, Maria S. Longhi, Conor Lahiff, Adam Cheifetz, Simon Robson, and Alan C. Moss. «Vitamin D levels in adults with Crohn's disease are responsive to disease activity and treatment». Inflammatory Bowel Diseases 20, n.º 5 (2014): 856.

25. Loeser, Richard F. «Age-related changes in the musculoskeletal system and the development of osteoarthritis». Clinics in Geriatric Medicine 26, n.º 3 (2010): 371-386.

26. Bolland, Mark J., Andrew Grey, Alison Avenell, Greg D. Gamble, and Ian R. Reid. «Calcium supplements with o without vitamin D and risk of cardiovascular events: reanalysis of the Women's Health Initiative limited access dataset and meta-analysis». BMJ 342 (2011): d2040.

27. Semba, R., and K. Kramer. «The discovery of the vitamins». Ann Nutr Metab 61, n.º 3 (2012): 181-270.

28. Dam, Henrik. «The antihaemorrhagic vitamin of the chick. Occurrence and chemical nature». Nature 135, n.º 18 (1935): 652-653.

29. Howard, James Bryant, and Gary L. Nelsestuen. «Isolation and characterization of vitamin K-dependent region of bovine blood clotting factor X». Proceedings of the National Academy of Sciences 72, n.º 4 (1975): 1281-1285.

30. Iowiecki, Maciej. *Dzieje nauki polskiej*. Warszawa: Wydawnictwo Interpress, 1981, p. 177.

31. Hauschka, P. V. «Osteocalcin: the vitamin K-dependent Ca2+-binding protein of bone matrix». Pathophysiology of Haemostasis and Thrombosis 16, n.º 3-4 (1986): 258-272.

32. Schurgers, Leon J., Ellen C. M. Cranenburg and Cees Vermeer. «Matrix GLAprotein: the calcification inhibitor in need of vitamin K». Thrombosis and Haemostasis 100, n.º 4 (2008): 593-603.

33. Luo, Guangbin, Ducy, Patricia, McKee, Marc D., Pinero, Gerald J., Evelyne Loyer, Richard R. Behringer, and Gérard Karsenty. «Spontaneous calcification of arteries and cartilage in mice lacking matrix GLA protein». Nature 386, n.º 6620 (1997): 78-81.

34. Geleijnse, Johanna M., Cees Vermeer, Diederick E. Grobbee, Leon J. Schurgers, Marjo H. J. Knapen, Irene M. Van Der Meer, Albert Hofman, and Jacqueline C. M. Witteman. «Dietary intake of menaquinone is associated with a reduced risk of coronary heart disease: the Rotterdam study». Journal of Nutrition 134, n.º 11 (2004): 3100-3105.

35. Vermeer, Cees, Martin J. Shearer, Armin Zittermann, Caroline Bolton- Smith, Pawel Szulc, Stephen Hodges, Paul Walter, Walter Rambeck, Elisabeth Stöcklin, and Peter Weber. «Beyond deficiency». European Journal of Nutrition 43, n.º 6 (2004): 325-335.

36. Falcone, Trasey D., Scott S. W. Kim, and Megan H. Cortazzo. «Vitamin K: fracture prevention and beyond». PM&R 3, n.º 6 (2011): S82-S87.

37. Masterjohn, Chris. «On the trail of the elusive X-factor: a sixty-two-year-old mystery finally solved—Weston A. Price». Weston A. Price. Washington, D.C. Weston A. Price Foundation, 14 Feb. 2008. Web. 11 dic. 2014.

38. Hauschka, P. V. «Osteocalcin: the vitamin K-dependent Ca2+-binding protein of bone matrix». Pathophysiology of Haemostasis and Thrombosis 16, n.º 3-4 (1986): 258-272.

39. Schurgers, Leon J., Daniela V. Barreto, Fellype C. Barreto, Sophie Liabeuf, Cédric Renard, Elke J. Magdeleyns, Cees Vermeer, Gabriel Choukroun, and Ziad A. Massy. «The circulating inactive form of matrix

GLA protein is a surrogate marker for vascular calcification in chronic kidney disease: a preliminary report». Clinical Journal of the American Society of Nephrology 5, n.º 4 (2010): 568-575.

40. Thomsen, Stine B., Camilla N. Rathcke, Bo Zerahn, and Henrik Vestergaard. «Increased levels of the calcification marker matrix GLA protein and the inflammatory markers YKL-40 and CRP in patients with type 2 diabetes and ischemic heart disease». Cardiovascular Diabetology 9, n.º 1 (2010): 1.

41. Westenfeld, Ralf, Thilo Krueger, Georg Schlieper, Ellen C. M. Cranenburg, Elke J. Magdeleyns, Stephan Heidenreich, Stefan Holzmann, et al. «Effect of vitamin K_2 supplementation on functional vitamin K deficiency in hemodialysis patients: a randomized trial». American Journal of Kidney Diseases 59, n.º 2 (2012): 186-195.

42. Schurgers, Leon J., Daniela V. Barreto, Fellype C. Barreto, Sophie Liabeuf, Cédric Renard, Elke J. Magdeleyns, Cees Vermeer, Gabriel Choukroun, and Ziad A. Massy. «The circulating inactive form of matrix GLA protein is a surrogate marker for vascular calcification in chronic kidney disease: a preliminary report». Clinical Journal of the American Society of Nephrology 5, n.º 4 (2010): 568-575.

43. Shimamoto S., A. Tanaka, K. Tsuchida, K. Hayashi, and T. Sawa. «Serious coagulation dysfunction in a patient with gallstone-related cholecystitis successfully treated with vitamin K». Japanese Journal of Anesthesiology 65(4) (2016): 407-10 (Japanese).

44. Nimptsch, Katharina, Sabine Rohrmann, and Jakob Linseisen. «Dietary intake of vitamin K and risk of prostate cancer in the Heidelberg cohort of the European Prospective Investigation into Cancer and Nutrition (EPICHeidelberg)». American Journal of Clinical Nutrition 87, n.º 4 (2008): 985-992.

45. Howe, Andrew M., and William S. Webster. «The warfarin embryopathy: a rat model showing maxillonasal hypoplasia and other skeletal disturbances». Teratology 46, n.º 4 (1992): 379-390.

46. Harugop, Anil S., R. S. Mudhol, P. S. Hajare, A. I. Nargund, V. V. Metgudmath and S. Chakrabarti. «Prevalence of nasal septal deviation in newborns and its precipitating factors: a cross-sectional study». Indian Journal of Otolaryngology and Head & Neck Surgery 64, n.º 3 (2012): 248-251.

47. Zile, Maija H. «Function of vitamin A in vertebrate embryonic development». Journal of Nutrition 131, n.º 3 (2001): 705-708.

48. Gilbert, Clare. «The eye signs of vitamin A deficiency». Community Eye Health 26, n.º 84 (2013): 66.

49. Fennema, Owen. Fennema's food chemistry. New York, NY. CRC Press, Taylor & Francis, (2008): 454-455.

50. Stephensen, Charles B. «Vitamin A, infection, and immune function». Annual Review of Nutrition 21, n.º 1 (2001): 167-192.

51. Tanumihardjo, Sherry A. «Vitamin A and bone health: the balancing act». Journal of Clinical Densitometry 16, n.º 4 (2013): 414-419.

52. Groenen, Pascal M. W., Iris A. L. M. van Rooij, Petronella G. M. Peer, Rob H. Gooskens, Gerhard A. Zielhuis, and Régine P. M. Steegers-Theunissen. «Marginal maternal vitamin B_{12} status increases the risk of offspring with spina bifida». American Journal of Obstetrics and Gynecology 191, n.º 1 (2004): 11-17.

53. Venkatesh, R. «Syndromes and anomalies associated with cleft». Indian Journal of Plastic Surgery 42, n.º 3 (2009): 51.

54. Schöne, F., H. Luedke, A. Hennig, W. Ochrimenko, P. Moeckel, and D. Geinitz. «The vitamin A activity of beta-carotene in growing pigs». Archives of Animal Nutrition 38, n.º 3 (1988): 193-205.

Capítulo 5

1. Kriss, Timothy C., y Martich Kriss, Vesna. «History of the operating microscope: from magnifying glass to microneurosurgery». Neurosurgery 42, n.º 4 (1998): 899-907.

2. Tan, Siang Yong, y Yvonne Tatsumura. «Alexander Fleming (1881-1955): discoverer of penicillin». Singapore Medical Journal 56, n.º 7 (2015): 366.

3. Reyniers, J. A. «Germfree vertebrates: present status». Annals of the New York Academy of Sciences (1959) 78(1):3.

4. Amieva, Manuel, y Peek, Richard M. «Pathobiology of Helicobacter pylori-induced gastric cancer». Gastroenterology 150, n.º 1 (2016): 64-78.

5. Blaser, Martin J. «Who are we? Indigenous microbes and the ecology of human diseases». EMBO Reports 7, n.º 10 (2006): 956.

6. Ripple, William J., y Robert L. Beschta. «Wolves and the ecology of fear: can predation risk structure ecosystems?» BioScience 54, n.º 8 (2004): 755-766.

7. Saint Louis, Catherine. «Feeling guilty about not flossing? Maybe there's no need». New York Times, 2 de agosto de 2016. Web. 11 de diciembre de 2016. <http://www.nytimes. com/2016/08/03/health/flossing-teeth-cavities.html>.

8. Kuramitsu, Howard K., y Bing-Yan, Wang. «Virulence properties of cariogenic bacteria». BMC Oral Health 6, n.º 1 (2006): 1.

9. Donlan, Rodney M. «Biofilms: microbial life on surfaces». Emerg Infect Dis 8, n.º 9 (2002).

10. Nyvad, Bente, Crielaard, Wim, Mira, Alex, Takahashi, Nobuhiro y Beighton, David. «Dental caries from a molecular microbiological perspective». Caries Research 47, n.º 2 (2012): 89-102.

11. Kuramitsu, Howard K., Xuesong He, Renate Lux, Maxwell H. Anderson y Wenyuan Shi. «Interspecies interactions within oral microbial communities». Microbiology and Molecular Biology Reviews 71, n.º 4 (2007): 653-670.

12. Adler, Christina J., Keith Dobney, Laura S., Weyrich, John Kaidonis, Alan W. Walker, Wolfgang Haak, Corey J. A. Bradshaw, et al. «Sequencing ancient calcified dental plaque shows changes in oral microbiota with dietary shifts of the Neolithic and Industrial revolutions». Nature Genetics 45, n.º 4 (2013): 450-455.

13. Schnorr, Stephanie L., Candela, Marco, Rampelli, Simone, Centanni, Manuela, Consolandi, Clarissa, Basaglia, Giulia, Turroni, Silvia, et al. «Gut microbiome of the Hadza hunter-gatherers». Nature Communications 5 (2014).

14. Humphrey, Louise T., De Groote, Isabelle, Morales, Jacob, Barton, Nick, Collcutt, Simon, Bronk Ramsey, Christopher y Bouzouggar, Abdeljalil. «Earliest evidence for caries and exploitation of starchy plant foods in Pleistocene hunter-gatherers from Morocco». Proceedings of the National Academy of Sciences 111, n.º 3 (2014): 954-959.

15. Helander, Herbert F., y Lars Fändriks. «Surface area of the digestive tract-revisited». Scandinavian Journal of Gastroenterology 49, n.º 6 (2014): 681-689.

16. Human Microbiome Project Consortium. «Structure, function and diversity of the healthy human microbiome». Nature 486, n.º 7402 (2012): 207-214.

17. Sekirov, Inna, Shannon L. Russell, L. Caetano, M. Antunes, y B. Brett Finlay. «Gut microbiota in health and disease». Physiological Reviews 90, n.º 3 (2010): 859-904.

18. Neu, Josef, y Rushing, Jona. «Cesarean versus vaginal delivery: long-term infant outcomes and the hygiene hypothesis». Clinics in Perinatology 38, n.º 2 (2011): 321-331.

19. Jost, Ted, Lacroix, Christophe, P. Brahuevoer, Christian, Rochat, Florence y Chassard, Christophe. «Vertical mother-neonate transfer of maternal

gut bacteria via breastfeeding». Environmental Microbiology 16, n.º 9 (2014): 2891-2904.

20. Schuijt, T. J., T. van der Poll y Wiersinga, W. J. «Gut microbiome and host defense interactions during critical illness». In: Annual Update in Intensive Care and Emergency Medicine 2012, pp. 29-40. Springer Berlin Heidelberg, 2012.

21. Wu, Hsin-Jung, y Eric Wu. «The role of gut microbiota in immune homeostasis and autoimmunity». Gut Microbes 3, n.º 1 (2012): 4-14.

22. Den Besten, Gijs, van Eunen, Karen, Groen, Albert K., Venema, Koen, Reijngoud, Dirk-Jan, y Bakker, Barbara M.. «The role of short-chain fatty acids in the interplay between diet, gut microbiota, and host energy metabolism». Journal of Lipid Research 54, n.º 9 (2013): 2325-2340.

23. Bischoff, Stephan C., Giovanni Barbara, Wim Buurman, Theo Ockhuizen, Jörg-Dieter Schulzke, Matteo Serino, Herbert Tilg, Alastair Watson, y Jerry M. Wells. «Intestinal permeability—a new target for disease prevention and therapy». BMC Gastroenterology 14, n.º 1 (2014): 1.

24. Schnorr, Stephanie L., Marco Candela, Simone Rampelli, Manuela Centanni, Clarissa Consolandi, Giulia Basaglia, Silvia Turroni et al. «Gut microbiome of the Hadza hunter-gatherers». Nature Communications 5 (2014).

25. King, Dana E., Arch G. Mainous, y Carol A. Lambourne. «Trends in dietary fiber intake in the United States, 1999-2008». Journal of the Academy of Nutrition and Dietetics 112, n.º 5 (2012): 642-648.

26. Eaton, S. Boyd. «The ancestral human diet: what was it and should it be a paradigm for contemporary nutrition?» Proceedings of the Nutrition Society 65, n.º 1 (2006): 1-6.

27. Eke, Paul I., Bruce A. Dye, Liang Wei, Gary D. Slade, Gina O. Thornton-Evans, Wenche S. Borgnakke, George W. Taylor, Roy C. Page, James D. Beck, y Robert J. Genco. «Update on prevalence of periodontitis in adults in the United States: NHANES 2009 to 2012». Journal of Periodontology 86, n.º 5 (2015): 611-622.

28. Nath, Sameera G., y Ranjith Raveendran. «Microbial dysbiosis in periodontitis». Journal of Indian Society of Periodontology 17, n.º 4 (2013): 543.

29. Fasano, Alessio, Bernadette Baudry, David W. Pumplin, Steven S. Wasserman, Ben D. Tall, Julian M. Ketley, y J. B. Kaper. «Vibrio cholerae produces a second enterotoxin, which affects intestinal tight junctions». Proceedings of the National Academy of Sciences 88, n.º 12 (1991): 5242-5246.

30. Francino, M. P. «Antibiotics and the human gut microbiome: Dysbioses and accumulation of resistances». Frontiers in Microbiology 6 (2015): 1543.

31. Bischoff, Stephan C., Giovanni Barbara, Wim Buurman, Theo Ockhuizen, Jörg-Dieter Schulzke, Matteo Serino, Herbert Tilg, Alastair Watson, y Jerry M. Wells. «Intestinal permeability—a new target for disease prevention and therapy». BMC Gastroenterology 14, n.º 1 (2014): 1.

32. Perrier, C., y B. Corthesy. «Gut permeability and food allergies». Clinical & Experimental Allergy 41, n.º 1 (2011): 20-28.

33. Ding, Shengli, y Pauline K. Lund. «Role of intestinal inflammation as an early event in obesity and insulin resistance». Current Opinion in Clinical Nutrition and Metabolic Care 14, n.º 4 (2011): 328.

34. Kelly, John R., Paul J. Kennedy, John F. Cryan, Timothy G. Dinan, Gerard Clarke, y Niall P. Hyland. «Breaking down the barriers: the gut microbiome, intestinal permeability and stress-related psychiatric disorders». Frontiers in Cellular Neuroscience 9 (2015): 392.295

35. Campbell, Andrew W. «Autoimmunity and the Gut». Autoimmune Diseases 2014 (2014): 152428.

36. Rook, G. A. W., y Brunet, L. R.. «Microbes, immunoregulation, and the gut». Gut 54, n.º 3 (2005): 317-320.

37. McLean, Mairi H., Dieguez, Dario, Lindsey M. Miller, y Howard A. Young. «Does the microbiota play a role in the pathogenesis of autoimmune diseases?». Gut 64, n.º 2 (2015): 332-341.

38. Lavanya, N., P. Jayanthi, Umadevi K. Rao, y K. Ranganathan. «Oral lichen planus: An update on pathogenesis and treatment». Journal of Oral and Maxillofacial Pathology 15, n.º 2 (2011): 127.

39. Fasano, Alessio. «Zonulin and its regulation of intestinal barrier function: the biological door to inflammation, autoimmunity, and cancer». Physiological Reviews 91, n.º 1 (2011): 151-175.

40. Camilleri, Michael, y H. Gorman. «Intestinal permeability and irritable bowel syndrome». Neurogastroenterology & Motility 19, n.º 7 (2007): 545-552.

41. Øyri, Styrk Furnes, Györgyi Múzes, y Ferenc Sipos. «Dysbiotic gut microbiome: A key element of Crohn's disease». Comparative Immunology, Microbiology and Infectious Diseases 43 (2015): 36-49.

42. Machiels, K., M. Joossens, J. Sabino, V. De Preter, I. Arijs, V. Eeckhaut, V. Ballet et al. «A decrease of the butyrate-producing species Rosebu-

ria hominis and Faecalibacterium prausnitzii defines dysbiosis in patients with ulcerative colitis». Gut 63, n.º 8 (2014): 1275.

43. Goodson, J. M., D. Groppo, S. Halem, y E. Carpin. «Is obesity an oral bacterial disease?» Journal of Dental Research 88, n.º 6 (2009): 519-523.

44. Kumar, P. S. (2016). «From focal sepsis to periodontal medicine: a century of exploring the role of the oral microbiome in systemic disease». Journal of Physiology, 595 (2016): 465-476.

45. Riiser, Amund. «The human microbiome, asthma, and allergy». Allergy, Asthma & Clinical Immunology 11, n.º 1 (2015): 1.

46. Hartstra, Annick V., Kristien E. C. Bouter, Fredrik Bäckhed, y Max Nieuwdorp. «Insights into the role of the microbiome in obesity and type 2 diabetes». Diabetes Care 38, n.º 1 (2015): 159-165.

47. Ley, Ruth E. «Obesity and the human microbiome». Current Opinion in Gastroenterology 26, n.º 1 (2010): 5-11.

48. Mayer, Emeran A., Rob Knight, Sarkis K. Mazmanian, John F. Cryan, y Kirsten Tillisch. «Gut microbes and the brain: paradigm shift in neuroscience». Journal of Neuroscience 34, n.º 46 (2014): 15490-15496.

49. Hedberg, Maria, Pamela Hasslöf, I. Sjöström, S. Twetman, y Christina Stecksén Blicks. «Sugar fermentation in probiotic bacteria—an in vitro study». Oral Microbiology and Immunology 23, n.º 6 (2008): 482-485.

50. Zarrinpar, Amir, Amandine Chaix, Shibu Yooseph, y Satchidananda Panda. «Diet and feeding pattern affect the diurnal dynamics of the gut microbiome». Cell Metabolism 20, n.º 6 (2014): 1006-1017.

51. Sapolsky, Robert M. *Why Zebras Don't Get Ulcers*, 3.ª ed. Nueva York, NY. Holt Paperbacks, 26 de agosto de 2004.

52. Stothart, Mason R., Colleen B. Bobbie, Albrecht I. Schulte-Hostedde, Rudy Boonstra, Rupert Palme, Nadia C. S. Mykytczuk, y Amy E. M. Newman. «Stress and the microbiome: linking glucocorticoids to bacterial community dynamics in wild red squirrels». Biology Letters 12, n.º 1 (2016): 20150875.

53. Voigt, Robin M., Christopher B. Forsyth, Stefan J. Green, Ece Mutlu, Phillip Engen, Martha H. Vitaterna, Fred W. Turek, y Ali Keshavarzian. «Circadian disorganization alters intestinal microbiota». PLoS One 9, n.º 5 (2014): e97500.

54. Matsumoto, Megumi, Ryo Inoue, Takamitsu Tsukahara, Kazunari Ushida, Hideyuki Chiji, Noritaka Matsubara, y Hiroshi Hara. «Voluntary running exercise alters microbiota composition and increases n-butyrate

concentration in the rat cecum». Bioscience, Biotechnology, and Biochemistry 72, n.º 2 (2008): 572-576.

55. Sing, David, y Charles F. Sing. «Impact of direct soil exposures from airborne dust and geophagy on human health». International Journal of Environmental Research and Public Health 7, n.º 3 (2010): 1205-1223.

56. Song, Se Jin, Christian Lauber, Elizabeth K. Costello, Catherine A. Lozupone, Gregory Humphrey, Donna Berg-Lyons, J. Gregory Caporaso, et al. «Cohabiting family members share microbiota with one another and with their dogs». Elife 2 (2013): e00458.

Capítulo 6

1. Pottenger, F.M. Jr. Pottenger's Cats: *A Study in Nutrition*. Elaine Pottenger, editor, with Robert T. Pottenger, Jr. Lemon Grove, CA: Price-Pottenger Nutrition Foundation, 1995.

2. Harmon, Katherine. «Genome sequencing for the rest of us». Scientific American. 28 de junio de 2010. Último acceso: 13 de agosto de 2010.

3. Steve Talbott, «Getting over the codelusion», New Atlantis, n.º 28, Verano 2010, pp. 3-27.

4. Ibid.

5. Bentley, David R. «The human genome project—an overview». Medicinal Research Reviews 20, n.º 3 (2000): 189-196.

6. Holoch, Daniel, y Danesh Moazed. «RNA-mediated epigenetic regulation of gene expression». Nature Reviews Genetics 16, n.º 2 (2015): 71-84.

7. Kessels, Jana Elena, Inga Wessels, Hajo Haase, Lothar Rink, y Peter Uciechowski. «Influence of DNA-methylation on zinc homeostasis in myeloid cells: Regulation of zinc transporters and zinc binding proteins». Journal of Trace Elements in Medicine and Biology 37 (2016): 125-133.

8. Heijmans, Bastiaan T., Elmar W. Tobi, Aryeh D. Stein, Hein Putter, Gerard J. Blauw, Ezra S. Susser, P. Eline Slagboom, y L. H. Lumey. «Persistent epigenetic differences associated with prenatal exposure to famine in humans». Proceedings of the National Academy of Sciences 105, n.º 44 (2008): 17046-17049.

9. Ibid.

10. Vince, Gaia. «Pregnant smokers increases grandkids' asthma risk». New Scientist, n.p., 11 abril de 2005. Web. 12 de octubre 2015. <https://www.

newscientist.com/ article/dn7252-pregnant-smokers-increases-grand-kids-asthma-risk>.

11. Kanherkar, Riya R., Naina Bhatia-Dey, y Antonei B. Csoka. «Epigenetics across the human lifespan». Frontiers in cell and developmental biology 2 (2014): 49.

12. Richardson, Bruce. «DNA methylation and autoimmune disease». Clinical Immunology 109, n.º 1 (2003): 72-79.

13. Reddy, Marpadga A., Erli Zhang, y Rama Natarajan. «Epigenetic mechanisms in diabetic complications and metabolic memory». Diabetologia 58, n.º 3 (2015): 443-455.

14. Dawson, Mark A., y Kouzarides, Tony. «Cancer epigenetics: from mechanism to therapy». Cell 150, n.º 1 (2012): 12-27.

15. Martínez, J. Alfredo, Fermín I. Milagro, Kate J. Claycombe, y Kevin L. Schalinske. «Epigenetics in adipose tissue, obesity, weight loss, and diabetes». Advances in Nutrition: an International Review Journal 5, n.º 1 (2014): 71-81.

16. Bayan, Leyla, Peir Hossain Koulivand, y Ali Gorji. «Garlic: a review of potential therapeutic effects». Avicenna Journal of Phytomedicine 4, n.º 1 (2014): 1-14.

17. Lenucci, Marcello S., Cadinu, Daniela, Taurino, Marco, Piro, Gabriella y Dalessandro, Giuseppe. «Antioxidant composition in cherry and high-pigment tomato cultivars». Journal of Agricultural and Food Chemistry 54, n.º 7 (2006): 2606-2613.

18. Davis, Donald R. «Declining fruit and vegetable nutrient composition: what is the evidence?» HortScience 44, n.º 1 (2009): 15-19.

19. Rickman, Joy C., Barrett, Diane M. y Bruhn, Christine M. «Nutritional comparison of fresh, frozen and canned fruits and vegetables. Part 1. Vitamins C and B and phenolic compounds». Journal of the Science of Food and Agriculture 87, n.º 6 (2007): 930-944.

Capítulo 7

1. Cordain, Loren, S. Boyd Eaton, Anthony Sebastian, Neil Mann, Staffan Lindeberg, Bruce A. Watkins, James H. O'Keefe, y Janette Brand-Miller. «Origins and evolution of the Western diet: health implications for the 21st century». American Journal of Clinical Nutrition 81, n.º 2 (2005): 341-354.

2. Cordain, Loren, Janette Brand-Miller, S. Boyd Eaton, Neil Mann, Susanne H. A. Holt, y John D. Speth. «Plant-animal subsistence ratios and

macronutrient energy estimations in worldwide hunter-gatherer diets». American Journal of Clinical Nutrition 71, n.º 3 (2000): 682-692.

3. Whips, Heather. «How sugar changed the world». LiveScience. 2 de junio de 2008. Web. 11 de diciembre de 2016. <http://www.livescience.com/4949-sugar-changed-world.html>.

4. Welsh, Jean A., Sharma, Andrea, Cunningham, Solveig A. y Vos, Miriam B. «Consumption of added sugars and indicators of cardiovascular disease risk among US adolescents». Circulation 123, n.º 3 (2011): 249-257.

5. Ervin, R. Bethene, y Ogden, Cynthia L. «Consumption of added sugars among US adults, 2005-2010.» NCHS data brief 122 (2013): 1-8.

6. Ng, Shu Wen, Meghan M. Slining, y Barry M. Popkin. «Use of caloric and noncaloric sweeteners in US consumer packaged foods, 2005-2009». Journal of the Academy of Nutrition and Dietetics 112, n.º 11 (2012): 1828-1834.

7. Weiss, Ehud, Wetterstrom, Wilma, Nadel, Dani y Bar-Yosef, Ofer. «The broad spectrum revisited: evidence from plant remains». Proceedings of the National Academy of Sciences 101, n.º 26 (2004): 9551-9555.

8. Heshe, G. G., G. D. Haki, A. Z. Woldegiorgis, y H. F. Gemede. «Effect of conventional milling on the nutritional value and antioxidant capacity of wheat types common in Ethiopia and a recovery attempt with bran supplementation in bread». Food Science & Nutrition 4 (2016): 534-543.

9. «FAO cereal supply and demand brief». Food and Agriculture Organization of the United Nations, n.p., n.d. Web. 13 de diciembre de 2016. <http://www.fao.org/worldfoodsituation/csdb/en/>.

10. Riddle, Mark S., Joseph A. Murray, y Chad K. Porter. «The incidence and risk of celiac disease in a healthy US adult population». American Journal of Gastroenterology 107, n.º 8 (2012): 1248-1255.

11. Rubio-Tapia, Alberto, Robert A. Kyle, Edward L. Kaplan, Dwight R. Johnson, William Page, Frederick Erdtmann, Tricia L. Brantner, et al. «Increased prevalence and mortality in undiagnosed celiac disease». Gastroenterology 137, n.º 1 (2009): 88-93.

12. Lionetti, Elena, Castellaneta, Stefania, Francavilla, Ruggiero, Pulvirenti, Alfredo, Tonutti, Elio, Amarri, Sergio, Barbato, Maria, et al. «Introduction of gluten, HLA status, and the risk of celiac disease in children». New England Journal of Medicine 371, n.º 14 (2014): 1295-1303.

13. Vriezinga, Sabine L., Renata Auricchio, Enzo Bravi, Gemma Castillejo, Anna Chmielewska, Paula Crespo Escobar, Sanja Kola—ek, et al. «Randomized feeding intervention in infants at high risk for celiac disease». New England Journal of Medicine 371, n.º 14 (2014): 1304-1315.

14. Fasano, Alessio. «Zonulin, regulation of tight junctions, and autoimmune diseases». Annals of the New York Academy of Sciences 1258, n.º 1 (2012): 25-33.

15. Dubey, Rajendra Kumar, Deepesh Kumar Gupta, y Amit Kumar Singh. «Dental implant survival in diabetic patients: review and recommendations». National Journal of Maxillofacial Surgery 4, n.º 2 (2013): 142.

16. Sun, Sam Z., y Mark W. Empie. «Fructose metabolism in humans— what isotopic tracer studies tell us». Nutrition & Metabolism 9, n.º 1 (2012): 1.

17. Mozaffarian, D., A. Aro, y W. C. Willett. «Health effects of trans-fatty acids: experimental and observational evidence». European Journal of Clinical Nutrition 63 (2009): S5-S21.

18. Young, Adam. «The war on margarine». Atlanta, GA. Foundation for Economic Education, junio de 2002.

19. Jackson, Michael, y Gary List. «Giants of the past: the battle over hydrogenation (1903-1920)», Inform 18 (2007): 403-405.

20. Canola—a new oilseed from Canada. Journal of the American Oil Chemists' Society, septiembre de 1981: 723A-9A.

21. Charlton, K. M., A. H. Corner, K. Davey, J. K. Kramer, S. Mahadevan, y F. D. Sauer. «Cardiac lesions in rats fed rapeseed oils». Canadian Journal of Comparative Medicine 39, n.º 3 (1975): 261.

22. Wahlqvist, Mark L. «From 'lactose intolerance' to 'lactose nutrition'.» Asia Pac J Clin Nutr 24, n.º 1 (2015): S1-S8.

23. Curry, Andrew. «Archaeology: the milk revolution». Nature.com. Macmillan, 31 de julio 2013. Web. 12 de diciembre 2014. <http://www.nature.com/news/archaeology-the-milk-revolution-1.13471>.

24. Leonardi, M., P. Gerbault, M. G. Thomas, y J. Burger. «The evolution of lactase persistence in Europe. A synthesis of archaeological and genetic evidence». Int. Dairy J. 22, 88-97 (2012).

25. Holsinger, V. H., K. T. Rajkowski, y J. R. Stabel. «Milk pasteurisation and safety: a brief history and update». Revue Scientifique et Technique— Office International des Epizooties 16 (1997): 441-466.

26. Jami, Elie, Bryan A. White, y Itzhak Mizrahi. «Potential role of the bovine rumen microbiome in modulating milk composition and feed efficiency». PLoS One 9, n.º 1 (2014): e85423.

27. Laporte, Marie-France, y Paul Paquin. «Near-infrared analysis of fat, protein, and casein in cow's milk». Journal of Agricultural and Food Chemistry 47, n.º 7 (1999): 2600-2605.

28. Shackelford, S. D., Koohmaraie, M. y Wheeler, T. L. «Effects of slau-

ghter age on meat tenderness and USDA carcass maturity scores of beef fe-
males». Journal of Animal Science 73, n.º 11 (1995): 3304-3309.

29. Davies, Julian y Davies, Dorothy. «Origins and evolution of antibio-
tic resistance». Microbiology and Molecular Biology Reviews 74, n.º 3
(2010): 417-433.

30. Leheska, J. M., L. D. Thompson, J. C. Howe, E. Hentges, J. Boyce, J. C.
Brooks, B. Shriver, L. Hoover, y M. F. Miller. «Effects of conventional and
grassfeeding systems on the nutrient composition of beef». Journal of Animal Science 86, n.º 12 (2008): 3575-3585.

31. Daley, Cynthia A., Amber Abbott, Patrick S. Doyle, Glenn A. Nader,
y Stephanie Larson. «A review of fatty acid profiles and antioxidant content
in grass-fed and grain-fed beef». Nutrition Journal 9, n.º 1 (2010): 1.

32. Cordain, Loren, S. Boyd Eaton, Anthony Sebastian, Neil Mann,
Staffan Lindeberg, Bruce A. Watkins, James H. O'Keefe, y Janette
Brand-Miller. «Origins and evolution of the Western diet: health implications for the 21st century». American Journal of Clinical Nutrition 81, n.º
2 (2005): 341-354.

33. Selhub, Eva M., Alan C. Logan, y Alison C. Bested. «Fermented
foods, microbiota, and mental health: ancient practice meets nutritional psy-
chiatry». Journal of Physiological Anthropology 33, n.º 1 (2014): 1.

Capítulo 8

Ng, Marie, Tom Fleming, Margaret Robinson, Blake Thomson, Nicholas
Graetz, Christopher Margono, Erin C. Mullany et al. «Global, regional, and national prevalence of overweight and obesity in children and adults during 1980-
2013: a systematic analysis for the Global Burden of Disease Study 2013». Lancet
384, n.º 9945 (2014): 766-781.

34. Keys, Ancel, Alessandro Mienotti, Mariti J. Karvonen, Christ Aravanis,
Henry Blackburn, Ratko Buzina, B. S. Djordjevic et al. «The diet and 15-year
death rate in the seven countries study».American Journal of Epidemiology 124,
n.º 6 (1986): 903-915.

35. Stamler, J. «Diet-heart: a problematic revisit». American Journal of Clinical Nutrition 91, n.º 3 (2010): 497-499.

36. Hite, Adele H., Richard David Feinman, Gabriel E. Guzman, Morton
Satin, Pamela A. Schoenfeld, y Richard J. Wood. «In the face of contradictory

evidence: report of the Dietary Guidelines for Americans Committee». Nutrition 26, n.º 10 (2010): 915-924.

37. Ravnskov, Uffe. «The fallacies of the lipid hypothesis». Scandinavian Cardiovascular Journal 42, n.º 4 (2008): 236-239.

38. Ford, Earl S., Umed A. Ajani, Janet B. Croft, Julia A. Critchley, Darwin R. Labarthe, Thomas E. Kottke, Wayne H. Giles, y Simon Capewell. «Explaining the decrease in US deaths from coronary disease, 1980-2000». New England Journal of Medicine 356, n.º 23 (2007): 2388-2398.

39. Finkelstein, Eric A., Olga A. Khavjou, Hope Thompson, Justin G. Trogdon, Liping Pan, Bettylou Sherry, y William Dietz. «Obesity and severe obesity forecasts through 2030». American Journal of Preventive Medicine 42, n.º 6 (2012): 563-570.

40. Lam, David W., y Derek LeRoith. «The worldwide diabetes epidemic». Current Opinion in Endocrinology, Diabetes and Obesity 19, n.º 2 (2012): 93-96.

41. Siri-Tarino, Patty W., Qi Sun, Frank B. Hu, y Ronald M. Krauss. «Metaanalysis of prospective cohort studies evaluating the association of saturated fat with cardiovascular disease». American Journal of Clinical Nutrition 91 (2010): 535-46.

42. Chowdhury, Rajiv, Samantha Warnakula, Setor Kunutsor, Francesca Crowe, Heather A. Ward, Laura Johnson, Oscar H. Franco, et al. «Association of dietary, circulating, and supplement fatty acids with coronary risk: a systematic review and meta-analysis». Annals of Internal Medicine 160, n.º 6 (2014): 398-406.

43. Sachdeva, Amit, Cannon, Christopher P., Deedwania, Prakash C., LaBresh, Kenneth A., Smith, Sidney C., Dai, David, Hernandez, Adrian y Fonarow, Grhuevo C. «Lipid levels in patients hospitalized with coronary artery disease: an analysis of 136,905 hospitalizations in Get with the Guidelines». American Heart Journal 157, n.º 1 (2009): 111-117.

44. Dreon, Darlene M., Fernstrom, Harriett A., Campos, Hannia, Blanche, Patricia, Williams, Paul T. y Krauss, Ronald M. «Change in dietary saturated fat intake is correlated with change in mass of large low-density-lipoprotein particles in men». American Journal of Clinical Nutrition 67, n.º 5 (1998): 828-836.

45. Siri-Tarino, Patty W., Qi Sun, Hu, Frank B. y Krauss, Ronald M. «Saturated fat, carbohydrate, and cardiovascular disease». American Journal of Clinical Nutrition 91, n.º 3 (2010): 502-509.

46. Berger, Samantha, Gowri Raman, Rohini Vishwanathan, Jacques, Paul F. y Johnson, Elizabeth J. «Dietary cholesterol and cardiovascular disease: a systematic review and meta-analysis». American Journal of Clinical Nutrition 102 (2015): 276-94.

47. National Institutes of Health. «Lowering blood cholesterol to prevent heart disease». U.S. Department of Health and Human Services, 10 de diciembre de 1984. Web. 13 de agosto de 2015. <https://consensus.nih.gov/1984/1984cholesterol047html.htm>.

48. Para el término «fenómeno de Snackwell», véase Tamar Haspel. «Stealth shopping: insider tips for finding and buying the healthiest groceries», Prevention, febrero de 2005, 57, 208. El nombre del producto es SnackWell's.

49. Hazan, Marcella. The Essentials of Classic Italian Cooking. London: Boxtree, 2011.

50. Bang, H. O., Dyerberg, J. y Macdonald Sinclair, Hugh. «The composition of the Eskimo food in north western Greenland». American Journal of Clinical Nutrition 33, n.º 12 (1980): 2657-2661.

51. Kris-Etherton, Penny M., Harris, William S. y Appel, Lawrence J. «Fish consumption, fish oil, omega-3 fatty acids, and cardiovascular disease». Circulation 106, n.º 21 (2002): 2747-2757.

52. Mohebi-Nejad, Azin, y Behnood Bikdeli. «Omega-3 supplements and cardiovascular diseases». Tanaffos 13, n.º 1 (2014): 6.

53. Simopoulos, Artemis P. «The importance of the ratio of omega-6/omega-3 essential fatty acids». Biomedicine & pharmacotherapy 56, n.º 8 (2002): 365-379.

54. «What Is Cholesterol?» National Heart Lung and Blood Institute, U.S. Department of Health and Human Services, 12 Nov. 2013, www.nhlbi.nih.gov/health/health-topics/topics/hbc/. Último acceso: 10 de junio 2016.

55. Lecerf, Jean-Michel, y De Lorgeril, Michel. «Dietary cholesterol: from physiology to cardiovascular risk». British Journal of Nutrition 106, n.º 1 (2011): 6-14.

56. Tulenko, Thomas N., y Sumner, Anne E. «The physiology of lipoproteins». Journal of Nuclear Cardiology 9, n.º 6 (2002): 638-649.

57. Griffin, John D., y Lichtenstein, Alice H. «Dietary cholesterol and plasma lipoprotein profiles: randomized controlled trials». Current Nutrition Reports 2, n.º 4 (2013): 274-282.

58. Preshaw, P. M., Alba, A. L., Herrera, D., Jepsen, S., Konstantinidis, A., Makrilakis, K. y Taylor, R. «Periodontitis and diabetes: a two-way relationship». Diabetologia 55, n.º 1 (2012): 21-31.

59. Centers for Disease Control and Prevention. «National diabetes statistics report: estimates of diabetes and its burden in the United States, 2014». Atlanta, GA: US Department of Health and Human Services 2014.

60. Taylor, Roy. «Insulin resistance and type 2 diabetes». Diabetes 61, n.º 4 (2012): 778-779.

61. Basaranoglu, Metin, Gokcen Basaranoglu, y Elisabetta Bugianesi. «Carbohydrate intake and nonalcoholic fatty liver disease: fructose as a weapon of mass destruction». Hepatobiliary Surgery and Nutrition. 4, n.º 2 (2015): 109-116.

62. Calvo, Carlos, Talussot, Corinne, Ponsin, Gabriel y Berthézène, Francois. «Non enzymatic glycation of apolipoprotein AI. Effects on its self-association and lipid binding properties». Biochemical and Biophysical Research Communications 153, n.º 3 (1988): 1060-1067.

63. Bucala, Richard, Makita, Zenji, Vega, Gloria, Grundy, Scott, Koschinsky, Theodor, Cerami, Anthony y Vlassara, Helen. «Modification of low density lipoprotein by advanced glycation end products contributes to the dyslipidemia of diabetes and renal insufficiency». Proceedings of the National Academy of Sciences 91, n.º 20 (1994): 9441-9445.

64. Yang, Quanhe, Zhang, Zefeng, Grhuevo, Edward W., Flanders, W. Dana, Merritt, Robert y Hu, Frank B. «Added sugar intake and cardiovascular diseases mortality among US adults». JAMA Internal Medicine 174, n.º 4 (2014): 516-524.

65. Basciano, Heather, Lisa Federico, y Khosrow Adeli. «Fructose, insulin resistance, and metabolic dyslipidemia». Nutrition & Metabolism 2, n.º 1 (2005): 5.

66. Ahmed, Monjur. «Non-alcoholic fatty liver disease in 2015». World Journal of Hepatology 7, n.º 11 (2015): 1450-1459.

67. Lustig, Robert H., Mulligan, Kathleen, Noworolski, Susan M., Tai, Viva W., Wen, Michael J., Erkin. Ayca, Cakmak, Gugliucci, Alejandro y Schwarz, Jean. Marc. «Isocaloric fructose restriction and metabolic improvement in children with obesity and metabolic syndrome». Obesity 24, n.º 2 (2016): 453-460.

Capítulo 9

1. Sonnenburg, Justin L. y Bäckhed, Fredrik. «Diet-microbiota interactions as moderators of human metabolism». Nature 535, 56-64 (2016).

2. Porges, Stephen W. y Furman, Senta A. «The early development of the autonomic nervous system provides a neural platform for social behaviour: a

polyvagal perspective». Infant and Child Development 20, n.º 1 (2011): 106-118.

3. Peres, Karen Glazer, Morales Cascaes, Andreia, Peres, Marco Aurelio, Fernando Demarco, Flavio, Silva Santos, Iná, Matijasevich, Alicia y Barros, Aluisio J. D. «Exclusive breastfeeding and risk of dental malocclusion». Pediatrics 136, n.º 1 (2015): e60-e67.

4. Mulligan, Megan L., Felton, Shaili K., Riek, Amy E. y Bernal-Mizrachi, Carlos. «Implications of vitamin D deficiency in pregnancy and lactation». American Journal of Obstetrics and Gynecology 202, n.º 5 (2010): 429-e1.

5. Jost, Ted, Lacroix, Christophe, Brahuevoer, Christian P., Rochat, Florence y Chassard, Christophe. «Vertical mother-neonate transfer of maternal gut bacteria via breastfeeding». Environmental Microbiology 16, n.º 9 (2014): 2891-2904.

6. Verduci, Elvira, Banderali, Giuseppe, Barberi, Salvatore, Radaelli, Giovanni, Lops, Alessandra, Betti, Federica ,Riva, Enrica y Giovannini, Marcello. «Epigenetic effects of human breast milk». Nutrients 6, n.º 4 (2014): 1711-1724.

7. Chivasa, Stephen, Ndimba, Bongani K., Simon, William J., Lindsey, Keith y Slabas, Antoni R. «Extracellular ATP functions as an endogenous external metabolite regulating plant cell viability». Plant Cell 17, n.º 11 (2005): 3019-3034.

8. Zittermann, Armin. «Magnesium deficit—overlooked cause of low vitamin D status?» BMC Medicine 11, n.º 1 (2013): 1.

9. Jackson, Kelly A., Valentine, Ruth A., Coneyworth, Lisa J., Mathers, John C. y Ford, Dianne. «Mechanisms of mammalian zinc-regulated gene expression». Biochemical Society Transactions 36, n.º 6 (2008): 1262-1266.

10. Christian, Parul y West, K. P. «Interactions between zinc and vitamin A: an update». American Journal of Clinical Nutrition 68, n.º 2 (1998): 435S-441S.

11. Kasai, Kikuo, Kobayashi, Masami y Shimoda, Shin-Ichi. «Stimulatory effect of glycine on human growth hormone secretion». Metabolism 27, n.º 2 (1978): 201-208.

Capítulo 10

1. Scrimshaw, Nevin S., y Murray, Edwina B. «The acceptability of milk and milk products in populations with a high prevalence of lactose intolerance». American Journal of Clinical Nutrition 48, n.º 4 (1988): 1142-1159.

LISTADO DE SINÓNIMOS

Achicoria (radicheta, escarola)
Aguacate (avocado, palta, cura, abacate, cupandra)
Aguaturma (pataca, tupinambo, alcachofa de Jerusalén, castaña de tierra, batata de caña)
Albaricoque (damasco, chabacano, arlbérchigo, alberge)
Alforfón (trigo sarraceno)
Alubias (judías, frijoles, mongetes, porotos, habichuelas)
Apio nabo (apionabo, apio rábano)
Arándanos rojos (cranberries)
Azúcar glas (azúcar glacé)
Azúcar mascabado (azúcar mascabada, azúcar moscabada, azúcar de caña)
Beicon (bacón, panceta ahumada)
Batata (camote, boniato, papa dulce, chaco)
Bayas asai (fruto palma murraco o naidi)
Bok choy (col china, repollo chino, pak choy)
Brócoli (brécol, bróculi)

Calabacín (zucchini)
Calabaza (zapallo, ayote, auyamas, bonetera)
Caqui (kaki)
Carambola (tamarindo, fruta estrella, cinco dedos, vinagrillo, pepino de la India, lima de Cayena, caramboleiro, estrella china)
Cebolleta (cebolla verde, cebolla de invierno, cebolla de verdeo, cebolla inglesa)
Chirivía (pastinaca, zanahoria blanca)
Cilantro (culantro, coriandro, alcapate, recao, cimarrón)
Col (repollo)
Colinabo (rutabaga, nabo de Suecia)
Desnatado (descremado)
Diente de león (achicoria amarga, amargón, radicha, panadero, botón de oro)
Echinacea (equinácea)
Frambuesa (sangüesa, altimora,

chardonera, mora terrera, uva de oso, zarza sin espinas, fragaria, churdón)

Fresa (frutilla)

Gambas (camarones)

Guindilla (chile)

Guisante (arveja, chícharo, arbeyu)

Hierba de trigo (wheat grass)

Hierbabuena (batán, hortelana, mastranzo, menta verde, salvia, yerbabuena)

Jicama (nabo)

Judía verde (ejote, chaucha, vainita, frijolito, poroto verde)

Judías (frijoles, alubias, porotos, balas, caraotas, frejoles, habichuelas)

Linaza (semillas de lino)

Lombarda (col morada, col lombarda, repollo morado)

Mandarina (tangerina, clementina)

Mandioca (yuca, casava, tapioca)

Mango (melocotón de los trópicos)

Mantequilla (manteca)

Melocotón (durazno)

Menta (mastranto)

Mostaza parda (mostaza oriental, china o de India)

Nabo (rábano blanco)

Nectarina (briñón, griñón, albérchigo, paraguaya, berisco, pelón)

Nueces pecanas (nueces pacanas, nueces de pecán)

Papaya (fruta bomba, abahai, mamón, lechosa, melón papaya)

Patata (papa)

Pepino (cogombro, cohombro, pepinillo)

Pimentón (páprika, paprika, pimentón español)

Pimienta de cayena (chile o ají en polvo, merkén, cayena)

Pimiento (chile o ají)

Piña (ananá, ananás)

Pipas (semillas o pepitas de girasol)

Plátano (banana, cambur, topocho, guineo)

Plátano macho (plátano verde, plátano para cocer, plátano de guisar, plátano hartón)

Pomelo (toronja)

Quinoa (quínoa, quinua, quiuna, juba, jiura)

Requesón (queso blando)

Remolacha (betabel, beterrada, betarraga, acelga blanca, beteraba)

Rúcula (rúgula)

Salsa de soja (salsa de soya, shoyu)

Sandía (melón de agua, patilla, aguamelón)

Sésamo (ajonjolí, ejonjilí, ajonjolín, jonjolé)

Sirope (jarabe)

Tabasco (salsa picante)

Tomate (jitomate, jitomatera, tomatera)

Yaca (panapén, jack)

Zumo (jugo)

ÍNDICE TEMÁTICO

368 | BOCA SANA, CUERPO SANO

AGRADECIMIENTOS

C UANDO ME EMBARQUÉ en la aventura de escribir este libro, no tenía ni idea del reto que iba a representar y de cómo cambiaría mi vida. Desgraciadamente, muchos profesionales de la salud no tenemos los conocimientos o las habilidades necesarias para acceder al mundo de la edición. En particular, la odontología no es una disciplina que se distinga por su habilidad literaria. Por todo ello, me gustaría transmitir un agradecimiento sincero a las siguientes personas.

De modo póstumo, envío mi agradecimiento y aprecio a Weston A. Price. La convicción poderosa e inspiradora de su trabajo me despertó de mi antigua forma de ver la salud dental. Me siento honrado por escribir su nombre y espero, sinceramente, que su trabajo reciba el reconocimiento que tanto merece. A la gente de las fundaciones Price-Pottenger y Weston A. Price, os doy las gracias por vuestra amabilidad y buen trabajo para mantener vivo el trabajo de Price y por la ayuda que me habéis prestado para conseguir los materiales que necesité para escribir este libro.

Durante el proceso de redacción, he hablado con innumerables personas que se dedican a aspectos profundamente innovadores en su campo. Por desgracia, no he podido incluir muchas de esas conversaciones en la versión final de esta edición, y me resulta difícil cada vez que lo pienso. Me gustaría dar las gracias a todos los que han colaborado conmigo inspirándome con sus ideas o su trabajo.

A Cassie Hanjian, mi agente literaria, le doy las gracias por su visión afilada y su capacidad para anticipar que un libro sobre salud dental no solo era posible, sino necesario. Tu ética profesional y tu empuje eran el aliento que necesitaba *Boca sana, cuerpo sano*. Me siento muy feliz de haberte conocido y de haber vivido este proceso en tu compañía.

Al equipo de la oficina de Hay Office, en Nueva York, a Patty Gift y al resto de profesionales, gracias en primer lugar por ser tan abiertos y cariñosos. En segundo lugar, gracias por creer en un dentista australiano que era un ratón de biblioteca. Gracias también a Lisa Cheng, mi editora, que se entregó a su trabajo con tanto entusiasmo y refinamiento que cada uno de sus pensamientos resultó ser inestimable.

Mientras tengo este libro frente a mí, no puedo borrar de mi mente la imagen de miles de páginas de ensayos y estudios científicos casi indescifrables meticulosamente traducidos en estas páginas. Doy mi más sincero agradecimiento a Colby Brin por su incalculable y generosa ayuda en la preparación del manuscrito. Tu orientación, tu sabiduría y tus comentarios ayudaron a hacer realidad este libro.

Por último, gracias al equipo de Kingsgrove Dental por vuestra paciencia y ayuda durante este proceso tan poco convencional. Sin vuestra comprensión y flexibilidad esto nunca hubiera sido posible. Y, para acabar, gracias a mi familia, por vuestro amor y apoyo, sin el cual no estaría hoy aquí.

SOBRE EL AUTOR

EL DOCTOR STEVEN LIN es dentista certificado, conferenciante y autor. Su frustración por lo que él considera un enfoque limitado de la odontología (que aplica tratamientos a la enfermedad sin abordar su causa) le llevó a combinar, en su consulta, la fisiología antropológica, la ciencia de la nutrición y la salud bucodental con eficaces estrategias integrativas de prevención. El doctor Lin también trabaja como educador de la salud y participa en una amplia variedad de programas institucionales y comunitarios para despertar la conciencia del poder preventivo de los estilos de vida. Es uno de los expertos odontólogos de *I Quit Sugar*, la plataforma digital en línea de la autora superventas Sarah Wilson. El doctor Lin dicta conferencias e imparte cursos por todo el mundo y puedes visitar su web en www.drstevenlin.com y sus redes sociales en @drstevenlin.

Gaia ediciones

REGENERA TU SISTEMA INMUNITARIO

Programa en 4 pasos para el tratamiento natural de las enfermedades autoinmunes

DRA. SUSAN BLUM

Regenera tu sistema inmunitario provee soluciones para afrontar e incluso revertir las enfermedades autoinmunes

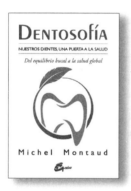

DENTOSOFÍA

Nuestros dientes, una puerta a la salud. Del equilibrio bucal a la salud global

MICHEL MONTAUD

La Dentosofía es una nueva forma de entender el mundo de los dientes y de recuperar la salud. Consiste en un tratamiento holístico dental que restablece las funciones neurovegetativas del sistema oral para reequilibrar la boca y tratar así diversos problemas bucodentales, como por ejemplo las maloclusiones.

CUIDADO DENTAL HOLÍSTICO

Guía completa para la salud integral de dientes y encías

NADINE ARTEMIS

Cuidado dental holístico es la primera guía de terapia natural y salud integral orientada exclusivamente al cuidado de los dientes y las encías.